BIOGRAPHIE

DU

CLERGÉ CONTEMPORAIN

Imprimerie de A. APPERT, passage du Caire, 54.

BIOGRAPHIE
DU
CLERGÉ CONTEMPORAIN

PAR UN SOLITAIRE.

TOME CINQUIÈME.

MM. Mathieu. — Mérault. — Boyer. — Allignol frères. — Darcimolles. — De Mazenod. — De Rolleau. — Boulogne. Manglard.

CHEZ A. APPERT, IMPRIMEUR-ÉDITEUR,

54, *Passage du Caire.*

1843.

BIOGRAPHIE DE MES BIOGRAPHIES.

> Que votre discours soit un éperon qui pique, un clou de fer qui blesse, ou..... taisez-vous.
> M. Morel, curé de Saint-Roch. *Le Prédicateur*, p. 201.
>
> L'esprit de Dieu est *patient et dispose toutes choses avec douceur :* il n'éclate *point dans le bruit et dans la tempête* ; il passe comme un souffle léger, sans qu'on sache, pour ainsi dire, d'où il vient et où il va.
> M. Donnet,
> *Mandem. pour le carême de* 1856.
>
> A, a, a, Domine Deus.
> Jérém., 1-6.

Ces épigraphes singulièrement variées s'expliqueront par la suite. Je sens du reste que j'aurai peine à rester clair. Cependant... courage !

Et d'abord, comme on revient toujours aux mêmes objections, je me laisse endormir tout seul : c'est bien assez ; mes bons lecteurs m'autorisent à leur épargner l'ennui des mêmes réponses.

Je dis mal. Autrefois mon éditeur et moi, nous étions des impies, d'hypocrites suppots de l'abbé Chatel, hérétiques au moins sur toutes les coutures, prêtres défroqués, apostats stigmatisés par tous ceux qui nous daignaient nommer (1), et surtout imbéciles. Sous une pareille mitraille, que faire? vivre; nous avons vécu plus que jamais, cherchant à croire qu'en effet l'Eglise ne pouvait se soutenir contre ses ennemis réels ou putatifs, sinon par des injures, et que sincèrement nos adversaires nous estimaient en fausse route; le P. Coton appelle bien Luther *sale vilain*, page 929 de son livre intitulé : *Genève plagiaire*; et je me plaindrais!... Au reste, on usait envers nous de la rigueur qui nous avait animés vis-à-vis des autres : ma plume n'avait pas trouvé le moindre évêque, pour lui montrer six ou huit cent mille âmes, et lui dire à la façon de M. de Marcellus : *Tout cela vous appartient* ; et :

Du midi jusqu'à l'Ourse
Que ton nom soit chanté;

et encore :

Tot tibi sint anni quot numerantur oves (2).

---

(1) On s'expliquerait difficilement ces ridicules courtisanneries si l'on n'en savait le dernier mot: avoir à soi les évêques pour avoir le clergé secondaire, et des abonnés avec de l'argent en proportion. J'aime mieux, pour mon compte, mon petit livre, même alors qu'il nous raconte des anecdotes du genre de celle-ci :

Un Évêque en mitre et en chappe dans une grande solennité sort de sa place du chœur, avec deux chanoines qui l'accompagnent et qui tiennent les deux côtés de sa chappe : il marche gravement ; et comme son action n'était pas marquée dans ses rubriques, le peuple s'attend à quelque cérémonie nouvelle. Il continue sa marche en cet état: il sort du chœur, il traverse une aile de l'Église, il arrive à la grande porte qui donne sur une rue passante, et là, ce prélat, sans se tourner du côté de la muraille de l'Église, mais exposé en face et en vue à tous les passants, ses deux chanoines à ses côtés, il urine pontificalement, *in Pontificalibus. Ad valvas. Obstupescite cœli super hoc, et portæ ejus desolamini vehementer.*

L'*Évêque de Cour*, page 152, *et seq.*

(2) Voyez *Ami de la Religion*, 143-40 et *passim*.

Moins forte en métaphores, elle avait dit tout bonnement des vérités, et, sans outrager les personnes, signalé mot à mot les vices des choses; cas pendable, il faut l'avouer: nous étions trop heureux assurément, qu'on nous tînt quitte pour si peu.

Voyez plutôt. Qui jamais écrivit sur des sujets ecclésiastiques, et ne fut pas traité de même sorte? Je n'ose invoquer, crainte de ridicule, M. de Chateaubriand, et l'on se rappelle que le *Génie du christianisme* obtint les honneurs de l'*infamie*; M. de Boulogne, qui fut presqu'universellement dénoncé comme fou; M. de La Mennais, étourdi et renversé par de honteuses persécutions que cherchent vainement à nier ceux qui les mirent en œuvre; M. Frayssinous, aujourd'hui adoré, mais taxé en son temps de nullité ambitieuse: on lui contestait jusqu'aux discours qui ont fait sa fortune (1); M. Picot lui-même, une de ces idoles dont parle Horace...

De ces dieux qui sont sourds bien qu'ayant des oreilles,

dit aussi la Fontaine, et que des services *de toute nature* n'ont pu garantir de l'ineffaçable surnom d'*imbécile*; MM. Lacordaire, Combalot, Bautain, Guillon, Fayet, Deguerry, etc. Je m'arrête au dernier; on connaît assez l'histoire des autres.

Qui composa patiemment dans l'ombre, fit lithographier sans nom d'imprimeur, et répandit à flots par les rues de la capitale, une dénonciation anonyme contre M. De-

---

(1) M. Madrolle a dit: « La *Défense de la religion* par l'évêque d'Hermopolis, est une nouvelle édition de Bergier, moins la science, ou bien, des sermons de M. de Boulogne, à l'éloquence près. (*Dégénér. de la Fr.*, page 64.) M. Madrolle est plus doux que bien d'autres.

guerry? exécrable ordure, dont rougirait une Messaline saoule!

Pardonnez l'expression. — Que si vous demandez maintenant de quelle source maudite découle le poison, je me tairai pour vous faire mieux comprendre..... O Dieu, que les vérités sont diminuées, et quelle terrible parole : *diminutæ sunt veritates!*

Or, un tel spectacle n'est pas sans enseignement. Les personnages plus ou moins illustres dont il s'agit, subirent avec de grands mérites des avanies proportionnellement grandes; souffrir comme eux malgré beaucoup de faiblesse et d'obscurité, c'est acheter bon marché un honneur qui a bien son prix; Dieu soit béni de m'avoir ainsi favorisé.

Sur ces motifs, je pratiquais une résignation voisine de l'insouciance (1); et, toujours encouragé d'ailleurs par

---

(1) Une chose pourtant me désole en tout ceci, et me préoccupe beaucoup : ces gens-là, me suis-je dit souvent, se confessent et communient; ils montent à l'autel!... comment s'arrange leur conscience? seraient-ils de bonne foi? impossible ; mais, dans cette hypothèse même, leurs confesseurs doivent les avertir et les traiter en conséquence. ... Il y a là quelque affreux mystère... de ceux que nous révèle l'ouvrage intitulé *de Planctu Ecclesiæ*, lib. 2, ch. 18, sous la rubrique : *Des mauvaises confessions des dévôts*, par Alvar. Pelag. év. de Sylv. en Port.

(Nos *messieurs* n'ont pas le temps de chercher des livres; ils le prétendent du moins, et sans ajouter foi, plus que de raison, à leur dire, je m'occupe de leur en trouver; voilà pourquoi les nombreuses indications bibliographiques dont surabondent mes notices depuis quelque temps. L'ignorance, fille de la fainéantise ou de l'impuissance, est évidemment aujourd'hui la principale plaie de l'Église : *Nemo est qui recogitet.* D'où je conclus que ceux qui nient l'opportunité logique de certaines notes, sont infiniment trop sévères.)

ceux là seuls dont j'ambitionne le suffrage, je croyais marcher à mon but sans plus d'encombre.

Mais tout-à-coup l'opposition changea de tactique :

« Le Solitaire, dit-elle, a trop flatté certains évêques qui sont les ennemis jurés de l'émancipation cléricale ; il cherche *per fas et nefas* à hisser sur le piédestal de la renommée des prélats fort ordinaires ; il met le comble à la flagornerie en accablant d'éloges et en divinisant des personnages qui nous gouvernent comme des pachas. *Relata refero.* »

Paroles tirées d'une lettre amie ; mon correspondant, si bien informé qu'il puisse être du fond de ma pensée, semble toutefois souscrire à ces objections nouvelles :

« La chose qui occupe et travaille surtout le clergé inférieur, dans ce moment-ci, est, ajoute-t-il, l'inamovibilité des desservants (et l'établissement des tribunaux diocésains). Vous êtes entré dans ces vues : honneur à vos efforts et à votre courage. Vous aussi, vous avez sonné la trompette de la délivrance ; mais veuillez remarquer que lorsqu'on s'est constitué l'avocat d'une cause aussi sainte que celle que vous avez embrassée, il ne convient pas d'encenser ses adversaires. Certains évêques s'obstinent à tenir le prêtre sous un joug ignominieux ; peut-on, sans faire injure au bon sens et violer toutes les règles de la justice, proposer ces prélats comme modèles dans la carrière administrative ? Gouverner un diocèse exige avant tout une grande indulgence, une grande connaissance des hommes et des choses, et néanmoins c'est par là qu'on pèche le plus souvent ; on veut la liberté pour tout le monde, excepté pour le prêtre qui cependant doit représenter le divin auteur et propagateur de la liberté évangélique. Le droit de défense est sacré chez tous les peuples ; le prêtre seul en est privé ; lui seul est mis au ban de la société, parce qu'il plaît aux évêques de régner sur des esclaves : « périssent plutôt, disent-ils, les lois que l'arbitraire, » et voilà pourquoi nos pères dans la foi foulent aux pieds les saints canons, et crient à la révolte et à l'impiété quand on leur parle de justice et de lois (1)... Je finis en vous priant

---

(1) C'est le style de la domination épiscopale : depuis qu'on dit la moindre chose qui la choque, elle dit aussitôt qu'on incline vers l'hérésie, qu'on attaque l'Église, comme si l'Église ne gémissait pas elle-même, sous le joug injuste qu'on veut lui faire porter. (*Ev. de Cour*, page 22.)

de prendre mes vœux et mes réflexions comme provenant d'un cœur qui vous est voué ainsi qu'à vos œuvres. » 14 juin 1843.

De telle sorte que je suis, non plus le Méphistophélès et le diable, mais le héraut, le *chatouilleur* à gages, et le mignon de Nosseigneurs. Le moyen de concilier toutes ces attaques et mes deux épigraphes, et...? *Et dixi : a, a, a, Domine, nescio loqui;* ce qui signifie : je ne sais plus où donner de la tête.

>Dites-moi, je vous prie,
>Vous qui devez savoir les choses de la vie,
>Qui par tous ses degrés avez déjà passé,
>Et que rien ne doit fuir en cet âge avancé,
>A quoi me résoudrai-je? il est temps que j'y pense.
>Si je suivais mon goût, je saurais où buter,
>Mais j'ai les miens (1), la cour (2), le peuple (3) à contenter.
>Malherbe là-dessus : Contenter tout le monde?
>Ecoutez ce récit avant que je réponde.

Suit la fable très connue et très négligée : *Le meunier, son fils et l'âne,* avec la conclusion :

>... Que dorénavant on me blâme, on me loue,
>Qu'on dise quelque chose, ou qu'on ne dise rien,
>J'en veux faire à ma tête : IL LE FIT, ET FIT BIEN.

Effectivement, quelle que fût en définitive mon indifférence pour les mesquines et furieuses guerres dont nous

---

(1) Les miens ne sont pas les moins difficiles, on vient de le voir, et on le verra mieux encore par la suite.

(2) La cour veut dire le haut clergé, qui se trompe fort, s'il croit retirer quelque avantage de ses excès de pouvoir; les évêques se battent sur le dos des prêtres, voilà tout; vrais brulots lancés au milieu d'une flotte, qui la dévorent, mais parce qu'ils s'y consument. Je l'ai déjà montré. Qu'ils prennent garde, nous sommes dans un temps où, comme dirait encore M. Madrolle, les sceptres *filent*. (Ainsi traduit-il, page 76 de l'ouvrage cité, les mots de l'Évangile *Lilia ..... nent.*)

(3) Le peuple, qui m'est cher avant tout, et pour lequel je travaille, peuple ecclésiastique et laïque, peuple quelconque.

causions tout à l'heure, j'ai voulu subir les vicissitudes de Racan et du meunier.

Quand on disait :

>Le baudet (1) n'en peut plus, il mourra sous leurs coups,
>. . . . .
>Sans doute qu'à la foire, il vont vendre sa peau.

Je descendis.

On dit maintenant :

>Je conseille à ces gens de le faire enchâsser ;
>Ils usent leurs souliers, et conservent leur âne.

Puis, on nous accuse, mon cher M. Appert, de le porter

>Comme un lustre ;
>Pauvre gens, idiots, couple ignorant et rustre.
>. . . . .
>Quelle farce, dit-*on*, vont jouer ces gens-là ?
>Le plus âne des *trois* n'est pas celui qu'on pense.

Eh bien,

>Mettons sur pied la bête,

et voyons.

M. MATHIEU.

Au Solitaire.

Monsieur,

« Permettez-moi de vous faire quelques observations sur la biographie de M. Mathieu. Je connais l'homme et l'évêque, comme l'ayant vu, à Paris, dès l'époque où il était petit clerc gagé dans l'église de Saint-Merry, et à Besançon, où il n'est pas tout-à-fait aussi *aimé* que veulent bien le dire ses grands-vicaires (2). Ceux-ci, on le

---

(1) Salvâ reverentiâ.
(2) Je ne dois pas mes renseignements à MM. les grands-vicaires de Besançon.   (*Note du rédacteur.*)

conçoit, ne pouvaient vous écrire autrement, à moins de s'exposer à être promptement renvoyés à leurs moutons. Si vous aviez consulté M. Micaud (maire de la ville), qui n'a pas peu contribué à sa nomination, ainsi que tout ce qu'il y a d'ecclésiastiques distingués, mais non *attachés* à sa personne (1) ou à ses bureaux, vous en auriez fait beaucoup moins d'éloges. Personne n'aime l'orgueil ni le despotisme : marcher à pied n'est pas toujours pour *Nosseigneurs* une preuve d'humilité; Diogène faisait plus que cela, et n'en était pas plus humble. Nous aimerions mieux, de la part de M. Mathieu, moins de visites dans nos paroisses où il ne fait qu'induire en dépenses les curés, sans avantages réels pour la religion. Nous aimerions surtout qu'il ne poussât pas la mesquinerie et le ridicule jusqu'à laisser trop souvent à la charge des curés les mémoires de l'aubergiste pour sa voiture et ses chevaux (demandez à M. l'abbé Courtois, curé de Pontarlier).

« Vous croyez que ce serait à M. Mathieu qu'il conviendrait de rétablir les officialités, etc. Hélas! cela est loin de sa pensée certainement : il veut tout faire par lui-même; ses grands-vicaires n'ont d'occupations que pendant ses absences, hors du diocèse. Je voudrais que vous l'eussiez vu, flanqué de deux grands-vicaires, constituer le tribunal qui a jugé et condamné le vénérable M. Lienhart; cette scène décrite avec votre esprit de justice et d'indépendance, intéresserait vos lecteurs; mais on s'est bien hâté d'en faire disparaître les pièces;

(1) C'est déjà un mérite, et un très grand mérite, que de savoir plaire à ses familiers jusqu'à s'en faire des séides. — A moins que l'auteur de la lettre ne veuille expliquer leur dévoûment par l'intérêt ou la crainte.

je souhaite qu'elles vous arrivent un jour ; jusqu'ici il m'a été impossible de les déterrer, etc., etc.

« M. Mathieu n'a jamais été avocat.

« Recevez, etc., etc.

« ****, curé franc-comtois. »

Après ces rectifications que j'évite de garantir, prenons une lettre datée des Vosges.

Elle résume vigoureusement et en aussi peu de mots que possible, tous les griefs ayant rapport à chaque biographie; elle nous évitera de plus une foule de développements spéciaux et circonstanciés qui, malgré leur utilité, finiraient par devenir ennuyeux.

« Monsieur,

« J'ai reçu par le courrier de ce jour la deuxième et troisième partie de la biographie de MM. Allignol, que j'ai dévorée rapidement. J'ai regretté qu'elle fût trop courte. J'attends les autres exemplaires pour les répandre dans le pays, comme une pluie bienfaisante qui rafraichira les âmes des pauvres desservants desséchées par la crainte. On se conduit en beaucoup d'endroits à leur égard comme si Dieu avait tenu à leurs chefs respectifs le même langage qu'il tint à Adam en lui soumettant les animaux de la création : *Sit terror vester et tremor super cuncta animalia terræ* (Gen. 9).

« Je crois que le Solitaire se trompe en mettant monseigneur Donnet et d'autres encore sur la même ligne que monseigneur Sibour, Giraud, etc., car monseigneur de Bordeaux est partisan déclaré du *statu quo*, du bon plaisir. Il a vu avec la plus vive douleur la publication du livre de M. Dieulin, son ancien vicaire-général à Nancy (1). Monseigneur Rœss est dans le même cas.

« L'archevêque de Besançon, notre métropolitain, se déchaîna contre nos idées à la retraite pastorale de Pâques avec une violence qui faisait peine. Je vais vous copier ce que m'écrit un témoin de cette scène : en me parlant de la contrainte où se trouve le clergé de Besançon, et de la réserve qu'il est obligé de garder sur les questions agitées par MM. Allignol, il dit : « Cela est
« d'autant plus sage pour la question qui nous occupe, que
« notre archevêque à la retraite pastorale du mois d'avril
« dernier, s'est élevé avec force contre le projet de ren-
« dre inamovibles les desservants, et nous a invités de
« tout son cœur à n'être point partisans de ce système, à
« ne point en favoriser l'établissement. Le grand argu-
« ment qu'il oppose à l'inamovibilité, c'est le scandale
« qui résulterait des procédures qu'il faudrait instruire
« contre les prêtres de mauvaises mœurs, pour les dé-
« posséder de leurs cures, lorsqu'ils ne voudraient pas
« se soumettre à l'autorité supérieure... Argument vain,
« facile à réfuter, par ce qui s'est passé autrefois en
« France, lorsque tous les curés étaient inamovibles, par
« ce qui se passe encore présentement dans les autres
« parties de la catholicité, etc. D'ailleurs les causes de
« scandales ne pourraient-elles pas être jugées à huis-
« clos devant les tribunaux de l'officialité, comme cela a
« lieu devant les tribunaux civils? Et puis, le scandale
« est-il donc si commun dans le clergé pour que la crainte
« de l'éterniser rarement soit une raison qui doive em-
« pêcher tous les avantages qui reviendraient à la reli-

(1) *In petto ?* Je ne le crois pas.

« gion de l'inamovibilité de ses ministres. Au fond, on
« trouve plus commode de nous administrer arbitraire-
« ment et despotiquement, et on craint de favoriser
« encore l'esprit d'indépendance dont on se plaint dans
« le clergé. Et comme ainsi fait que ce système de l'épis-
« copat français est parfaitement conforme aux vues du
« gouvernement, les deux puissances sont d'accord, pour
« nous laisser longtemps encore dans une dépendance
« nuisible à la religion. »

« Il ne faut pas davantage compter sur monseigneur Gousset pour le retour à la vraie discipline ; je le sais par ma correspondance, à n'en pouvoir douter. Monseigneur de Jerphanion est tout aussi rétif, tout aussi enfoncé dans l'ornière du *statu quo* (ce qui veut dire beaucoup) que le premier venu. Il a dit à *quelqu'un*, le 30 mai dernier, qu'il donnerait sa démission si MM. Allignol réussissaient. Quant à M. de Hercé, évêque de Nantes, je le crois un des mieux disposés, mais son clergé est assez peu avancé, d'ailleurs conduit par des Sulpiciens ; le brave homme se trouvera retenu par les autres *statuquistes*. Monseigneur Mazenod, de Marseille, loin d'aimer l'inamovibilité pour les desservants, est bien fâché d'en voir les curés cantonnaux en possession ; un vénérable provençal m'écrit que son diocèse est sous le joug le plus dur et le plus pesant. Monseigneur Du Pont est connu pour son despotisme dans les Vosges ; il faisait tout à sa tête sans rien écouter ; on dit qu'à Bourges il a mis de l'eau dans son vin. Vous citez monseigneur d'Astros comme s'il était favorable au livre de MM. Allignol : Grand Dieu ! quelle erreur ! Il fait trembler tous les gascons de la Garonne et de l'Ariège sous sa férule ; c'est un Sulpicien outré ! M. Dufêtre ne fera rien non plus ; il imitera son prédécesseur Naudo, créature de l'honorable Philippe Dupin (1); ce seigneur Naudo fit la moue à ses curés de canton qui, au nombre de dix, lui avaient demandé, dans une retraite, il y a dix ans, un peu de stabilité pour les desservants.

« Je vous exhorte à faire la biographie de monseigneur Chamon (c'est fait); faites voir dans sa personne le modèle de nos évêques, rossant leurs clercs comme de véritables bêtes de somme : *Terror vester et tremor sit super cuncta animalia terræ.* N'allez pas compter non plus sur monseigneur Rivet de Dijon, ou Parisis de Langres (2); ils repoussent nos idées comme la peste. M. Letourneur, à Verdun, complète ce beau trio (3).

« Et néanmoins nos idées pénètrent de proche en proche, et gagnent du terrain, etc., etc. »

Il y a là quelque chose de mieux que les solognots qui gaussaient le Meunier. Eh bien, oui, mes bien aimés adversaires ont raison, et, pour peu qu'ils consultent la notice de M. Picot, ils y trouveront ces lignes assez communicatives :

« Et moi aussi, je confesse ma faiblesse, car, en présence des accusations et des hommes qu'elles concernent, ma plume a usé de plus de ménagement et de discrétion que l'équité ne le permettait peut-être ; et si les opprimés m'imputaient d'avoir pris part implicitement à la conjuration des puissants contre eux, je n'ose dire qu'une excuse me fût possible (4). »

Mais, une explication ne paraît point ici sans objet. Pourquoi donc les douceurs qui me sont reprochées?

---

(1) J'espère mieux de M. Dufêtre. Qu'on lise M. *d'Astros.*
(2) Qu'importe?
(3) Il est digne d'un meilleur sort.
(4) Page 140.

D'abord, par la raison qu'*on n'attire pas les mouches avec du vinaigre;* ce vieux dicton brille de sagesse. Plus vous supposez les évêques intraitables, plus je m'estime digne d'excuse, et même, j'ose le dire maintenant, d'approbation. Jouissant d'une si extrême puissance, ils sont en mesure de soutenir durant longtemps toutes sortes de choses, et de faire porter provisoirement à leurs subordonnés la peine des réclamations indépendantes que formulent ceux qui ne les craignent pas. Leur puissance a pour point d'appui deux colonnes formidables : Le gouvernement toujours prêt à leur donner raison envers et contre tous, au ministère des cultes comme en son impudent conseil-d'état, hélas! et le clergé inférieur, du moins pour partie, dont le jugement vicié par une éducation brutale, et l'envie de se pousser, et la crainte de déchoir, et conséquemment l'indolence et la lâcheté fanatique, dévoue à toutes les furies l'*advertiser* quelconque du maître; autres natures chatouilleuses qu'il faut gratter sous le menton, en cachant la muselière.

Exagérer ces tempéraments serait encore un excès damnable; j'en conviens.

Ayant donc reconnu et fait complaisamment ressortir les qualités de chaque évêque pris en particulier, soigneux aussi d'affaiblir autant que possible les défauts personnels qui en eussent diminué l'éclat, j'ai pourtant combattu sans miséricorde les abus généraux, communs à tous, issus de l'état de choses *ecclésiastique;* et c'était même l'objet des premières critiques dirigées contre mon livre.

Où que ce soit, rien de si difficile à tenir que le juste-milieu : « *Vous voulez l'impossible;* » voilà l'objection des hommes modérés. Oui, sans doute; mais j'en approcherai plus ou moins, et c'est toujours beaucoup ; Dieu me saura gré de mes efforts, ma conscience de même. Que seulement, par faiblesse ou par corruption, je n'abaisse jamais le chef glorieux de ma sainte mère l'Église sous les exigeantes passions des individus !

Evidemment, un écrivain retors ne suit pas cette ligne, car ainsi nulle sympathie ne lui est acquise : vis-à-vis des impies, il passe pour un jésuite, et de fait, j'ai loué selon mon cœur la société de Saint-Ignace ; aux yeux de ce qu'on nomme la gent dévote, il est taxé d'hérésie, puisqu'il reprend les Sulpiciens comme n'étant pas des modèles de perfection sacerdotale et des dieux, puisqu'il trouve même des taches dans la conduite de quelques préfets mitrés et dans l'organisation du clergé actuel ; de la part des évêques, se manifeste à son égard une opposition curieuse : les uns prétendent qu'il a des préférences pour tel ou tel de leurs collègues, à leur désavantage ; les autres qui lisent leur éloge dans ses notices, redoutent de s'attirer l'animadversion de leurs confrères en l'acceptant au grand jour, et lui tournent politiquement le dos. Donc, quelle maladresse qu'une pareille entreprise !

En vérité, mon embarras se complique : les opposants argumentent toujours en telle sorte que je ne puis leur donner tort ni raison : *si enim quæ destruxi, hæc iterùm ædifico, prævaricatorem me constituo.* — ***A, a, a, Domine Deus.***

Ces difficultés à coup sûr sont immenses et réelles ; je les avais prévues, et cependant j'ai dit : *Vah !* comme le cheval de Job (1).

(1) Gloria narium ejus terror. In occursum pergit armatis.

Advienne que pourra, je l'ai dit et le répète, où est sur la terre l'entreprise qui n'ait pas du *pour* et du *contre*; au fond, je veux le bien là où se trouve le mal; voici des pierres pour former un pont sur ce profond abîme: jetons-les; ce qu'elles deviennent, je n'en sais rien encore, car *je ne vois rien;* mais tant qu'il en restera, je m'en servirai, et si je meurs à la peine, un autre viendra, puis il en arrivera d'autres qui travailleront, comme moi et mieux que moi, à combler l'espace, et un beau jour les pierres paraîtront sur l'eau, le pont sera formé, on passera, ou du moins, les ouvriers auront le mérite de l'intention.

Je ne vois rien ! c'est trop dire. Je vois, en dépit de tous les arguments, que le temps s'agite fort, à propos des questions soulevées par cette Biographie. Honneur à MM. Allignol, Dieulin, Germain, Pelier de la Croix, Droz, etc.! les *officialités* sont à l'ordre du jour ; il n'est bruit que de *l'inamovibilité des succursalistes* ; le *National* consacre à l'examen de ces matières les plus longs et les plus énergiques articles de M. F. Genin ; M. Méruau présente, dans le *Constitutionnel,* désormais impartial et sérieux, des considérations de l'ordre le plus élevé, si ce n'est qu'il a trop peur des jésuites non-politiques ; la presse de province répond à l'appel (1); s'il n'y a lassitude et découragement, l'avenir s'annonce pur, lumineux, plein d'espérance et de liberté.

Comtemnit pavorem, nec cedit gladio. Ubi audierit buccinam, dicit : Vah ! Procul odoratur bellum, *exhortationem ducum,* et ululatum exercitûs. *Lib. Job.* 40-20 et seq.

(1) Voyez deux articles du *Journal du Loiret,* mois de juin.

Mais je donne contre une difficulté nouvelle : *Est-ce que vous prétendez régénérer l'Église avec de misérables petits pamplets de trente-six pages ?* — Vrai ! monsieur et monseigneur ne manient que des in-folios ! Savants hommes ! point amoureux d'argent ! couchés dans la poussière de leurs vastes bibliothèques, le gousset vide et le ventre garni de racines ! Pyramides d'érudition et de génie, près de qui Pascal et Bossuet ne furent que des saltimbanques et des feuilletonistes ! Hola ! hola !... et puis, s'il vous plait, veuillez observer que je ne viens pas en mon nom vous avertir, mais au nom des faits et des autorités mêmes que vous déclarez reconnaître : j'attaque des abus ? écoutez encore M. Morel, le curé de Saint-Roch :

« Il n'est pas rare de faire attention dans les paroisses à
« ce que le sermon rapportera à l'église. La-dessus, la
« loueuse de chaises a voix au chapitre, et tel fabricien qui
« administre au mieux sa boutique et son atelier, se croira
« un administrateur introuvable dans la paroisse, parce
« qu'il saura faire venir l'eau au moulin, en parlant très
« haut, pour avoir, comme une bonne fortune, tel pré-
« dicateur en vogue. Dieu veuille que les prêtres en
« honneur ne soient pas du même avis et pour la même
« raison. A présent, glorifiez-vous, ô prédicateurs frin-
« gants ! on vous appelle, mais est-ce à cause de votre
« mérite ? non, c'est à cause des chaises (1) ! »

Si j'avais parlé de la sorte, c'eût été une atrocité ; de M. Morel, comment recevrez-vous la mercuriale ? — Il a mission — ah !... Eh bien, quand vous lirez sa notice, je vous l'ai dit, vous en verrez bien d'autres. Devant ce lion-là, je ne suis qu'un petit agneau. O mes chers assas-

---

(1) Le *Prédicateur* pages 364 et 365.

sins ! mais... vous m'aimez et me voulez en vie, plus que
vous ne le dites. Mon Dieu, oui, vous me lisez plus que les
Pères de l'Église et l'Évangile même. C'est fort? tant
pis. Mettez la main là, et soyez francs, et permettez que

Je remonte sur l'âne;

et quittons ce sujet échauffant, pour nous raffraîchir en
bonne compagnie ; j'entends venir à pas comptés le bon
père Mérault, comme on l'appelait.

M. MÉRAULT.

On m'écrit de Saint-Pierre d'Autils, 2 octobre 1842.

« Il y a une petite erreur concernant Fouché. Il est dit
dans une note que *Fouché n'a pas été oratorien comme
plusieurs le prétendent, et qu'il fut seulement élevé à
l'Institut.*

« Fouché a été véritablement membre de l'Oratoire,
jusqu'à sa suppression, le vendredi saint 1792.

« Fouché est entré dans cette congrégation au mois de
mars 1782 ; j'y étois déjà depuis six mois. M. Mérault,
alors supérieur de l'institution, me le remit entre les
mains pour lui faire faire sa retraite, en arrivant. Je fus
donc son *pasteur*. De ce moment jusqu'à la fin de l'année, nous fûmes tous deux inséparables. Nous nous con-
venions réciproquement. Il fut en effet secrétaire et, qui
plus est, le confident de M. Mérault qui sçut le distinguer
parmi vingt-deux confrères qui, cette année-là, compo-
soient l'institution.

« A la fin de l'année, Fouché fut envoyé à notre maison d'Orléans, à la faveur de M. Mérault, pour y bien établir sa santé, assez foible alors.

« D'Orléans, Fouché passa à notre collège de Niort, où il fut d'abord préfet de pension ; puis successivement, il professa à Vendôme, à Juilly, enfin à Nantes où il étoit encore au moment de notre suppression.

« Il étoit minoré, lorsqu'il entra à l'Oratoire, et n'y a pas été prêtre.

« En 1790, nous nous trouvâmes ensemble à Paris. Son opinion alors étoit fortement opposée au nouvel ordre de choses. En 1793, *quantùm mutatus ab illo* ! ! ! Son histoire est connue. Cependant à Lyon, il sauva la vie à son ancien supérieur de Niort, de qui je l'appris dans le temps.

« En 1801, étant à Paris, j'y retrouvai Fouché, ministre de la police, et, à mon égard, tel qu'il avoit toujours été. En ma présence, et en celle d'un évêque qui avoit quelques remerciements à lui faire, et qui avoit eu à se plaindre de son préfet, Fouché, dans sa franchise, s'écria, et fit cet aveu : « j'en ai beaucoup fait en révolution, « mais je n'étois qu'un enfant, en comparaison de votre « préfet (textuel). »

« M. Gaillard, dont vous parlez, est l'homme le plus estimable que j'aie connu. Nous avons demeuré ensemble à Riom, où nous sommes arrivés tous les deux en 1782, mais où, moi, je suis resté jusqu'à notre suppression.

« Quant à M. Chabrol, qui avoit fait ses études en notre collège de Riom, il entra à l'institution en 1786. J'y étois alors un des directeurs, mais ma santé ne me permit pas d'y rester, et, sur ma demande, je fus envoyé à Effiat. Je partis de l'Auvergne le 21 décembre 1793, pour rentrer dans mon pays natal, où j'eus le bonheur de remonter à l'autel dans notre cathédrale d'Evreux, en février 1795.

« Ricquier, curé et chanoine d'Évreux. »

Cette notice est la justification de certains passages que plusieurs personnes avaient blâmés dans les précédentes. Au risque de faire dire que j'aurais pu écrire de plus douces choses sur le François-de-Sales du dix-neuvième siècle, j'ai voulu éclaircir l'évènement fatal de la vie de M. Mérault. Tout en admettant, et je les félicite de leur générosité, qu'il eut des vertus extraordinaires, ces gens avisés lui contestaient gravement l'esprit d'ordre et d'économie; ils laissaient même entendre qu'à son insu et par une sorte de pieuse hallucination, M. Mérault gaspillait parfois les deniers d'autrui avec sa propre fortune : j'ai répondu par des pièces écrites et par des chiffres. M. de Beauregard s'est accusé lui-même, cette fois, de noire ingratitude, d'insolence révoltante et de folie ; je m'en rapporte aux lecteurs ; il a lui-même encore flétri la conduite de ce malheureux, fils d'une mendiante des portes de la cathédrale (1), ramassé sur la paille, et qui, méconnaissant l'incomparable noblesse de la pauvreté, ne craignit pas d'insulter le bienfaiteur qui avait couvert sa nudité, apaisé sa faim, et pris même en pitié son manque d'intelligence jusqu'à le conduire, en dépit d'elle, au sanctuaire.

Si l'indignation et le besoin d'expliquer des critiques rigoureuses nécessitaient de ma part ces développements et ces preuves, je n'ai pas non plus reculé devant quelques aveux. C'est bien à tort qu'on me reproche de haïr les Sulpiciens ; je les aime au contraire, mais selon la parole consacrée : *Qui benè amat, benè castigat.* Le moyen de se venger d'un sot, est de ne point l'avertir de ses sottises; j'avertis les Sulpiciens, et ne veux donc point

---

(1) D'Orléans.

me venger d'eux; je répète du reste qu'ils ne m'ont jamais fait de mal, à moi personnellement. Lorsqu'une occasion se présente de les complimenter, je n'y manque pas. Ainsi, M. Garnier, cet homme vénérable sous tous les rapports, ayant rendu justice à M. Mérault, je l'ai cité avec éloge (1); il n'est pas que M. Boyer lui-même ne m'ait paru satisfaisant, et j'en aurais fait preuve, s'il y eût eu de la place pour les lettres que je tiens de lui relatives au même sujet. Arrêtons-nous à M. Boyer, puisque nous y sommes.

M. BOYER.

L'*Ami de la Religion* avait donné sa notice, mais si

---

(1) Je cite même le panégyrique sans quartier que M. Fayet a daigné faire de la Compagnie, dans sa lettre de prise de possession, lettre magnifique du reste :

« Une autre espèce d'encouragement nous est encore offerte par la divine providence, dans la coopération active des *dignes* enfants de M. Ollier, qui donnent l'éducation cléricale aux jeunes lévites de notre Grand-Séminaire. *Société de Saint-Sulpice, vous n'aurez aucun éloge de nous.* Vous fûtes notre mère et notre nourrice, et nous savons que vous fuyez les louanges, comme d'autres poursuivent la gloire; comme ceux qui cherchent l'or, vous ne travaillez jamais plus utilement que lorsqu'on vous a perdue de vue *, ou quand on garde le silence sur vos mérites et vos vertus. Avec quelle sainte et modeste habileté vous versez dans l'âme de vos élèves le goût de la solide piété et l'amour *sévère des fortes études!* Facilement alarmée de toute nouveauté, amie des doctrines et des hommes éprouvés par le temps, donnant partout l'exemple de *la plus vraie* soumission aux premiers pasteurs, vous présentez, depuis des siècles, à l'Église de France reconnaissante, dans tous vos membres, *sans exception*, le modèle accompli du bon Prêtre, du pieux Docteur et du Maître *consommé dans toutes les sciences divines.* »

* On dirait une malice.

maladroite et si saugrenue que les Sulpiciens en furent outrés ; je le sais de manière positive.

De même, M. Dassance publie ses œuvres posthumes, aggravées d'une préface.

Pour le reste, on ne m'a rien dit qui mérite mention, si ce n'est que j'avais pris la chose *trop en riant* : à quoi bon me disculper encore ? Je maintiens mon système de rédaction, comme mes jugements critiques sur les écrits et l'enseignement de M. Boyer. Il était l'oncle de M. Affre : c'est vrai, mais qu'est-ce que cela prouve ? C'était un vertueux prêtre, assurément ;

Et qui dit autre chose ?

Répond Boileau. — « Quel horrible chapeau vous avez, mon cher ! — C'est faux, car j'ai de fort belles bottes, » reprit le gascon. Vous raisonnez, mes bons adversaires, comme le gascon qui vous fait rire.

M. Affre, fût-il pape, ne fera jamais que M. Boyer n'ait pas écrit, le plus ordinairement, en mauvais français et d'un style au moins décousu, les pages les plus illogiques ou les plus burlesques du monde. Pour être l'oncle de son neveu, comme il le disait à M. Souquet de La Tour, M. Boyer n'en a pas moins combattu des poings et des ongles toute idée généreuse qui, durant sa vie, voulait se faire jour parmi nous. Il y a plus : M. Boyer raisonnait et même écrivait quelquefois d'une manière supportable, mais *quelquefois* signifie précisément que ce n'était pas toujours ; et puis, je le répète pour les gens oublieux, les prêtres de sa compagnie sont mes complices, car, sur la fin principalement, il n'était chose qu'ils n'imaginassent pour l'empêcher de publier des livres ; leur

annoncer un nouvel ouvrage de lui!!... Ah bah! autant valait une de mes notices.

On a prétendu que M. Affre s'était enrichi des dépouilles littéraires et théologiques de son oncle, et qu'ainsi le peu de mandements qu'il a faits jusqu'aujourd'hui, la *lettre* surtout relative à l'approbation des ouvrages religieux, n'étaient que des pièces de succession. J'ai lu dans les poésies de Lebrun un joli distyque :

L'on vient de me voler.., — que je plains le malheur !
Tous mes vers manuscrits .. — que je plains le voleur !

On pourrait y trouver matière à quelque méchante application, mais il ne faut pas.

Parmi les hommes dont M. Boyer s'est fait l'antagoniste, viennent MM. de La Mennais et Allignol. A l'égard des uns et des autres, puis-je approuver sa tactique? procéder par la déconsidération *à priori*, n'est pour personne un moyen légitime et même honnête. Au jugement de Dieu, le nom de M. de La Mennais a été prononcé; comme M. Picot, le fougueux sulpicien doit avoir cherché sa réponse, sans la rencontrer bonne. En ce qui concerne MM. Allignol, la cinquante-troisième notice nous a révélé bien des mystères.

MM. ALLIGNOL.

En effet, M. Boyer les poursuivit à outrance; ils lui doivent tous leurs malheurs, non moins qu'à l'aveugle et sotte passion des *faiseurs* de Viviers.

M. Gallard disait dans une lettre à M. Corbin, curé de la cathédrale d'Orléans :

« JE ME DISPOSE A ALLER A PARIS POUR LE SACRE

DE DIMANCHE DONT JE FAIS PARTIE. TROIS ÉVÊQUES A LA FOIS. HEUREUSEMENT QU'ILS SONT DE BON ALOI : CE N'EST PAS CHOSE SI COMMUNE QUE LA QUALITÉ EN CE GENRE PAR LE TEMPS QUI COURT ET AVEC LES FAISEURS ACTUELS (1).

M. Gallard mentait assurément à sa pensée, puisqu'il était lui-même alors le grand et unique faiseur : M. Olivier, qui, pour un mensonge de cette nature, l'a mis à la porte du presbytère de Saint-Roch, M. Olivier, dis-je, en sait bien quelque chose ; mais toujours est-il que ces paroles s'appliquent malheureusement aux simples prêtres comme aux évêques. *Ce n'est pas chose commune que la qualité en ce genre* : par *qualité*, j'entends le courage et le talent. MM. Allignol possédaient l'un et l'autre dans un degré supérieur, et ils s'en servirent. Ainsi fut publié leur livre. N'oublions pas que la presse *religieuse* l'annonça d'abord en très grosses lettres, qu'elle en fit même un éloge pompeux. Néanmoins ils furent repris bientôt, et frappés publiquement comme des infâmes; ruse à la mode: pour tuer la logique, on flétrit la personne ; et c'est toujours l'histoire de Tibère qui fit violer la fille de Séjan par le bourreau, afin de maintenir la loi romaine qui défendait de mettre une vierge à mort. Ailleurs qu'à Viviers, on ne s'en doutait guère ; nulle réclamation ne s'éleva ; hélas mon Dieu ! les amis !... Comme Brébeuf avait raison !... encore un quatrain, s'il vous plaît ? J'ai aujourd'hui la maladie des quatrains.

---

(1) « Meaux, 6 février 1833. — Il ajoutait : Il paraît que « Dijon en sait quelque chose à l'heure qu'il est. On dit que c'est « bien mal *enfilé*. » Nous reprendrons cette phrase obligeante et sincère dans la notice de M. Claude Rey, ancien évêque de Dijon. — Mais, en passant, notez l'avis!

> Les courtisans sont des jetons,
> Leur valeur dépend de leur place :
> Dans la faveur des millions,
> Et des zéros dans la disgrace.

Les évêques n'y songent pas toujours.

Ainsi harcelés et maudits, MM. Allignol dévorèrent en silence leur douleur, ou plutôt souffrirent, avec une résignation calme et admirable, toutes les atroces humiliations dont il plut à leurs *maîtres* de les abreuver. Si du moins leur sacrifice eût porté des fruits ! « la mort même devient douce à qui voit son frère sauvé par elle »(1).

Cependant, après quelques mois, il n'était plus même question de ces généreux frères. Eh bien, leur notice parut, et, au risque de pêcher par amour-propre, je veux toujours dire qu'étant tombée aux mains de plusieurs écrivains recommandables, elle leur donna l'idée de ressusciter *l'État actuel du clergé* et de soutenir avec MM. Allignol une sainte croisade dans les journaux ci-dessus nommés. M. l'abbé Germain, sur les mêmes indications, avait déjà fondé son *Recueil de documents relatifs à l'inamovibilité des desservants*, etc.

Encore une fois, qu'on nous explique comment les frères Allignol, ayant un bref du Souverain Pontife qui leur permet de dire la messe dans leur maison et de la faire dire aux confrères qui viennent les visiter, qu'on nous explique comment ces mêmes frères Allignol sont, à l'heure qu'il est, au ban du clergé de France. Si M. Darcimoles peut nous dénouer cette énigme, il sera bien gentil.

---

(1) C'est ce que l'Écriture appelle la mort honnête : *honestâ morte perfungar.* 2 Mac. 6-28.

M. DARCIMOLES.

Au fait, M. Darcimoles n'est pas mal. Après une notice aussi fournie que celle de MM. Allignol, il est venu à point, comme temps d'arrêt. Moyennant lui, j'ai pu donner quelques détails sur l'antique diocèse du Puy, et montrer que les fonctionnaires ecclésiastiques ne sont pas des bourreaux d'argent. M. Darcimoles a mis quarante et un ans à me fournir toutes ces digressions : il est né en 1802 ; j'étais à même d'en placer d'autres dans maintes et maintes lacunes fort complaisantes de cette modeste vie. Depuis la notice, un an bientôt s'est écoulé ; pas un fait de plus. J'ai écrit à plusieurs prêtres du diocèse du Puy qui tous m'ont répondu : *ce n'est que ça.*

M. DE MAZENOD.

Il n'en est pas de même de M. de Mazenod; on m'a contesté le mot qui termine sa notice : *mais il n'a pas d'ennemis.* Aussitôt cette notice publiée, ce fut un déchaînement. J'eus à dévorer des dénonciations dont la moindre horreur était d'être illisible. Des cris, puis rien ; ce qui ne saurait prévaloir contre des choses. Pour me convaincre d'erreur ou de mensonge, dites comment j'aurais dû faire et où vous blesse ce que j'ai fait; opposez des preuves aux preuves; écrasez les dates sous d'autres dates; indiquez-moi des sources meilleures; non, lisez plutôt l'anecdote suivante qui me revient en mémoire :

M. de Mazenod, étant évêque d'Icosie *in partibus*, faisait une visite pastorale à la paroisse de la Ciotat. Jaloux de faire comprendre aux bons habitants toutes ses saintes paroles, le prélat crut, en véritable apôtre, devoir se servir de l'idiôme populaire, *seul* entendu de *tous*.

Le lendemain de cette prédication, le maire fit afficher une proclamation dans laquelle il blâmait hautement l'évêque de ne pas avoir parlé la langue nationale, dans ses sermons; il l'y accusait *d'avoir abusé de son éloquence et d'un caractère qui en impose aux masses, pour les envelopper dans un nuage de fanatisme et d'ignorance*, etc.

Heureusement, la proclamation de M. le Maire, écrite en langue *nationale*, n'a pu être lue par la masse qui entend mieux son idiôme local; et cette même masse est retournée écouter un nouveau discours de M. l'évêque, prononcé dans ce même idiôme (1).

Une seule observation me touche, c'est celle de M. l'abbé X..... M. de Mazenod, comme on l'a vu, se déclare l'implacable ennemi des principes que soutiennent les frères Allignol et qui sont les miens. En ceci, je ne puis louer M. de Mazenod, et je forme des vœux pour qu'il appelle de ses préjugés à son bon sens, ce qui est facile: *oportet episcopum esse irreprehensibilem;* il le sait fort bien ! Nous ne tarderons pas à l'avoir sous nos enseignes, ainsi que beaucoup d'autres. J'affirme du reste, que cette notice, telle qu'elle est, et impartiale comme je l'estime provisoirement, ne me pèse pas du tout sur la conscience. Et d'ailleurs, une fois pour toutes, si jamais il m'échappe des compliments immérités à l'égard d'un évêque ou d'un autre, de peur qu'ils ne soient inutiles, le per-

---

(1) V. Gloires du Clergé, 1 d. liv.

sonnage est prié de les prendre en guise de leçon ; c'est ce qu'a fait M. de Rolleau.

M. DE ROLLEAU.

J'ai loué ses délicatesses pommadées et, quoiqu'un peu moins absolument, les brillantages de son église. On dit que je l'ai contristé ; ce n'était pas mon intention ; je voulais tout bonnement le changer. Nul n'a essayé la réfutation de sa notice. Dans une société d'ecclésiastiques, M. Annat la prit à partie, et vainement ; on jugea, mais à tort (1), qu'il avait peur pour lui-même. Chez M. le curé de Bonne-Nouvelle, on en fit lecture à haute voix, et en société nombreuse ; elle fut accueillie par des sourires significatifs. A l'archevêché, on se permit cette remarque : « *que voulez-vous ? c'est la vérité ; tant pis.* »

Il a été entendu seulement de timides et roucoulantes colombes qui soupiraient : « Le joli curé périra de dou-
« leur ! cruel, qui le navrais ainsi, cet homme éthéré, flo-
« conneux et doux, doux comme les filles du Coran qui
« sont nées des pepins de l'arbre du jardin, et si douces,
« que si l'une d'elles avait craché dans la mer, l'eau
« n'en aurait plus d'amertume ! »

Qu'ai-je dit qui ne soit de notoriété publique ? Laissons l'homme ; prenons l'église, si église il y a. Paul de Kock n'est pas le seul qui nous vienne en aide (2).

« Mais attention, dit un vieux grognard ; me voilà chez

---

(1) Je le prouverai bientôt.
(2) Il a fait, dans *La grande ville*, un chapitre spécial sur Notre-Dame de Lorette.

— XXVIII —

le Père éternel. Tête nue, D'Ormont? sacrrrr..... il me semble que toutes ces dévotes agenouillées là bas m'ont regardé. . . . .

« Ensuite mon oncle regarda autour de lui : — il vit des tableaux dans lesquels des saintes aux yeux noirs, aux visages passionnés, lui rappelaient ces danseuses de l'Opéra, bayadères de l'armée impériale, chez lesquelles il allait jeter l'or des Prussiens et des Hollandais... Il vit une entrée d'église ressemblant à l'entrée d'un théâtre, et des lampes emprisonnant la lumière dans un verre dépoli, comme celles qui éclairent les demoiselles de comptoir dans les cafés et les restaurants. Il vit des bénitiers-Pompadour, des chaises en bois d'acajou, des tapis douillets pour protéger la dévotion contre le froid de pieds; il vit un sacristain qui portait des bottes vernies, un suisse qui prenait du tabac dans une boîte d'argent émaillé. Il chercha vainement une pensée religieuse au milieu de ce sanctuaire fashionable. « Voyons, dit-il en tortillant sa moustache, ici le bon Dieu sent la fleur d'oranger, ça ne peut pas m'aller. »

« Mon oncle se sauva du temple..... de la Chaussée-d'Antin. « Je ne suis pas allé dans une église, dit-il, depuis
« le mariage de Napoléon, mais il me semble que dans
« ce temps là, la maison du bon Dieu ne ressemblait pas
« à un boudoir. Si toutes les casernes de la religion sont
« dans le goût de Notre-Dame-de-Lorette, je déserte
« comme un gredin, je me fais mahométan, et me con-
« solerai de nos disgrâces africaines. Peste! j'ai vu dans
« ce salon chrétien de l'or et des incrustations sur le bois
« de chaque confessionnal; Dieu, le vrai bon Dieu, le
« bon Dieu de la mère Michaux et des pauvres affligés,

« ne doit pas être d'aussi bonne compagnie que ça (1). »

Dans la notice de M. Robin, au sixième volume, j'ai consigné plusieurs témoignages des Pères de l'Église et d'autres écrivains religieux (2); je n'y reviendrai pas, non plus qu'à M. Paganel dont l'état mérite des ménagements, et à M. de Boulogne (sans comparaison) qui est jugé. Trêve encore sur l'*Histoire de Notre-Dame de Lorette*, salmis nouveau et indigeste, horrible plumpudding littéraire et fantasmagorique du très civil et vénérable abbé Caillau; tel n'est point mon sujet; je ne veux pas voir en passant la marchande de cierges de Saint-Roch (3), et la cabane vitrée où je ne sais quel ménage habite, fait son café, et toutes sortes de choses, dans l'intérieur de l'église des Petits-Pères, au revers du porche; je suis à vous, M. Manglard.

M. MANGLARD.

Modèle du curé; je l'ai dit, et si d'un côté, mes paroles ont trouvé de l'écho, il n'en fut pas ainsi sur un autre point. Il faut des détracteurs pour mûrir la vertu comme du fumier pour amener à bien les fromages d'Olivet; usons du fumier pour ce qu'il vaut, et goûtons les fromages.

En écrivant la biographie de M. Manglard, je n'ai pas fait tout ce que voulait mon cœur. La plume est si raide, et si sèche et si obstinée quelquefois! Quand je l'eus finie,

---

(1) Auguste Ricard, *J'ai du bon tabac*, etc., tome II, p. 84.
(2) J'indique particulièrement ici une excellente *Histoire des fêtes de l'Église*, imprimée en 1782, chez Servière; voyez page 24.
(3) Biog. de M. Raillon, page 187.

ces pages me semblaient froides et vides. Je n'avais pas assez bien dît l'amour que lui voue son clergé, les bénédictions que lui donnent les pauvres. Là où nous sommes, dans cette superbe et affreuse ville de Paris, la misère appelle et entasse par milliers des familles sans travail et sans pain : livide population que vomissent perpétuellement les bas-quartiers, inondant les habitations de ceux qu'elle nomme fortunés; le plus souvent ces habitations sont les presbytères.

Or, de tous les curés de Paris, M. Manglard et M. Collin sont ceux dont les noms se connaissent le mieux en pareilles circonstances.

On se demande alors et de toutes parts, quel est leur secret pour ne faillir jamais à aucune demande : c'est la baguette de la charité, qui vaut bien celle des Fées; les philosophes chrétiens n'ont guère observé que par hasard le nombre infini de choses humainement impossibles qui cependant deviennent faciles par elle; il y a là, pour quelque Chateaubriand futur, la matière d'un beau livre, plus beau que le *Génie du Christianisme*.

Toutes les combinaisons du monde, sociales, nationales, philanthropiques, scientifiques, etc., ne formeraient pas la vingtième partie d'un homme comme M. Manglard (soit dit sans allusion à son embonpoint) : accessible à toute heure et pour tous, dévoué sans cesse et d'avance à la première infortune échéante, accueillant ceux qui se présentent suivant leurs dispositions actuelles d'esprit, souriant à d'innocentes joies du même cœur qu'il pénètre dans leurs âmes désolées pour partager leur douleur et les soulager; et tout cela, sans effort, naturellement, toute sa vie, comme fait une mère envers des enfants adorés.

Les pauvres de Saint-Eustache ne sont pas les seuls qui connaissent M. Manglard : il est l'ami de tous ceux de Paris, et je n'ose dire, de crainte de contrister sa modestie, qu'il empiette ainsi, par une pieuse et sublime fraude, sur les familles de ses confrères. *Allez voir M. le curé de Saint-Eustache, il vous recevra bien* ; ceux qui ont faim et soif se disent cela, et le bénissent à leur retour. *Il est si affable ! il fait si bon lui parler ! croiriez-vous qu'il vous demande pardon de ne pas pouvoir donner davantage ?* telles sont encore leurs réflexions. M. Manglard n'a pas d'émeute à craindre.

De celui-là, j'ai dit qu'il avait des ennemis ; rien d'aussi vrai. Quels sont-ils ? on l'ignore ; ils se cachent... peut-être ceux qui lui font les plus doux visages, *qui dulces mecum capiebas cibos* ; phénomène journalier.

Hideux phénomène, en effet ! Que les ecclésiastiques y prennent garde, il y a chez eux un fatal penchant à la perfidie et aux vices qui la produisent ou qu'elle engendre, conséquence naturelle du reste de leur position sociale. Isolés des affaires et de la famille, forcés par des convenances démesurément rigoureuses à la plus extrême réserve et presque à la dissimulation, comme sont les femmes, vivant sous des lois d'exception qui rendent criminel pour eux ce qui est légitime pour les autres, et réduits par ce seul fait à concentrer laborieusement en eux-mêmes une somme d'énergie qui ne demande qu'à s'épandre, il arrive trop souvent qu'au lieu de vaincre courageusement et saintement la passion, ils la détournent seulement de son cours naturel pour la diriger vers des fins beaucoup plus damnables. Ainsi se vengent-ils, et même à leur insu, de l'état de gêne où ils vivent, soit par des conversations ou dénonciations qui, sous couleur de zèle, entretiennent leur imagination bilieuse d'objets impurs et la délectent clandestinement, soit d'une autre manière. Et puis, c'est chose si longue que le temps à tuer! le ministère n'y suffit pas; on n'aime pas l'étude: que faire? du mal à autrui. Personne ne s'entend mieux en ceci qu'un prêtre: d'un mot, il assassine un homme; et le mot sent toujours la charité d'une lieue; c'est toujours le *fer sacré* de Molière, toujours, et toujours infailliblement, le même système: beaucoup d'éloges d'abord qui ne tirent point à conséquence; et tout-à-coup, comme par exception et malgré soi, — on aime tant son ennemi, Dieu le sait, ce n'est que pour son bien qu'on agit!—et tout-à-coup une traînée de venin qui seule reste... Ce qui est vrai des individus est également vrai de la masse (1).

A cet égard, rien de pire pour l'ordinaire qu'une réunion de prêtres: de quoi voulez-vous qu'ils devisent? des choses saintes? elles ne sont ni de mise à table, ni matière de récréation; de livres? inconnus; de politique? un peu, et c'est déjà trop pour ce qu'on en fait; on s'occupe d'un confrère absent, eh seigneur Jésus! comme on vous l'adore! comme on jette sur lui et sur ses imperfections le manteau de Constantin!...Je dis d'un confrère, car le plus grand ennemi d'un prêtre, c'est toujours un prêtre; les laïques viennent après.

Or, ces paroles sont dures et *difficiles à entendre*; tant pis. Si j'avais de la place pour les développer, elles le seraient encore plus. Je compte sur l'obligeance des bonnes gens qui diront en forme dogmatique: *Vous mé-*

(1) Je n'offre ici à mon lecteur que le faible résumé d'un fort beau discours *sur la médisance*, prononcé à Notre-Dame, le dimanche 16 juillet.

disez du clergé, or un ami de la religion ne fait jamais de peine à ses ministres ; attaquer ceux-ci est une voie détournée pour renverser celle-là. Vieux et rusé sophisme, qu'on a mille et mille fois réduit à néant ! Sans doute, si vous supposez que j'ai calomnié les prêtres ; mais, dans l'impuissance où vous êtes de nier ce que j'avance, il faut bien confesser aussi que les prêtres, qui sont des hommes, ont besoin d'avertissements, que leur signaler hautement leurs défauts, c'est les mettre en demeure de s'en corriger, et qu'épurer le clergé, c'est aimer et servir la religion. Rappelons-nous le mot : *delicta sacerdotum communis est turpitudo* ! (1)

Hélas ! il y a encore une parole terrible, et que le peuple répète aujourd'hui, depuis les vieillards jusqu'aux petits enfants : « la plus grande preuve de la religion est qu'elle vive malgré les prêtres. » Faisant la part de l'exagération, et admettant des exceptions assez connues du reste, je ne puis m'empêcher de frémir en citant cette parole, et la plume me tombe des mains.

— Mais, encore un coup, vous êtes bien osé, de vouloir, à votre âge, régenter le clergé. — A mon âge ? quel âge ? vous n'en savez rien. Et fussé-je un écrivain de trente-cinq ou de quinze ans, je vous répéterai toujours le passage de Tertullien : *in his omnis homo miles*; et puis, quel âge exigez-vous, au juste ? Belle méthode ! mon cher frère ; on est trop jeune pour vous dire vos vérités jusqu'à l'âge où l'on est trop vieux !

Que vous êtes joli !... que vous me semblez b... !

---

(1) Paroles extraites d'une Pragmatique : *Delicta sacerdotum communis est turpitudo* ; comment voulez-vous qu'avec de pareilles dispositions d'âme et de cœur, les docteurs des nations leur puissent apprendre de belles choses ? Mon *Evêque de cour*, en son langage énergique et spirituel, appelle cela faire le mal *ex cathedrâ*.

—Mais, encore une fois, vous voulez pousser le clergé inférieur à la révolte. — vous riez, mon bon. J'appelle uniquement l'attention des chefs sur une blessure de l'Eglise; j'ose dire à ceux-ci leur devoir en toute humilité et soumission, et aux autres leur droit : *admonendi sunt subditi, ne plùs quàm expedit sint subjecti, ne cùm student plùs quàm necesse est hominibus subjici, compellantur vitia eorum venerari.*

A ce sujet, voici des réflexions de l'abbé Lenoir (1) par lesquelles je termine :

« Il n'y a personne, dit l'*abbé Vérité*, parmi les inférieurs des évêques qui n'en soit juge compétent, non pour les condamner avec autorité, mais pour les éviter comme des loups, pour leur désobéir innocemment. C'est ce que nous remarquons dans l'exemple de tous ces peuples, qui sans doute serait capable de nous donner grande édification, si nous étions capables de la recevoir; mais l'esprit de domination a fait des progrès qui nous en empêchent, et celui de terreur, de servitude et de bêtise est aujourd'hui tellement répandu, qu'on se fait une religion, non-seulement de révérer la personne des loups spirituels, mais de révérer, comme dit saint Grégoire, jusqu'à leurs vices (2).

Bien entendu qu'il ne s'agit ici que des mauvais évêques, s'il y en avait.

Mais les évêques sont les maîtres — sans doute, répond le même, les évêques apostoliques et canoniques (sauf l'hérésie de Wiclef) sont maîtres dans leurs diocèses,

---

(1) Toujours *l'Évesque de Cour.*

(2) Page 271. On sait ce que l'Écriture appelle le caractère de la bête.

mais maîtres de toute vertu, maîtres, docteurs, et professeurs en obéissance à l'Église, au pape, aux canons, et par conséquent maîtres en humilité, en pauvreté, en modestie, en douceur, en patience; maîtres de vérité et de charité.

Mais le clergé se tait, et pourquoi voulez-vous plus de bien au clergé qu'il n'en veut lui-même? — Pascal me vient en aide : quand tous vont vers le dérèglement, nul ne semble y aller. Qui s'arrête fait remarquer l'emportement des autres, comme un point fixe. « Et JE M'ARRÊTE. »

1ᵉʳ Août 1843.

Paris.—Imprimerie de A. APPERT, passage du Caire, 54.

Biographie du Clergé Contemporain.

M. MATHIEU.

A. Appert Édit. passage du Caire. 54.

M. MATHIEU,

ARCHEVÊQUE DE BESANÇON.

———

> Pastor ecclesiæ talis eligitur ad cujus
> comparationem cæteri nominentur.
> *Hier. ep. ad Occanum.*

Jacques-Marie-Adrien-Césaire Mathieu naquit à Paris vers la fin du siècle dernier (1796).

Le père de M. Mathieu avait fait d'abord le commerce des soieries à Lyon. Je ne sais quel jeu de fortune l'amena dans la capitale où il prit un bureau d'agent d'affaires. Il est mort en possession de l'estime qu'il avait constamment méritée.

Sa mère, mademoiselle Montalan, était une femme de bonne éducation et de beaucoup d'esprit, quoique peu désireuse d'avoir un fils prêtre. Le but de son ambition fut de le voir débuter au barreau ; il devint avocat, mais il est archevêque.

Il a un frère et une sœur.

M. Mathieu, son frère, officier de marine en activité, est-il le capitaine Mathieu qui figura dans l'équipée du *Carlo Alberto?* Ce qu'il y a de bien certain, c'est que rien ne surpasse l'affabilité, la politesse exquise et la noblesse d'âme de celui que nous avons eu l'honneur de voir.

Mademoiselle Marie Mathieu, sa sœur, est pour lui une de ces douces et pieuses créatures dont l'Ecriture semble avoir dit tout exprès à chacun de nous : *Angelis suis mandavit de te ut custodiant te in omnibus viis tuis.* Elle a suivi par dévouement ses brillantes destinées ; elle se fût attachée passionnément à ses adversités, si la Providence l'avait voulu malheureux.

Après une éducation comme celle qu'on donne à tous les enfants, et des succès mélangés de travail et d'espiègleries innocentes, M. Mathieu se mit à l'étude du Code civil et des Institutes, étude épineuse, et surtout abondante d'ennui pour les commençants. Il y réussit sans jeter positivement de l'éclat, mais si bien toutefois que M. de Montmorency le demanda pour gérer ses biens dans les Landes (1).

---

(1) M. de Montmorency, le même qui, après avoir donné à la France révolutionnaire le spectacle d'une abnégation sublime, crut convenable de s'en repentir et de confondre,

Double fortune : c'était rendre d'abord à son intelligence et à sa probité un hommage plus que flatteur, car il était lucratif ; ce devait être encore l'occasion d'une immense faveur lorsque s'ouvrirait devant le jeune homme la carrière des dignités ecclésiastiques.

En effet, il connut bientôt sa véritable vocation, et je l'en félicite. Dieu qui ne doit à personne le trésor de ses grâces, peut laisser en pareil cas certaines âmes dans le doute ou permettre des erreurs capitales et presque irréparables ; de là les plus noires angoisses, le désespoir quelquefois, une vie perdue, et la suite.... et ce lugubre cri : *Qu'on me ramène aux carrières.* Priez, mon cher frère, pour qu'il n'en soit point ainsi de vous, et que vos voies s'ouvrent d'elles-mêmes sous vos pas.

Madame Mathieu, lorsqu'elle apprit que son fils voulait entrer dans un séminaire, déclara qu'elle n'y consentirait jamais. C'est une opposition puissante que celle d'une mère, mais la grâce de Dieu est bien plus puissante encore ; et, en pareille cir-

---

avec son retour aux prétentions aristocratiques, son retour à la religion. — Et à propos, on m'accuse de contradiction, comme étant tour à tour légitimiste, républicain, etc., etc.; je ne suis rien de tout cela. Quand les objections viendront à se formuler d'une manière quelconque, j'y répondrai catégoriquement et facilement.

constance, la grâce devait prévaloir, d'autant qu'elle a principalement l'habitude de ces cœurs de mères.

Le jeune Mathieu entra donc au séminaire, et il y fut heureux : or, on sait quelles sont en certains séminaires les conditions du bonheur; je l'ai dit.

Ordonné prêtre, il devint secrétaire de M. du Chatellier, évêque d'Evreux, prédécesseur de M. Olivier (1).

C'étaient, je crois, les sulpiciens eux-mêmes qui l'avaient désigné au choix du prélat. Il arrive assez souvent qu'on leur donne cette mission difficile, ce qui suppose une bien grande confiance.

Or, je n'ai fait qu'effleurer, dans la notice précédente, la physiologie du secrétaire d'évêché; quelques mots de plus ne seront pas sans intérêt.

Le secrétaire donc est l'homme le plus important d'un diocèse, du moins dans l'état actuel des choses.

Il a principalement deux avantages d'où résultent tous les autres.

1° Nul d'abord ne connaît mieux que lui les fils secrets et tous les rouages de l'administration diocésaine; que dis-je? nul autre n'est admis à les connaître; il les connaît infiniment mieux que l'évêque lui-même.

---

(1) Salmon du Chatellier (Charles-Louis), né en 1761, sacré en 1822, mort en 1841.

2° Et ensuite, par la continuité de ses rapports avec le chef, il est à même d'obtenir une influence sans égale.

Inhabile ou négligent, que va-t-il faire ? on le comprend de reste ; ambitieux et passionné, il dirigera vers l'accomplissement de ses vues perverses tous les dangereux éléments de puissance qui sont entre ses mains ; un étourdi se jouera de l'existence de cinq ou six cents prêtres, les ballottera, selon ses fantaisies, de ci et de là, et violera des secrets terribles ; un misérable mettra ses faveurs au prix de la bassesse ou d'une indigne complicité.

Ainsi le secrétaire couvrira de ridicule et de malédictions un prélat qui n'est plus que son inutile *prête-nom*.

Voyez plutôt, et jugez :

Indépendants ou serviles, quel est le personnage que craignent les prêtres diocésains, ou qu'ils recherchent, et duquel ils attendent tout en définitive ? quel est le plus avancé en affaire, si je puis ainsi parler : celui qui a l'avis de l'évêque ou celui qui s'est assuré la faveur du secrétaire ?

Aussi, quelle morgue ! quelle impertinence ! quel détestable *surépiscopat !* quel trône que ce bureau ! quelle foule de solliciteurs et quelle tanière de police grise !

En jugeant donc, à travers cette ignoble scène, le maître *secundum jus*, on s'indigne, et ce n'est pas à tort; mais on trouve deux coupables, et voilà le malheur, voilà le dernier mot de bien des mystères de désaffection, de beaucoup de reproches, de révoltes contre l'autorité légitime, et de désordre; c'est, encore un coup, c'est que l'évêque se complique de son secrétaire.

J'ai dû appuyer sur ce point pour faire droit à des réclamations nombreuses; mais il est juste aussi de restreindre ma proposition, si parfaitement inniable qu'elle soit, dans les limites voulues. A ces misères trop générales il y a des exceptions, tant de la part des évêques qui ne se laissent point envahir par ceux qui ne doivent être que leurs domestiques, que du fait des employés qui se tiennent dans leur rôle ou profitent de leur crédit pour le bien du clergé.

Dans ces exceptions se plaçaient essentiellement MM. du Chatellier et Mathieu.

M. Mathieu fut dit-on un excellent secrétaire, auquel on n'a jamais reproché autre chose que son irrésistible besoin d'agir. Avec de la sagesse, rien de mieux: *felix culpa*. Il fit à Evreux son apprentissage de bon évêque; il évita presque totalement les périls ci-dessus indiqués; et, en Normandie même, il eût vécu sans chicanes, si la confiance de M. du Chatellier ne l'avait appelé à gouverner un séminaire.

Je veux dire qu'il fut chargé de fonder cet établissement et de bâtir un édifice *ad hoc*. M. Mathieu a décidément le goût de ces sortes d'entreprises ; à Evreux comme à Langres, ici comme à Besançon, il a bâti de plus en plus ; et le gouvernement le sait fort bien, d'autant mieux qu'avec une adresse toute particulière, M. Mathieu l'a souvent décontenancé dans ses chères mesures d'économie, pour faire de lui l'auxiliaire d'une foule de bonnes œuvres.

Mais, si grands que fussent les sacrifices du gouvernement et le zèle de celui qui les provoquait, ils ne purent tout-à-fait parer aux inconvénients de l'imprévoyance ou plutôt de l'inexpérience. Dans le cas présent, les dépenses s'élevèrent au-dessus des devis, et les contestations qui s'en suivirent naturellement furent cause que M. Mathieu quitta Evreux pour revenir à Paris.

C'était un demi mal, car il se lançait ainsi, sans le savoir peut-être, sur la voie des honneurs, et l'Eglise devait en tirer quelque fruit.

Il était de plus à cette époque grand-vicaire de M. du Chatellier. Il le devint bientôt de M. de

Quélen; suivons-le d'abord dans sa cure de l'Assomption.

J'étais bien jeune encore lorsqu'un brave ecclésiastique de mes compatriotes me dit, après avoir cité les plus illustres personnages du clergé actuel : « mais le plus fort théologien de tous et le premier curé de France est M. Mathieu. » En supposant que cette dernière partie de l'éloge ne fût pas devenue banale, puisqu'il n'y a pas un curé de Paris à qui on n'en fasse hommage, serait-elle complètement vraie ? M. Mathieu ne le pense pas, et moi non plus ; et nous avons l'un et l'autre nos motifs. — Je ne concède pas davantage la première partie.

Comme théologien, M. Mathieu n'a jamais rien écrit que ses mandements, et jamais rien dit que ses sermons ou ses leçons sur les bancs de Saint-Sulpice.

Or ses mandements, et nous allons autant que possible épuiser tout de suite la question en ce qui les regarde, ses mandements, remarquables quelquefois par le naturel et la facilité du style, ne manquent assurément pas de bonnes pensées et témoignent d'une louable habitude de la lecture des Pères et de l'Écriture sainte, mais ils se composent précisément, quant au contexte, de propositions générales, de sentences vagues, de vagues causeries du cœur et d'émotions pieuses, qui ne tiennent qu'à la famille des lieux communs. Peut-être n'est-ce point un défaut; c'est à coup sûr un genre peu *théologique*, dans le sens qu'il faut donner ici à ce mot. J'ai lu plus de vingt mandements de M. Mathieu; pas un qui m'ait produit l'effet d'une thèse plus ou moins combinée et serrée; nul point de dogme qu'il ait essayé de prouver syllogistisquement; nulle question de morale qu'il ait éclaircie en règle (1). Un incrédule qui voudrait les lire, y perdrait son temps; une pieuse personne s'en édifiera, et c'est tout, comme on s'édifie en disant : Mon doux Jésus.

Citons son dernier mandement sur l'Église d'Espagne; ce mandement renferme plus ou moins explicitement la preuve de ce que j'avance, indépendamment de la question littéraire.

« Jésus-Christ, dit-il, en remontant au ciel, ne nous a pas laissés orphelins en ce monde (2); il nous a donné un chef visible et un père dans lequel il a placé son autorité sur les âmes, son affection pour elles, et auquel il a confié le soin de les conduire, de les prémunir, de les sauver.

(1) Lisez, par opposition, les mandements de MM. Clausel et de Croï-Fayet.

(2) Non relinquam vos orphanos. *Joan.*, 14-18.

« La tendresse *qui* presse ce bon pasteur ne lui permet pas de demeurer indifférent sur le sort des contrées *qui paraissent* (1) tomber dans des périls *qui* compromettent la foi, *qui* rompent ou relâchent les liens de la discipline et de la subordination spirituelle. Le scandale des faibles, les persécutions des justes, lui percent *le cœur*, l'affliction de l'église le désole, et il ouvre *son sein* à tous ses enfants, pour les y recueillir pendant l'orage; c'est là qu'il recommande leurs besoins à Dieu, et les garde dans *cette nacelle* (2) qui ne fera jamais naufrage.

« Les preuves multipliées que N. S. P. le Pape Grégoire XVI a données à toute l'Eglise de son zèle pastoral nous avaient déjà révélé en lui, N. T. C. F., ces entrailles vivantes de la charité. Elles s'étaient ouvertes, dès le commencement de son pontificat, sur les rois et sur les peuples par les effusions d'une *prévenance* paternelle dont l'église de France profita comme les autres églises, il y a *à peine quelques* années (3). Elles se sont merveilleusement dilatées en ces derniers temps sur cette église du

---

(1) Je ne comprends pas la valeur du dernier mot souligné.

(2) Le sein du Pape qui est une nacelle, je ne le savais pas.

(3) Jubilé de 1833 pour l'exaltation de N. S. P. le Pape Grégoire XVI.

Tong-kin et de la Cochinchine à laquelle notre terre a fourni plus d'un martyr (1). Maintenant *elles embrassent* des contrées voisines des nôtres (2), et s'efforcent d'y réchauffer les ardeurs de la charité qui s'éteint à mesure que la foi s'affaiblit (3). Une immense douleur oppresse *ce cœur* formé sur celui *de Pierre* (4), sur celui de Paul (5) : une fervente et humble prière courbe jour et nuit cette tête vénérable aux pieds de J.-C., et ses gémissements qui montent jusqu'au ciel font trembler la terre d'un saint frémissement.

« *Nous ne vous disons rien, N. T. C. F., que vous ne sachiez déjà* (6) : les paroles du Père commun ont une force qui les porte jusqu'aux extrémités de la terre (7) : elles vous ont appris que, dans sa sollicitude pour toutes les églises, il répand de continuelles supplications devant le Seigneur et

(1) MM. Gagelin et Marchand. (*Note du mandement.*) — Cela fait deux.

(2) C'est pousser un peu trop loin cette métaphore des *entrailles.*

(3) Ceci est trop clair.

(4) Pourquoi donner à mon professeur de morale cette occasion de faire un mauvais calembourg ?

(5) Charitas Christi urget nos. 2 *Cor.* 5.-14.

(6) C'est ce que vous faites un peu trop souvent.

(7) Non sunt loquelæ neque sermones quorum non audiantur voces eorum. *Ps.* 18.-4.

demande aux fidèles de l'aider, par le concours des leurs, à faire une sainte violence au ciel, pour en obtenir, par ces *voies* pacifiques qui *sont en ces trésors* (1), la fin d'une tribulation déjà si grande pour l'Eglise d'Espagne, et qui menace de le devenir encore davantage (2).

« C'est un devoir pour nous de prier, mais surtout de redoubler de prières dans les moments solennels où nos vœux se rattachent aux vœux mêmes du premier pasteur (3). C'est ainsi que, dans l'Eglise naissante, pendant que Pierre était détenu dans les chaînes, l'assemblée des fidèles priait sans cesse pour lui, de sorte que, délivré par l'ange au milieu de la nuit, il trouva dans la maison de Marie, mère de Jean, les fidèles réunis en grand nombre, et prolongeant leur veille dans la prière (4).

« L'exemple de *cette dévotion* (5) toujours ancienne et toujours nouvelle dans l'Eglise, fera parmi

---

(1) Des *voies* qui sont *dans des trésors*.

(2) S'il fallait, en vertu de la prudence, parler à mots couverts, il fallait aussi être intelligible.

(3) Nos vœux, lorsqu'ils sont justes, doivent toujours se rattacher à ceux du souverain Pontife, que les moments soient solennels ou non.

(4) *Act.* 12. 5. 6. 12. La comparaison serait bonne, mais elle manque d'à-propos, et même de rapports.

(5) *La dévotion de prier* !!! — Tel est le style ordinaire des mandements ; je n'en puis disconvenir.

vous, N. T. C. F., autant d'imitateurs que nous *y* comptons d'âmes religieuses et vraiment chrétiennes: vous voudrez tous *l'être* (1) en ces jours de grâce et de salut, et vous vous réunirez dans nos temples pour y prier *à l'intention du Souverain Pontife*, et gagner l'indulgence présentée par lui à votre foi, à votre piété, à votre esprit de componction et de pénitence.

« A CES CAUSES, après en avoir conféré avec nos vénérables Frères les chanoines et chapitre de notre église métropolitaine, etc., etc. (2).

« † CÉSAIRE,
«*Archevêque de Besançon.*»

Mon brave ecclésiastique s'était donc mépris par avance en ce point; je dis *par avance*, car alors M. Mathieu ne faisait pas de mandements; je dis *en ce point*, ce qui signifie que, dans ses mandements, M. Mathieu ne justifie pas l'éloge dont il était l'objet.

Même méprise à l'égard de ses études théologiques.

Il avait étudié *Bailly* avec des professeurs de Saint-Sulpice. Une réputation de *théologien* fondée de la

---

(1) *Être* quoi?
(2) Est-ce bien exact?

sorte ne saurait être sérieuse. Il vaut mieux jeter un coup-d'œil sur ses sermons.

M. Mathieu parle bien, c'est-à-dire qu'il a un organe agréable, un bon débit et quelquefois l'expression limpide. Il parlerait fort longtemps sans s'épuiser ni fatiguer un auditoire. Son extérieur ne nuit pas au succès qu'il est sûr de remporter. Mais, en résultat, de quoi parle-t-il et quelle méthode a-t-il adoptée ?

Ici la critique devient plus sévère. Un mandement, par sa nature, peut n'être qu'une déclaration doctrinale ou un simple dispositif (1) ; un sermon doit avoir pour unique but de convaincre. Dans un mandement, l'évêque ordonne ; l'orateur, au contraire, se soumet à la conscience publique avec des arguments en forme pour obtenir d'elle qu'elle se conforme à ses conclusions. Il en est d'un mandement comme d'une loi promulguée qui, dans sa teneur despotique et absolue, oblige ceux même qui ne savent la lire ni la comprendre, et qu'on discuterait inutilement ; il en est d'un sermon comme d'une leçon qui prépare, par la controverse ou autrement, à l'intelligence et à l'observation réfléchie d'une législation (2) ; achevez ma pensée.

(1) Pourvu qu'il soit écrit en bon français.
(2) Il ne s'en suit pas qu'un mandement ne doive jamais

Ceci étant posé, il me semble non seulement que M. Mathieu n'est pas un prédicateur très théologien, mais qu'il n'est pas assez théologien pour un prédicateur. Comme plusieurs autres, son erreur est de croire qu'il suffit, pour bien prêcher, de quelques réminiscences d'auteurs ascétiques tels que Croiset, Olier, Tronson, etc., assaisonnées au grand hasard de citations de la Bible ou des Docteurs, et qu'ainsi l'on entretient le sel de la terre. Hélas! les banalités nuisent plus à la religion que le silence, en ce qu'elles laissent dire que ce sont les seules armes dont puissent se servir les prêtres. Prononcer, en l'allongeant de toutes les plus incommensurables épithètes, et deux fois sur dix mots, le nom du sauveur Jésus-Christ, verser à flots les exclamations, annoncer une triple ou double division dont on ne tient compte que pour se moucher avec fracas, éternuer et sécher la sueur de son front, que de discours se réduisent à ces proportions là! et qu'il m'est difficile d'y trouver ce qu'on appelle de la théologie, même alors qu'il s'agirait de justifier l'opinion de mon brave ecclésiastique sur M. Mathieu!

---

devenir une thèse théologique: M. Fayet et M. Clausel ont bien prouvé le contraire ; mais je prends ici les choses à la rigueur.

Je regrette vivement de n'avoir aucun extrait de sermons de M. Mathieu, pour citer à l'appui.

On ajoutera que M. Mathieu, sans être le premier orateur chrétien, le premier théologien et le premier auteur de mandements qui se soit vu depuis un demi-siècle, n'en a pas moins, sous ces divers rapports, de très estimables qualités; et on aura bien raison.

Comme administrateur de paroisse, les éloges qu'il mérite n'admettent pas de restriction. A l'honneur de son zèle et de son courage, il faut dire que les circonstances les plus difficiles le trouvèrent constamment dévoué à son troupeau, et que les dangers d'une révolution faite en haine d'un clergé soi-disant fauteur du despotisme, ne firent pas naître chez lui, comme chez d'autres, l'idée d'une émigration ou de toute autre espièglerie pareille (1). Sa charité a laissé dans le quartier Saint-Honoré des souvenirs qu'il retrouvera au ciel.

Quelques mots sur le curé de Paris en général, et, à ce propos, sur la charité vis-à-vis des pauvres de cette ville. J'y suis engagé.

(1) Je dirai plus tard les noms de ceux qui, dès les premiers éclairs de juillet, s'enfuirent en Suisse, etc., etc., pour échapper à une *terreur* nouvelle. Le temps apaisé, ils revinrent et reprirent leurs places; et ceux qui avaient soutenu le poids du jour et de la chaleur furent *Gros-Jean* comme devant.

Tous les jours, les gens sans domicile et sans pain se multiplient ; et ce n'est pas à cette fourmillière de philanthropes blafards que s'adressent les infortunés, pour échapper aux dernières conséquences de leur misère, c'est à ceux-là mêmes qu'en d'autres temps la populace accusait de vivre de sa substance et de l'empoisonner ou de conspirer contre elle avec les soi-disant nobles. Tel est le pouvoir des idées religieuses : ceux là mêmes qui les répudient d'ordinaire les invoquent pour toucher le cœur de ceux qui possèdent ; et, ils le savent, l'on se refuse moins facilement à jeter son obole dans le chapeau de l'aveugle qui chante un cantique ou un noël de veillée, que dans la boîte de fer blanc du vétéran postiche qui hurle une débauche d'Émile Debraux touchant le *grand* Napoléon.

Eh bien, au sein de tant d'infortunes, que doivent et que peuvent faire les curés de Paris ?

Et d'abord, je reconnais, avec le plus admirable des hommes, saint Vincent-de-Paul, que la misère rend injuste et quelquefois abjecte ou infâme ; et j'en conclus qu'une grande abnégation leur est nécessaire, et qu'il leur faut jouer leurs aumônes pour le ciel comme d'autres font de leur argent péniblement amassé pour des rêves d'ambition et de cupidité.

Ensuite, voici ce qui m'a semblé convenable : accueillir tous ceux qui se plaignent de leur misère un peu mieux que des riches qui viennent annoncer un riche mariage ou un riche baptême; les respecter préventivement; user à leur égard de paroles évangéliques, et par conséquent éviter les propos des bureaucrates de barrières; marier, baptiser et enterrer *gratis* les personnes qui allèguent l'impossibilité de satisfaire au tarif; se garder d'une préférence marquée ou même cachée, mais effective, pour les grands seigneurs qui se présentent concurremment avec d'autres; jeter loin tous les ornements superflus, bagues aux doigts, boucles d'argent ou d'or sur les souliers, ceintures de soie,
 hasubles qui éblouissent; j'appuie sur ce dernier trait par la raison qu'on s'excuse de son luxe en prétextant l'intérêt de Dieu; or, sérieusement, je le demande, Dieu qui veut le culte extérieur, veut-il par là même ces blessantes et irritantes superfluités? Un peu de nourriture donnée au père de famille qui va mourir de faim avec ses nombreux enfants ne réjouirait-il pas davantage le cœur de notre Père qui est dans le ciel, et qui veut que nous ayons notre pain de chaque jour?

Le revenu d'un curé de Paris, sans être aussi considérable qu'on l'a voulu dire, effraie l'imagination d'un curé de campagne : celui-ci vivrait toute sa vie sur les arrérages du casuel d'une année dans une de nos paroisses ; première obligation de donner, car le surplus, pour un prêtre, est du superflu, et le conserver, en cette espèce, est un vol ; ainsi le pensent du moins tous les casuistes, même les moins rigoureux (1).

En outre, MM. les curés de Paris, ayant presque tous au nombre de leurs paroissiens des familles opulentes et de haute position, doivent, autant qu'ils le peuvent, les provoquer à l'aumône ; ceux qui manquent de tout sont leurs enfants avant les autres, *pauperes diligit Deus ;* s'ils n'agissent à leur égard en bons pères de famille, ils sont dénaturés.

Toutefois le discernement n'est pas sans utilité : en se laissant duper par les fausses infortunes, soit imprudence, soit ignorance, soit faiblesse, on commet au moins une faute et une injustice ; un vrai malheureux a été frustré par cette malencontreuse application du bienfait ; il s'en plaindra aussi devant Dieu comme d'un vol.

Quelles sont les règles de cette prudence ? J'avoue qu'elles me paraissent difficiles à exposer bien nettement. C'est au cœur et à l'expérience de juger.

---

(1) Voir la notice de M. Darcimoles, et, dans mon cher petit livre, *l'Évesque de cour*, etc., certaine confession générale en quarante chefs, p. 134, vol. 2.

Mais toujours faut-il, quels que soient les soupçons, user d'une politesse évangélique. Jésus-Christ, notre modèle à tous, n'a pas lapidé la femme adultère; et cet horrible Judas Iscariote, son apôtre qui le trahissait, il l'appela : « Mon ami. »

« Surtout, gardons-nous de la routine, disait l'abbé Têtu (1); en matière de charité, c'est un fléau. » L'âme d'un prêtre, par l'habitude d'un spectacle d'atroces misères, s'endurcit comme celle des médecins à l'aspect des infirmités physiques.

Homme de Dieu, pourquoi vous plaignez-vous d'avoir dix mille pauvres dans la paroisse que vous gouvernez. Ce ne sont pas vos pièces d'or, ce sont les peines soulagées par vous que Dieu comptera pour votre rançon au jour des justices.

Sur la terre même vous serez béni, et vénéré comme ces généreux laïcs que j'ai connus, jeunes employés-à-quinze cents francs d'une succursale de ministère, qui, en maintenant leurs petites affaires personnelles, trouvaient encore moyen de donner à de vrais pauvres six cents francs par année!

On ne croira pas que je veuille faire ici le pédagogue à froid et montrer au clergé de Paris ce qu'il

---

(1) Celui qu'on appelait Têtu-tais-toi, bien à tort, académicien du temps de Louis XIV ; les académiciens ont de l'esprit.

sait mieux que moi, et surtout ce qu'il met perpétuellement en pratique.

M. Mathieu donnait beaucoup, lui aussi; il donnait bien. Défiez-vous des bourrus bienfaisants, en dépit de tout l'esprit de Goldoni;
> Car c'est deux fois donner que donner de bon cœur...

et
> Un bienfait reproché tint toujours lieu d'offense.

Pardon; j'arrive à ses actes de vicaire-général.

Autrefois, ainsi l'exigeaient les canons, le chapitre formait le conseil réel de l'évêque. Les choses se passent autrement à l'heure qu'il est.

1° Celui qui choisit et désigne ses grands-vicaires peut les révoquer selon sa fantaisie : première raison de leur impuissance. 2° Il les convoque ou ne les convoque pas avant de prendre une détermination, et tout est dit. 3° Si quelques-uns se trouvent en opposition avec lui, et qu'ils en conviennent, libre à lui de les casser; dites-moi donc ce que cela veut dire (1). Aussi, les dénominations *vides* se multiplient sur tous les points de l'Église dans une effrayante proportion; cela est quelque chose comme la mosette; cela coûte si peu, et n'o-

---

(1) Observez bien que je ne nie pas l'existence des réunions du chapitre, etc., etc.; ceux qui voudront comprendre ne s'y tromperont pas.

blige à rien ! Tel se trouve être à la fois vicaire-général d'un grand nombre de diocèses qui ne voudrait pas résider une seule heure dans un seul de ces diocèses-là, et qui n'en connaît pas un seul prêtre; qu'est-ce que cela fait, encore un coup?

A quoi donc servent ces grands-vicaires? La question n'est pas de savoir quelle pourrait être leur utilité, car je le sais bien.

M. de Quélen n'en faisait pas grand usage. Il est trop vrai qu'il se laissait quelquefois guider par des influences étrangères, mais ce n'était pas de son propre gré, c'était même complètement à son insu; et si des individus régnaient en dessous, le véritable chapitre et ses conseils naturels ne figurèrent jamais régulièrement dans l'administration.

Donc, durant les années de son grand-vicariat, M. Mathieu n'eut pas occasion d'exercer bien largement sa capacité.

J'en excepte une circonstance ; c'est la mort du fameux Grégoire. La vérité est de rigueur. « Souvent, dit le vieux Pandect, c'est prudent de la cacher à tout le monde ; mais c'est un devoir de la dire aux Brames (1). » Voici ma pensée.

Trois questions se présentent d'abord. M. de Qué-

---

(1) Bernardin de Saint-Pierre, *la Chaumière indienne*.

len, appelé par le malade, devait-il se présenter? Dans le cas de la négative, devait-il envoyer M. Mathieu? Reste ensuite à savoir si M. Mathieu a bien rempli sa mission.

Certains disent que M. de Quélen courait de trop imminents périls pour s'exposer au jour dans les rues de Paris. On peut le croire, d'autant mieux que l'histoire de ses malheurs n'est ignorée de personne. Mais j'ai vu des gens qui demandaient pourquoi M. de Quélen, ne pouvant remplir une promesse, s'était avisé de la faire? ces gens-là m'ont embarrassé. Du reste, rien ne m'oblige à revenir sur la vie de M. de Quélen.

La deuxième question trouve sa réponse dans les faits. M. Mathieu allait justifier le choix de M. de Quélen par la manière dont il remplirait son rôle.

Grégoire fut d'abord tout simplement étonné de le voir; mais M. Mathieu, avec les meilleures intentions du monde, se porta sur tous points le représentant de l'archevêque, et crut convenable en conséquence de procéder en maître, ce que l'archevêque lui-même aurait pu éviter alors. Il débuta par une austère allocution sur la nécessité de se soumettre aux jugements de l'église; il allait analyser et commenter dans ses causes comme dans son texte la *constitution civile*, lorsque le moribond lui dit : « c'est assez, M. l'abbé ; je sais cela mieux que vous, je le savais avant que vous fussiez au monde, allez ; je regrette que M. l'archevêque ne soit pas venu lui-même. » Et Grégoire se tourna d'un autre côté. M. Guillon fit comme chacun sait.

Il ne m'appartient pas de formuler mon opinion. C'est au lecteur de juger ; je me dirige vers le diocèse de Langres (1).

M. Mathieu fut nommé à ce siège par ordonnance royale du 7 avril 1833, proclamé dans le consistoire du 9 juin suivant, et sacré à Paris en 1833, par M. de Quélen, assisté de MM. Cottret et de Prilly.

C'est une rude tâche à remplir que celle de succéder plus ou moins directement à M. de la Luzerne ; il était infiniment plus facile de laisser après soi M. Louis Parisis (2).

---

(1) Langres, érigé au IIIe siècle (rit particulier). L'arrondissement de ce diocèse est formé par le département de la Haute-Marne.

(2) M. Louis Parisis, né à Orléans, en 1795, sacré en 1835, décoré je ne sais quand, fils d'un boulanger de ladite ville, fut d'abord élevé par les soins de M. Mérault, qui, une fois ses études finies, le nomma professeur de troisième, puis de rhétorique. On remarquait son aptitude à l'emploi de maître des cérémonies, et nul mieux que lui ne faisait claquer, aux processions de Fête-Dieu, le signal usité pour les thuriféraires et les fleuristes. Il devint ainsi curé de Gien, sous M. de Beauregard, et, par la protection de M. Saulnier, préfet du

Toutefois, les habitants de l'ancien *Andematunum*, primitivement appelés les *Lingones*, ne sont pas à beaucoup près si rétifs que les Normands, et même que les Parisiens. C'est par un incroyable caprice du hasard qu'un homme comme Diderot se trouve être leur compatriote; ils sont excellemment, envers et contre tous, j'allais dire uniquement, champenois; et, en dépit de je ne sais quel proverbe de mauvais goût, ils ont un esprit qui en vaut bien un autre, celui d'une bienheureuse routine, de l'imitation la plus extrême et de l'obéissance aveugle; estimables diocésains!

M. Mathieu réussit à Langres; le cardinal de la Luzerne ne s'en offensera pas; à chacun son genre, dit-on communément. On le trouvait trop sévère d'abord, mais il fit diminuer le nombre des mécontents parce qu'il comprit la raison cachée de leurs plaintes et qu'il la satisfit le plus possible. Homme de bonne société et de belles manières, il plut à l'aristocratie du lieu, et fut assez habile pour se mettre,

---

Loiret, obtint l'évêché de Langres. Il ne s'y attendait pas. D'autres prétendent qu'il s'y attendait fort bien. J'oubliais de de dire que M. Parisis a exercé, comme vicaire de Saint-Paul, d'Orléans, le ministère sacré, et qu'il a eu l'avantage d'être désigné pour prononcer l'éloge de Jeanne-d'Arc dans la cathédrale de cette dernière ville. C'est toute sa biographie.

Sous la direction *spontanée* de MM. Vouriot et Barillot, ses grands vicaires, M. Parisis pouvait faire du bien là où il est.

dans l'occasion, au niveau des proportions bourgeoises; de leur côté, les pauvres, voyant la charité et l'ardeur de ses instances pour obtenir en leur faveur quelques secours du gouvernement, l'acceptaient; et de leur part, c'est beaucoup. Rappelons-nous toujours bien ses avantages extérieurs, car il n'est guère de puissance pareille sur l'esprit du vulgaire. M. Mathieu était donc aimé presque universellement; et même, par excès d'enchantement, ses diocésains le perdirent. Écoutez.

Besançon vaquait; le gouvernement s'était mis en quête d'un archevêque *à sa main*. Les gens considérables de la Haute-Marne sollicitèrent pour que le choix s'arrêtât sur M. Mathieu. On fit droit à leur requête. M. Mathieu fut nommé par ordonnance royale du 16 juillet 1834.

L'*Ami de la religion* ne manqua pas de proclamer qu'alors même qu'on eût passé l'un après l'autre à l'alambic tous les hommes de l'univers, vivants, morts et à venir, pas un seul n'aurait offert le quart des garanties données par celui-ci. Ce qui discrédite malheureusement un peu ces courtisaneries ampoulées et toutes suantes de fourberie, c'est qu'elles sont *clichées* d'avance, et pour tous les usages, dans les ateliers de l'imprimeur Leclère; ce qui déconcerte et confond de pitié, c'est de voir que certains amours-propres se laissent prendre encore à pareille amorce.

A Besançon, M. Mathieu a des ennemis et des idolâtres; pure exagération de part et d'autre. Quelle est la raison de ces sentiments extrêmes, je ne puis le dire.

La vérité veut que les griefs trouvent place, comme les louanges, dans mon ouvrage. Je crois, pour ma part, plutôt à celles-ci qu'à ceux-là.

J'analyse les griefs, pièces en main.

1° M. Mathieu ruine les congrégations religieuses par des acquisitions de terrains peu utiles.... Il vient de faire un plan pour sa métropole, lequel plan se monte à plus d'un million. — Y voyez-vous un peu clair?

2° Il vient de nommer M. le curé de Vesoul chanoine; et il a nommé à sa place un jeune prêtre qui n'a jamais vicarié, et qui était seulement sous-aide de l'aumônier de l'hôpital Saint-Jacques, poitrinaire, malade à la mort, obligé de garder le lit et condamné à trois mois de silence, etc., etc. Il est allé à Vesoul pour l'installer sur permission notariée. — C'est aux gens du lieu qu'il convient d'apprécier ce fait.

3° On se plaint encore de la musique dont sont infestés les offices de Franche-Comté comme les nôtres. — On en a le droit.

4° Le vœu d'un grand nombre serait que M. l'archevêque, non plus que son clergé, ne vînt pas du chœur dans la nef pour écouter les sermons; manège inexplicable, dit-on, qui trouble les fidèles et qu'on pourrait fort bien éviter en faisant remonter la chaire d'un pilier, de telle sorte que, sans quitter trône et stalles, chacun pût se trouver à la portée du prédicateur. — Franchement exprimé, ceci peut n'être pas hors de propos.

5° On demande moins de missionnaires étrangers, et plus de missionnaires du pays, puisqu'il y en a un bon nombre. — Observation juste, moyennant qu'on s'entende.

6° Pourquoi ne pas faire faire à l'église, et par un vieux prêtre, le catéchisme de persévérance des jeunes personnes? — L'expérience prouve surabondamment que ces mesures de prudence sont urgentes, et le conseil ne peut partir que d'une excellente conscience.

7° M. Mathieu aurait le projet de renvoyer les directeurs du séminaire, prêtres diocésains, pour y placer des gens de Saint-Sulpice. — M. de Rohan voulut faire de même et ne réussit pas. En voyant la répugnance de tous les prêtres franc-comtois sans exception pour un changement pareil, il jugea utile de s'occuper d'autre chose; quel bonheur! C'est un exemple que suivra M. Mathieu pour lui-même ; et pour ne pas perdre à jamais l'admirable diocèse qu'il a l'honneur de gouverner, je veux dire le premier diocèse de France incontestablement.

8° Les mécontents déplorent aussi l'injuste oubli où sont relégués MM. Busson (1), Doney (2) et Courtois (3), tandis que la faveur comble MM. Caverot (4), Goguillot, Perrier et autres. — Ces plaintes méritent qu'on les prenne en considération, si le fait est vrai.

Ils ajoutent une chose qui n'est pas croyable : « M. Mathieu avait écrit au préfet de Vesoul qu'il baptiserait lui-même son enfant. Apprenant que le curé de la paroisse venait d'ondoyer cet enfant pour cause de danger, il court sur les lieux, et rebaptise l'enfant *sub conditione*. » — Il y a certainement quelque chose que les mécontents ne se sont pas bien expliqué.

Vient une série d'interdits jetés sur les hommes, sur les édifices, et sur tout. M. Mathieu aurait inter-

---

(1) Dont il a déjà été question dans les notices de MM. Pelier de la Croix et F. de la Mennais.

(2) Auteur d'un bel ouvrage de philosophie, homme fort distingué sous tous les rapports. Sa biographie viendra.

(3) Curé de Pontarlier.

(4) Je ne connais ni celui-ci, ni les suivants.

dit les églises de Parravant (1) (Haute-Saône), de ...... de Gillez nouvellement restaurée (2), d'Aïssey, de Chevigny au canton de Vercel (3), etc., etc.

Il aurait amené, par divers moyens, plus de quatre-vingts curés et ecclésiastiques à donner leur démission (4). — C'est invraisemblable.

Félicitons l'homme investi d'une haute puissance et qui n'est atteint que de pareils coups. Il laisse japper et il passe, et on le bénira; *beati qui persecutionem patiuntur.* L'injustice est une ombre qui fait ressortir au front du juste les brillantes pierreries de son diadême; c'est un poète de l'Inde qui le dit.

Indépendamment des méchants caquetages qui nous malédifiaient tout-à-l'heure, et dont les esprits clairvoyants comprendront le vrai sens, d'autres griefs se présentent, ayant une signification plus précise encore.

Ainsi, croiriez-vous qu'on blâme M. Mathieu de trop multiplier ses visites pastorales, de vouloir tout

---

(1) Il a levé presque aussitôt cet interdit.

(2) Par suite de cet interdit, le maire, l'adjoint et le conseil municipal donnèrent leur démission.

(3) Il n'est ici question que d'un interdit du tabernacle, qui était en fonte.

(4) Je serais curieux de savoir les noms.

examiner par lui-même, de prendre des notes sur toutes choses, églises, chapelles, oratoires, sacristies, et de pénétrer imperturbablement jusqu'en des lieux obscurs où ses prédécesseurs n'avaient jamais osé poser le pied? On s'indigne de voir que, pour faire ses mandements, il s'enferme durant huit jours de chaque année au séminaire, etc. Il suffit. — Je réserve l'affaire de M. Liénhart.

Quant à nous, quelle sera donc notre opinion sur M. Mathieu, opinion pure, parce qu'elle doit procéder de l'indépendance, et que nous le jugeons à plus de quatre-vingts lieues de distance.

M. Mathieu est un homme de foi vive et profonde, d'une activité précieuse, d'une conscience parfaitement honnête. Une fois le devoir conçu, il est résolu pour lui; une fois résolu, il faut qu'il le remplisse. Les obstacles ne sont rien. Il est une pierre de touche vraiment souveraine en pareil cas : le fonctionnaire, qu'on me permette ce mot, le haut fonctionnaire qui entre pauvre aux affaires, qui s'y maintient pauvre et qui en sort pauvre, quelle que soit du reste l'estime qu'on doive faire de son système de gestion, ne saurait jamais être qu'un homme intègre, vertueux, digne d'admiration, extraordinaire. M. Mathieu, en sollicitant, obtenant et maniant des fonds considérables, n'enrichit que l'église;

il reste pauvre. Bien différent de ces jeunes prélats qui de naissance ne pouvaient porter leurs prétentions jusqu'à l'honneur d'une place d'*omnibus*, et qui, à peine mitrés, ne supportent plus qu'une opulente calèche pour promener leur Grandeur délicate, il marche tout bonnement sur ses pieds, etc.

M. Mathieu aime les petites pratiques de dévotion ; c'est encore un reproche qu'on lui fait et que j'avais oublié. Quel dommage ! Que diriez-vous s'il se répandait étourdiment dans le monde au risque de s'y compromettre par des faiblesses immanquables, ou de s'y ridiculiser par de périlleuses maladresses ? Ces pratiques, lorsqu'elles n'excèdent pas les limites de la saine raison, ne peuvent qu'être salutaires, au milieu des bruyantes distractions qui assiégent maintenant l'homme de Dieu. Ces préoccupations journalières de la société le détourneraient bientôt de l'esprit ecclésiastique, s'il n'avait la précieuse habitude de se recueillir et d'oublier de temps en temps toutes les choses extérieures pour se retremper dans la pensée éternelle. Quelques hommes ont poussé en ceci le bien jusqu'à l'excès, et il s'en est suivi des extravagances déplorables ; mais une vérité ne se détruit pas par l'abus qu'on fait d'elle, et la sagesse qui mesure ses voies n'est pas responsable des sottises du fanatisme qui divague, lorsque surtout l'une et l'autre s'exercent sur un même point avec des résultats si contraires.

Que M. Mathieu, si rigoureux observateur du conseil en fait d'observance religieuse, fasse une obligation à ses administrés de l'être comme lui et autant que lui, c'est un droit que je n'ai pas le courage de lui refuser et qu'il me paraît avoir suffisamment acquis d'ailleurs par le seul fait de sa conduite. S'il poussait l'exigence jusqu'à la plus despotique rigueur, et tombait dans l'égarement de ceux qui jugent les hommes sur la composition du visage, il y aurait lieu de s'en alarmer, j'en conviens; mais M. Mathieu sait par cœur les paroles de notre Seigneur : *Non omnis qui dicit: Domine, Domine, intrabit in regnum cœlorum; sed qui facit voluntatem patris mei qui in cœlis est, ipse intrabit in regnum cœlorum.* Il n'a jamais oublié avec quelle indignation Jésus-Christ envoyait les Pharisiens (*qui jejunabant*) se laver la figure, etc.

Il est impossible, je l'ai dit, de trouver un archevêque plus aimé que cet archevêque si critiqué d'ailleurs; et ici j'invoque le témoignage de bien des personnes qui, au retour de Besançon, m'ont raconté sur ce sujet de touchantes choses. Ceux qui l'ont le mieux connu, MM. de Bouligney, Bergier et Guérin, ses vicaires-généraux (ils l'étaient du moins en

1841), et M. Thiébaut, son secrétaire, ne croient pas qu'il y ait sur terre un homme plus digne d'affection, d'estime et de vénération. Il est pour les uns un ami tendre et dévoué; pour d'autres ses entrailles sont celles d'un père; la discrétion m'oblige à passer sous silence d'excellentes actions restées ignorées jusqu'à ce jour !

Tel est son cœur. Sous le rapport des qualités de l'esprit, M. Mathieu n'est pas l'égal de M. Clausel ou de M. Gousset assurément; mais il a des connaissances solides et variées, un jugement sain et de l'expérience. Sa conversation plaît, moins par l'éclat et la grâce que par ce qu'elle a de naturel et d'aisé. Le génie n'est pas d'obligation.

Si je n'avais déjà parlé de la simplicité de ses manières, je dirais qu'il vit frugalement, et que s'il a trouvé sans peine le riche ameublement laissé à Besançon (1) par le dernier cardinal de Rohan, il eût habité d'aussi bon cœur un évêché meublé comme un presbytère de village. C'est du reste, par un habile moyen, contrebalancer les avantages de ses devanciers, tous grands et brillants seigneurs,

---

(1) *Venuntio*, archevêché érigé au IIe siècle (rit particulier), formé par les départements du Doubs et de la Haute-Saône.

tels que celui que je viens de nommer, et les Grammont, Choiseul, Durfort, etc.

Ainsi fait, M. Mathieu finira par réunir dans un seul sentiment de sympathie tous ses subordonnés ; il jouira de son beau diocèse sans inquiétude et sans réserve ; et si les prêtres qui l'environnent sont heureux, il s'estimera bienheureux lui-même, et il rendra au ciel mille actions de grâces en voyant quel clergé lui fut confié, clergé qui compte ou a compté dans son sein des hommes tels que MM. Gousset, Blanc, Cart, Receveur, Pelier de la Croix, Doney, Busson, etc., etc.

Il gardera son séminaire d'une invasion étrangère ; s'il en est sorti par le passé une si grande quantité de sujets distingués, à qui le devons-nous? uniquement aux prêtres du pays qui le gouvernaient par la sagesse, la science, la pureté, la franchise et la charité, toutes choses qui sont rares en pays étranger. Les supérieurs et professeurs actuels présentent toutes les garanties désirables, que dis-je? ils sont en possession d'une confiance et d'une affection que justifient surabondamment leurs mérites de toutes sortes; les remplacer serait faire une révolution inutile, fatale même, et s'attirer, quelque immenses bonnes œuvres qu'on eût faites d'ailleurs, des malédictions sans fin.

C'est à M. Mathieu surtout, à un tel homme dans

un tel diocèse, qu'il conviendrait de prendre l'initiative en matière d'officialités ecclésiastiques. Si quelque part la vieille discipline a laissé une trace de ses beaux jours, c'est encore à Besançon; l'histoire y est connue, ainsi que la législation canonique; les têtes sont préparées tout naturellement à cette restauration désirable; ce sont là de ces cœurs bons, mais tempérés, que le vent des passions ne tourne jamais. Quelle gloire de montrer aux autres comment ils doivent faire, de leur ouvrir la voie, d'inaugurer pour l'Église une série de beaux jours, de repos et de bonheur! Puisque vous prenez bien l'apparence de ces juridictions, qu'y a-t-il donc qui vous effraie dans la réalité! Est-ce moquerie? Qu'est-ce donc, enfin, que cette liste de promoteurs, officiaux, greffiers, etc., etc., etc.? mieux vaudrait assurément qu'on n'eût rien, car ces simulacres donnent le change à quelques-uns et les endorment dans une confiante insouciance; autrement ils réclameraient. Vous alléguez des impossibilités chimériques; les frères Allignol ont démontré, dans un ouvrage complet sur la matière, que ces motifs ne méritent pas de vous arrêter (1).

(1) Voir leur notice 5e, 6e et 7e du 5e vol.

10 Septembre 1842.

Paris. — Imp. de A. APPERT, pass. du Caire, 54.

Biographie du Clergé Contemporain.

M. MÉRAULT.

M. MÉRAULT.

> Attingit à fine usquè ad finem
> fortiter, et disponit omnia suaviter.

On a inscrit ce nom (1) dans l'*Histoire des hommes utiles*, publiée par la société Monthyon et Franklin; et, en effet, sa place était bien là. Trouver des choses plus éclatantes, cela se peut; mais, quelque part que se portent les yeux, le bien pèche souvent, s'il m'est permis de le dire, par défaut de continuité. Soit faiblesse de la volonté, soit caprice des circonstances, telle est la condition générale. M. Mérault fut une exception. Pas une minute dans son existence de quatre-vingt-onze ans qui ne soit pleine d'une bonne œuvre. Nul mieux que lui

---

(1) Et même du vivant de M. Mérault.

peut-être ne mérita d'avoir pour épitaphe ces belles paroles si prodiguées et si violées dans nos cimetières : *Pertransiit benè faciendo.*

Aux mêmes titres, sa notice doit figurer parmi celles qui nous occupent.

Athanase-René Mérault de Bizy naquit à Paris le 2 mai 1744. Par son père, M. Mérault de Villeron, il descendait d'une famille fort estimée dans la robe; par sa mère il appartenait à celle des Miron d'Orléans qui sont contents de placer le fameux Miron d'un autre siècle parmi leurs ayeux. Ne troublons pas une joie si candide.

Il eut un frère, M. Mérault de Villeron, son aîné, qui est mort sans laisser de postérité, et une sœur qui se fit religieuse carmélite.

Dans un écrit publié le 1er janvier 1828, M. l'abbé Mérault disait : « Lorsque l'enfant, revenu des fonts du baptême, est présenté à sa mère, qu'elle l'embrasse alors avec une affection, un épanchement d'amour plus vif que jamais, et qu'en présence de la famille assemblée, elle déclare avec naïveté qu'elle est comblée de voir en lui un enfant de Dieu, et que, comme tel, il lui devient plus cher.... Pourquoi, si, chaque année, le jour de la naissance de l'enfant, il y a un repas de famille, pourquoi n'y aurait-il pas une fête religieuse, le jour anniversaire de son baptême?... Il est dans la plus jeune enfance un premier moment du plus grand intérêt dans l'ordre de la religion : c'est celui où une mère chrétienne a mis entre les mains de son enfant le livre élémentaire de notre foi ; ce jeune disciple d'une mère tendre, en ayant appris la première demande, on rassemble la famille pour qu'elle soit témoin des succès de celui qui est un petit prodige à ses yeux. En effet, tous étant présents et dans le silence, c'est la mère qui interroge : « Mon « fils, demande-t-elle, dites à ces chers parents « pourquoi Dieu vous a créé. » Et l'enfant répond sans hésiter : « Dieu nous a créés pour le connaî- « tre, l'aimer et le servir, et par ce moyen obtenir « la vie éternelle. » Tous applaudissent, l'enfant est embrassé de tous : on conçoit de si grandes espérances! on murmure à voix basse des louanges méritées, et le cœur de la mère est enivré de joie... Eh! qui peut mieux être mère et nourrice, comme saint Paul voulait l'être, que celles qui le sont en effet? (1) »

Ces douces paroles ne sont au fond qu'une peinture amoureusement exposée de ses premiers souvenirs.

(1) *Aux mères chrétiennes,* page 4 et suivantes *passim.*

A l'âge de sept ans, il fut mis au collège de Juilly, dirigé alors par les Oratoriens, aujourd'hui par des prêtres séculiers du plus haut mérite, MM. Ratisbonne, de Bonnechose et Bautain (1).

On me saura gré de donner en quelques mots l'historique de cette congrégation de l'Oratoire que voudrait rétablir M. de Genoude, et dont, comme nous le verrons bientôt, M. Mérault fut l'un des membres les plus distingués.

Fondée en Italie, vers 1564, par saint Philippe de Néri, M. de Bérulle l'introduisit chez nous en

---

(1) J'ai sous les yeux quelques petits vers manuscrits qu'il fit en ce temps-là pour une dame, amie de sa famille. Bien que le style et la poésie n'en soient pas magnifiques, ils tirent quelque prix de la personne de leur auteur, et valent bien au moins ces rognures d'ongles de M. de Voltaire qu'une anglaise acheta 700 fr.

Amis, courons au village
Dont Thérèse est l'ornement;
Au prix de ce paysage
La ville est un vrai tourment.
Avoir en cet hermitage
Son champ, son pré, son berceau,
C'est un plus bel apanage
Qu'un palais hors du hameau.

Que ne suis-je la verdure
Qui tapisse ses bosquets,
Ou cette onde qui murmure
En arrosant ses guérets?
Malgré la triste froidure,
Les aquilons, les frimats,
Dans la saison la plus dure,
Les fleurs naîtraient sous ses pas.

Que ne suis-je la pendule
Qui règle tous ses moments,
. . . .
. . . .

Des heures l'agile allure
Se connaîtrait désormais
Si l'on voulait, d'AVANTURE,
Les compter par ses bienfaits.

Je veux soigner ses abeilles,
Ses génisses, son agneau,
Je veux cultiver ses treilles,
Et, berger de son troupeau,
Aux doux accents de ma lyre
Unissant ma faible voix,
Bien l'aimer, et le redire
Aux tendres échos des bois.

Que ne suis-je cette orange
. . . .
Et l'oiseau qui...
Lui dira chaque matin,
Qu'en ce lieu, ce qui respire,
Oncle, enfans, frères, cousin,
Aime Thérèse, l'admire:
C'est là suivre un doux instinct.

1611. « Si l'on jugeait, dit M. Joly de Fleury (1), d'un corps ecclésiastique par le mérite des supérieurs qui l'ont approuvé dans tous les temps, la congrégation de l'Oratoire pourrait produire, depuis sa naissance jusqu'à ce jour, l'approbation des plus grands, des plus savants et des plus respectables évêques de la France qui l'ont honorée de leur confiance et de leurs éloges; elle a le témoignage de la religion qui dépose en sa faveur, la voix du public qui parle pour elle, etc., etc. » Le grand Bossuet joint son témoignage à celui-ci : « Le cardinal de Bérulle forma une compagnie à laquelle il n'a point voulu donner d'autre esprit que l'esprit même de l'Eglise, d'autres règles que les canons, ni d'autres supérieurs que les évêques, d'autres liens que la charité, ni d'autres vœux solennels que ceux du baptême et du sacerdoce; compagnie où une sainte liberté fait le saint engagement, où l'on obéit sans dépendre, où l'on gouverne sans commander, où toute l'autorité est dans la douceur et où le respect s'entretient sans le secours de la crainte; compagnie où la charité qui bannit la crainte opère un si grand miracle, et où, sans aucun joug qu'elle-même, elle sait, non-seulement captiver, mais encore anéantir

(1) Dans son réquisitoire du 17 juin 1763.

la volonté propre, compagnie où pour former de vrais prêtres, on les mène à la source de la vérité, où ils ont toujours en mains les livres saints pour en rechercher sans relâche la lettre par l'esprit, l'esprit par l'oraison, la profondeur par la retraite, l'estime par lap ratique, la foi par la charité à laquelle tout se termine et qui est l'unique trésor de Jésus-Christ. »
Ceci posé, d'Alembert peut bien juger l'Oratoire ainsi qu'il suit : « Si quelque ordre eût pu espérer de le disputer aux Jésuites dans les sciences et les lettres, *et peut-être de l'emporter sur eux*, c'est cette congrégation de l'Oratoire dont Malebranche a été un des membres les plus distingués. La liberté dont on y jouit sans être jamais lié par des vœux, la permission de penser autrement que ses supérieurs et de faire usage de ses talents à son gré, voilà ce qui a donné à l'Oratoire des prédicateurs excellents, des savants profonds, des hommes illustres de toute espèce (1).

De cette congrégation sortirent les PP. Lami et Lejeune, Massillon, le savant Thomassin, Richard-Simon, et tant d'autres. Baronius, l'une des merveilles du seizième siècle, fut un des premiers disciples

---

(1) *Sur la destruction des Jésuites en France*, page 47, année 1775.

de Saint-Philippe de Néri (1). Il suffit de nommer ses supérieurs-généraux : les PP. de Condren (2), Bourgoing (3), Senault (4), Sainte-Marthe (5), de La Tour (6), de la Valette (7), de Muly (8), et Sauvé

(1) On lit dans l'*Histoire des Ordres monastiques*, etc., etc., tom. VIII. p. 19 : « Les membres de cette congrégation étaient dans une si parfaite union qu'ils se distribuaient entre eux les offices de la maison, qu'ils faisaient tour-à-tour, trois fois la semaine ou pour un temps plus considérable : ils servaient à table, avaient soin des provisions et faisaient la cuisine ; ce qu'ils tenaient à si grand honneur que Baronius étant à la cuisine et souhaitant de rester toujours dans cet état d'humiliation, écrivit sur la cheminée en très gros caractères: *Baronius, cuisinier perpétuel*. Souvent les grands seigneurs et les personnes de lettres qui recherchaient la conversation de ce grand homme, le trouvaient avec un tablier autour de lui, écurant les chaudrons, lavant la vaisselle, etc., etc.
(2) Louis-Charles, né, le 15 décembre 1588, à Vaubuin, près Soissons, dont le nom, dit Bossuet, inspirait la piété, dont la mémoire a été douce à toute l'Église comme une composition de parfums (Or. fun. du P. Bourgoing), mort à Paris le 7 janvier 1644. Il y a deux *Vies du P. de Condren*, l'une par le P. Amelotte, l'autre par M. de Caraccioli, tous deux oratoriens. — (3) François, né à Paris le 18 mars 1583, curé de Clichy avant saint Vincent-de-Paul, mort le 28 octobre 1662. — (4) Jean-François, né, en 1604, à Anvers, entré à l'Oratoire en 1618, l'homme du monde dont on a le plus prêché les discours ; on vit jusqu'à une vingtaine de prédicateurs dispersés où il les débitait, les transcrire à mesure qu'il les prêchait. Il mourut le 3 août 1672. — (5) Abel-Louis, né à Paris en 1621, mort à Saint-Paul-aux-Bois, le 8 avril 1697. — (6) Pierre-François de Latour-d'Arerez, né à Paris, le 21 avril 1653, entré à l'Oratoire en 1672, mort le 13 février 1733. — (7) Louis de Thomas, né à Toulon en 1678 ; mort le 22 décembre 1772. — (8) Denis-Louis, né à

Moisset qui fut le dernier (1) ; leurs noms sont leur éloge.

Or, si M. Mérault se glorifiait d'avoir appartenu à l'Oratoire, on peut aussi féliciter l'Oratoire d'avoir possédé M. Mérault. Tous ceux qui ont connu le saint prêtre seront de cet avis. Tel sera aussi l'avis des autres, quand ils auront lu ma notice.

C'est un des caractères particuliers de toute bonne institution, que les hommes qu'elle produit la chérissent et en racontent de grandes choses. A quelques exceptions près, les enfants de Saint-Ignace ont eu ce privilège avec ceux du cardinal de Bérulle, mais non pas au même degré peut-être. Je ne citerais pas un seul oratorien dont la conduite ait démenti cette assertion ; M. Mérault, si j'ose le dire, aimait d'amour sa compagnie. La nommer, c'était réveiller en lui une émotion qui ne s'exprime pas : admirable vieillard! il se redressait tout-à-coup ; ses yeux si vifs et si tendres tout à la fois s'animaient extraordinairement et brillaient de douces larmes : « Mon fils, s'écriait-il, mon fils!.. » car il avait adopté cette parole de l'Evangéliste ; et, dans un naïf épanchement de joie, de douleur et de

---

Meaux en 1693, mort le 9 juillet 1779. — (1) Né à Bayonne, mort en 1790. (Tiré de l'*Histoire du cardinal de Bérulle*, par Tabaraud.)

fierté, il citait les plus ravissantes anecdotes sur quelques-uns de ses anciens confrères. A ces détails si délicieusement présentés se mêlaient des souvenirs accompagnés de regrets sur sa vie de communauté, sur sa première enfance principalement, et le bonheur qu'il avait alors goûté sous les ombrages de Juilly.

Revenu par là d'une digression fort utile, si même elle n'était nécessaire, nous éviterons d'analyser année par année, jour par jour, les études classiques du jeune Athanase. Les emplois qui lui furent confiés dans la suite, en témoignant des vues supérieures qu'on avait sur lui, prouveront assez son aptitude intellectuelle et les efforts qu'il fit pour la cultiver d'aussi bonne heure que possible.

Ses études terminées, il s'agissait d'un choix d'état. Ce fut pour lui l'objet des plus profondes réflexions. Il prit avis de ses bons maîtres qui lui vouaient une affection toute particulière, se mit à prier beaucoup, comme il le disait lui-même, et sa pensée fut enfin que Dieu l'appelait au sacerdoce. Telle avait été du reste l'inclination constante de sa vie. L'immense fortune qu'il devait posséder un jour, la séduisante perspective d'un beau rôle à jouer dans le grand monde, les plaisirs qui s'offraient en foule, il eut bientôt oublié toutes ces brillantes misères en songeant aux tabernacles chéris du Seigneur Dieu des vertus qui font tressaillir l'âme enivrée de leurs délices.

Avec ces dispositions précieuses s'était manifestée chez lui une autre disposition qui ne l'est pas moins, je veux dire qu'il se sentait un goût déterminé pour l'enseignement. Les professeurs de Juilly étaient des modèles à sa portée : en dirigeant les autres comme on l'avait élevé lui-même, il était sûr de bien faire, et d'attirer sur lui des bénédictions ; et puis il avait éprouvé aussi doucement que possible avec les bons Pères la vérité de cette parole :

Tantùm ne assuescere multum est!

les quitter n'eût pas été chose facile à son cœur.

De tout ceci chacun sait ce qui dut s'ensuivre. M. Mérault se fit prêtre et il se fit oratorien. Son entrée dans la compagnie est à la date du lundi de la *Quasimodo* 1760.

Nous le trouvons en 1764 au collège de Montmorency où il professe avec distinction la théologie morale ; quatre ans plus tard, il était supérieur de l'*Institut*.

Or, ce que furent depuis les *Chartreux* de Lyon pour les prédicateurs, l'*Institut* l'était pour l'Oratoire. C'est là que les jeunes gens destinés à entrer dans la compagnie complétaient leur éducation et se préparaient à faire celle des autres. La sagesse, la science, le zèle, toutes les qualités nécessaires pour marcher à la tête d'une œuvre pareille, M. Mérault les possédait apparemment, puisqu'il fut désigné par le suffrage unanime ; il est à peu près superflu d'ajouter qu'il se montra persévéramment digne d'un choix si honorable.

Je lis dans la *Vie de M. de Beauvais,* par M. de Sambucy, les lignes suivantes :

« Le P. Mérault, supérieur de la maison de l'institution des Pères de l'Oratoire, rue d'Enfer, fut un des confidents les plus intimes de M. de Beauvais. Obligé par nécessité de soigner sa santé et de respirer un air plus pur, le prélat avait donné la préférence à l'enclos de cette maison, parce qu'il était situé dans un endroit plus aéré que l'ermitage des Carmes et plus élevé que le quinconce des Chartreux, promenade ordinaire du clergé. Il avait besoin d'ailleurs du calme de la solitude, de la société la plus simple et la moins bruyante; aussi il se plaisait infiniment dans la compagnie aimable du P. Mérault et de ses novices. »

La révolution surprit M. Mérault dans cette laborieuse retraite. Peu soucieux qu'il était des évènements de la politique terrestre, il n'y songeait pas;

et sans les délirantes fantaisies de quelques petits Lycurgues en goguette qui vinrent enfoncer ses portes, la Terreur l'eût trouvé assis au milieu de ses bien-aimés disciples, leur dictant avec la majestueuse tranquillité du juste ses enseignements quotidiens : les choses se passèrent autrement, et les Orléanais ne doivent pas s'en plaindre.

Il quitta l'Institut pour se réfugier à Orléans dans sa famille maternelle.

Toutefois, avant de quitter ses confrères, il signa conjointement avec eux une lettre qui fut adressée au Souverain Pontife Pie VI, le 10 mai 1792.

Voir cette magnifique lettre parmi les pièces justificatives de l'*Histoire de M. de Bérulle*, par Tabaraud, page 344.

Il fut presque immédiatement arrêté. On l'enferma dans la maison de la Croix (1), récemment transformée en prison, comme bien d'autres. Était-ce en vertu d'un ordre supérieur? non. Quel crime avait commis M. Mérault? question ridicule.

Robespierre suivit enfin sur la guillotine les victimes de ses féroces utopies; la liberté fut rendue à M. Mérault.

Il aurait fui pour lui-même cet asile perfide; il y

(1) Sise sur un mail qu'on a depuis appelé Mail Rocheplate, du nom d'un maire d'Orléans.

resta pour combler de biens ses ennemis, et vécut quelque temps ignoré dans une modeste maison de l'un des quartiers les plus reculés de la ville. Ses vieux amis qui ne l'abandonnèrent jamais, ses livres chéris le consolèrent alors de bien des peines ; il méditait déjà cette nouvelle apologie de la religion qu'il a réalisée plus tard sur un plan si parfait et si nouveau ; il nourrissait dans son âme, par l'exercice des bonnes œuvres, ces purs instincts du beau et du bon qui sont toujours, en définitive, quoi qu'il en semble et quoi qu'on veuille dire, la plus haute inspiration du génie ; rarement il arrive qu'un homme bienfaisant soit un homme d'une intelligence bornée ; la vraie charité est la sœur inséparable de la vraie science.

Lorsque parut Bonaparte, et que M. Bernier, ancien curé de Saint-Lau d'Angers, fut nommé évêque d'Orléans, M. Mérault reçut de lui des lettres de grand-vicaire avec l'autorisation de fonder une maison d'enseignement ecclésiastique. Le gouvernement lui allouait, suivant l'habitude, une somme assez forte pour se faire rapporter l'honneur de la fondation, et assez mesquine pour qu'en réalité le projet fût inexécutable sans un concours inattendu d'évènements providentiels. Ici le représentant de la providence remplit largement son mandat. Un autre se fût désespéré ; il marcha en avant d'un pied ferme, et trouva moyen de dénouer les bourses des Orléanais !

Ce qu'il fit pour obtenir d'aussi prodigieux résultats, on ne saurait assez le répéter. Il s'en allait, généreux et sublime mendiant, par les rues de la ville, frappant à toutes les portes, accueillant avec un sourire expressif le denier de la veuve, comme la pièce d'or du millionnaire. Il montait dans la chaire de la cathédrale, et avec l'accent d'un père, que dis-je ? d'une mère qui verra mourir de faim ses petits-enfants s'ils ne sont sauvés par l'aumône, il suppliait et conjurait; son âme si tendre et si pure s'épanchait tout entière; c'était la douceur de Jésus-Christ, et c'était aussi une image suave de son divin amour.

Ainsi s'augmenta, bien que légèrement encore, la subvention officielle. Il restait à M. Mérault d'autres ressources, à savoir celles de sa fortune personnelle. Sur ce point, il n'y eut à faire aucun effort. Tout naturellement, elle se trouva devenir le patrimoine des séminaristes dont le nombre s'élevait déjà jusqu'à deux cent cinquante. Nous verrons trop tôt comment on lui tint compte de son dévouement; éloignons le plus possible ces vilaines choses, et puisqu'il est question de charité, laissons-nous aller au plaisir de contempler M. Mérault dans le plus beau côté de son existence, si belle d'ailleurs sur tous les points.

Il était dans sa nature de donner. La vue d'un indigent lui causait une sorte de saisissement nerveux; *et flevit*, dit admirablement l'Écriture. Après avoir soulagé l'infortune, il s'en revenait les yeux inondés de larmes; l'ingratitude qu'il déplorait pour les malheureux qui en sont capables, il la recherchait en quelque sorte pour lui-même, afin d'éviter cette satisfaction, si permise pourtant, qui récompense trop vite la vertu sur la terre et diminue d'autant la couronne du ciel. Il citait souvent cette parole qui est, je crois, de saint Augustin : *Vani vanam receperunt mercedem.*

Voici quelques faits entre mille :

Peu de temps après les scènes de la terreur, il vit sur la place du Martroy (1), un individu que la force armée conduisait à la prison voisine ; c'était son ancien geolier de la Croix, misérable bandit s'il en fut jamais; à peine eut-il aperçu M. Mérault qu'il se précipita vers lui, et tombant à ses pieds, implora sa protection. Il avait volé une somme de 1,700 fr. dans la caisse du bureau de bienfaisance. Que bien lui prit d'avoir fait cette rencontre ! C'était le mardi

---

(1) C'est la principale place d'Orléans.

gras; M. Mérault écrivit au maire : « Tandis que vous vous disposez à vous livrer aux plaisirs d'un bal, je me prépare un bonheur qui sera plus grand que le vôtre : je cautionne Lavielle pour la somme de 1,700 fr. qu'il doit au bureau de bienfaisance. » Nouveau prodige! l'émulation gagne les membres du bureau; une collecte se fait et monte à 1,300 f.! on accepte la caution du bon prêtre pour le reste. L'émulation n'avait pas atteint le chiffre total; mais ne soyons pas si rigoureux.

M. Mérault se félicitait de n'avoir jamais eu de cet homme (Lavielle) un remerciement. Il est à croire qu'il en fut autrement dans la circonstance que nous allons voir.

Une dame qui avait été riche autrefois se trouva tout-à-coup réduite au plus pénible état de dénuement par la banqueroute d'un gros marchand d'ardoises. Elle fut trouver M. Mérault, mais sans lui rien demander que des conseils et quelques-unes de ces consolantes paroles qu'il savait si bien dire. Il n'était pas homme à dédaigner une visite si respectable et si naturelle. Ayant donc indiqué tout simplement à la dame quelques chapitres des *Confessions de saint Augustin*, il lui promit ce livre pour le lendemain; il l'envoya en effet, après avoir marqué avec des pièces d'or les passages recommandés.

Un nommé Plinquet qui s'était fort mal conduit à son égard durant la révolution venait souvent lui tendre la main. Un jour entr'autres qu'on annonça M. Plinquet, un de ses élèves qui travaillait avec lui ne put se contenir : « comment, monsieur, lui dit-il, vous allez encore secourir cet homme qui vous a fait tant de mal? ». Au même moment, on introduit M. Plinquet. « Ah! monsieur, reprit M. Mérault en s'adressant à ce dernier, venez, je veux donner une leçon d'évangile à ce jeune homme ; il prétend que je ne dois rien vous donner parce que je n'ai pas toujours eu à me louer de vous; eh bien, c'est précisément pour cela que je vais vous donner. » Il lui compta 300 fr., et lorsqu'il fut sorti : « Mon fils, mon fils, fit le saint vieillard au jeune homme, vous vous souviendrez de ce que dit Jésus-Christ : *diligite, benefacite.... et orate pro persequentibus.* »

Donner de bonne grâce, donner sans prétention, donner envers et contre tout, donner toujours, à tous, et sans égard au lendemain, donner avec cet acharnement que mettent d'autres à dissiper ou à cumuler, c'était le bonheur et la vie de M. Mérault. On trouverait difficilement, je ne dis pas un service qui lui ait été rendu, mais un outrage qui lui ait été fait et auquel il n'ait pas répondu par un don. Et ce séminaire qu'il aimait, qui était sa création, sa famille, qu'il avait doté de tous ses biens, et élevé pour ainsi dire au prix de ses sueurs et de son sang, ce séminaire où il eût voulu et dû avoir son tombeau, qu'on regardait en quelque sorte comme une autre partie de lui-même, si bien qu'il était d'usage de dire que *l'en séparer ce serait le tuer*, eh bien, ce séminaire, un brutal caprice l'en fit un jour jeter hors!... Quelle fut sa vengeance? attendons.

La générosité de M. Mérault ne se bornait pas à quelques personnes et à son établissement de prédilection (1). Il donna beaucoup pour les hôpitaux, les prisons, les communautés religieuses, les bureaux de bienfaisance. Il donna aux Carmélites de Blois la magnifique chapelle qu'elles possèdent aujourd'hui, et aux Ursulines de Baugency 18,000 fr. pour l'acquisition et la réparation des anciens bâtiments du couvent (1828); on n'a pas su qu'à cette même époque il avait discrètement indemnisé leur supérieur (2) de

---

(1) Nous saurons que M. de Beauregard lui faisait un crime de cette générosité.

(2) M. Chaboux, mort dernièrement chanoine théologal d'Orléans; il était né dans cette même ville, et il y avait fait ses études sous les Sulpiciens. Après avoir émigré en Angleterre, il fut, à son retour, vicaire de Romorantin, puis, successivement, professeur de philosophie et de théologie au séminaire d'Orléans.— Voir la notice de M. Morlot, page 114.

certaines petites avances ; on n'a pas su non plus quelle fut l'ingratitude de M. Chaboux à son égard.

En effet, de pareilles profusions devaient épuiser souvent sa bourse, et il se trouvait toujours personnellement l'homme le plus dénué qu'il connût au monde. Si, alors, une demande lui survenait, que pouvait-il donc faire ? ou il recourait à des emprunts (1), ou il vendait quelques-unes de ses propriétés, ou il en appelait aux rares complices de sa charité, etc., etc. ; et ce fut l'histoire de toute sa vie.

Il faut citer une lettre qu'il écrivait au Père Danglade (2), dès le 18 novembre 1785.

  Mon révérend Père,
    La grâce de J.-C. N. S., etc.

Mon ancien préfet, M. Duchemin, m'est venu trouver. — Vous sçavés sa position. Il m'a saisi dans un moment où j'ai dans ma bourse une petite somme que je n'ose nommer ; vous voyés que je ne thésaurise point. Il m'assure que vous lui voulés du bien ; si vous pouvés lui prêter cent écus, je suis sa caution *et j'en réponds pour d'ici à un an au plus tard;* mes revenus sont destinés jusqu'à ce terme et je ne puis me refuser à la circonstance. Le P. Dupleix qui a foi en mon *cautionnement* pourrait à votre défaut faire ces avances. *C'est à moi que vous ou lui vous aurés à faire.*

J'ai l'honneur d'être, avec respect en J.-C. et sa sainte mère, mon révévend père, votre très humble, etc.

    Mérault, *pr. de l'Oratoire.*

(1) N'engageant jamais que sa fortune personnelle.
(2) Supérieur de Tournon, à Saint-Honoré. — J'ai entre les mains les manuscrits autographes de toutes les lettres de

Suit la reconnaissance que voici :

Je soussigné, reconnais avoir reçu du P. Dupleix, procureur-général de l'Oratoire, la somme de trois cents livres, que je promets lui rendre, ou à son ordre, dans le courant du mois de novembre de l'année mil sept cent quatre-vingt-six. A Paris, le 19 novembre 1785.
DUCHEMIN DE L'ÉTANG.

Et plus bas :

Payez à l'ordre du R. Père Mérault de Bizy, valeur reçue de lui, à Paris, le 22 novembre 1786.
DUPLEIX, *prêtre de l'Oratoire.*

Ses confrères l'engageaient souvent *à ne pas tant donner.* Comme il priait le P. Carrichon, son ami, de lui prêter aussi quelque argent, le Père lui fit à ce sujet une observation : « Que voulez-vous, répondit M. Mérault, c'est déjà une vieille habitude, je crains bien d'être incorrigible. »

Terminons par un fait sur lequel s'arrêtera l'attention du lecteur, pour bien apprécier M. Mérault et juger les gens qui l'entouraient.

M. Mérault avait promis 1200 fr. aux religieuses de la Visitation (1), qui se trouvaient gênées; il leur donna d'abord 600 fr. et leur dit : « Lorsque vous aurez besoin du reste, faites-le moi savoir. » Un soir, la sœur tourière vint de la part de la su-

---

M. Mérault et de toutes les pièces que l'on va lire dans cette notice.

(1) La Visitation d'Orléans, dont il était alors supérieur.

périeure lui demander les 600 fr.; il répondit qu'il était pour l'heure sans argent. La tourière lui fit alors observer que, vu l'extrême besoin des religieuses, il les obligerait beaucoup en souscrivant un billet à leur profit; le billet fut souscrit et porté au banquier de M. Mérault. Le lendemain matin, M. Chaboux lui annonça qu'il n'était plus supérieur de la Visitation, et que son remplaçant se nommait M. Chaboux.

Lorsque, par la mort de M. Mérault de Villeron, son frère, et par une autre succession qu'il fit alors M. Mérault se vit derechef en possession d'une grande fortune, il disait au jeune séminariste qu'il avait alors pour secrétaire : « Mon fils, je suis riche; eh bien, je donnerai davantage; le bon Dieu ne nous donne que pour donner. »

Il faut bien enfin laisser ce sujet qui ne s'épuiserait pas, et reprendre ma série biographique.

Dans les derniers jours de la révolution, M. Mérault desservit, comme curé, la paroisse de Saint-Jean de Braye, près Orléans; c'est de là que M. Bernier le fit venir pour lui conférer un titre de grand-vicaire, comme je l'ai dit, et d'abord pour lui confier la direction de plusieurs communautés.

« Depuis plusieurs mois, lui écrivait-il, je désire donner un supérieur aux sœurs de la Sagesse, établies pour l'instruction des filles, à l'*Officialité* (1), et je désirais faire tomber mon choix sur quelqu'un qui méritât toute ma confiance. Vous vous êtes présenté à ma pensée, et vous m'avez paru digne de remplir cette fonction selon mes vues. Persuadé que je suis de votre disposition à me seconder de tous vos efforts dans l'exercice de votre ministère, je n'hésite pas un moment à vous envoyer vos provisions de *supérieur des Sœurs de la Sagesse*, établies à l'Officialité. Je vous verrai avec la plus grande satisfaction remplir cette place pour laquelle je vous ai choisi avec la conviction la plus intime de votre mérite.

Recevez, monsieur, l'assurance de mon sincère et véritable attachement pour vous.

Orléans, 14 octobre 1804.

Et. Al., év. d'Orl.

C'était en 1802; le culte se trouvait rétabli sur des bases quelconques. Napoléon décréta qu'à l'occasion de la fête du 15 août, un discours serait prononcé chaque année dans toutes les cathédrales de l'empire français. M. Mérault fut chargé par M. Bernier de faire ce discours, deux années de suite; et, malgré la franchise un peu téméraire de ses paroles et quelques petites allusions bien malignes à la politique, malgré son mérite même, le maître fut content de lui (2).

Ici se placent d'elles-mêmes quelques observations sur les talents oratoires de M. Mérault, et le caractère de son éloquence.

---

(1) Le *palais de justice* ecclésiastique; ce terme est maintenant une dérision.

(2) M. Mérault écrivait alors, dans le *Journal des Curés* ou Mémorial de l'Eglise gallicane, des articles signés O.

L'éloquence de M. Mérault avait un caractère particulier, fort peu commun de nos jours : s'il approfondissait les mystères du cœur et discutait sur les plus graves matières de la religion, il savait revêtir ses pensées d'une forme attrayante et douce, et les mettre sans effort apparent à la portée des simples. Les hommes d'intelligence et de savoir n'y perdaient rien, et, à travers cette gracieuse enveloppe, savaient toujours bien découvrir les raisonnements substantiels et les vastes connaissances.

Il excellait à prêcher les jeunes gens. Tous les dimanches, dans la chapelle du séminaire, le bien-aimé supérieur disait la grand'messe, et, après l'évangile, se tournait vers ses enfants, s'asseyait au milieu d'eux, leur racontait les merveilles de la bonté divine, les joies de l'espérance, l'histoire de la charité, la beauté du bien, sans jamais prononcer le nom même du vice, qu'il jugeait inconcevable, tant sa laideur l'eût effrayé, tant c'était une monstruosité pour son cœur. Il s'élevait alors jusqu'au plus naïf enthousiasme ; sa voix si pure et si harmonieuse s'emplissait de larmes ; une pieuse agitation se manifestait dans l'auditoire ; c'était une scène presque céleste.

Le Solitaire écrit ce qu'il a vu et ce qu'il a éprouvé. Jours d'inexprimable bonheur, jours trop vîte passés, auxquels succèderont de bien tristes jours. Mais, encore une fois, éloignons ces pensées, et suivons M. Mérault dans sa *seconde* vie de séminaire.

Ici sa conduite est plus admirable qu'imitable à certains égards, il faut l'avouer. Pour le commun des hommes, il y aurait imprudence à tenter les hasards aussi persévéramment qu'il l'a fait ; et le résultat le plus ordinaire de ces témérités, c'est l'insuccès et la désolation.

La position de M. l'abbé Mérault fut de tous points exceptionnelle, j'allais dire encore providentielle.

D'abord, sur ses trois cents élèves, la moitié recevait une éducation gratuite ; plus tard, quand le nombre augmenta, les charges se multiplièrent en proportion.

Sur un sujet présenté, ses informations se réduisaient à ceci : « Est-il pur et capable ? Appartient-il à une famille honnête ? » et, sur la réponse affirmative, il était admis.

Une fois admis, voici à quelles conditions l'heureux élève était assujéti et la vie qu'il était appelé à mener. M. Mérault s'explique lui-même dans un rapport par lui adressé au Gouvernement (1816), et qui, du reste, nous apprendra plusieurs choses encore de son incomparable désintéressement.

Orléans, ce 27 décembre 1816.

J'ai l'honneur d'adresser à Votre Excellence la liste complète et détaillée du grand et du petit séminaire ou école secondaire ecclésiastique ; nous ne tenons point de collège et nous nous renfermons strictement dans les termes de l'ordonnance de Sa Majesté, n'ayant ni demi-pensionnaires, ni externes, ce qui prive bien les pauvres de l'éducation que nous donnerions gratuitement (1).

V. E. sait qu'excepté les bourses pour les ecclésiastiques, le petit séminaire, composé de près de deux cents élèves, ne coûte absolument rien à l'Etat ; il serait donc possible de lui diminuer les frais immenses qu'il veut bien faire pour l'éducation, et les séminaires pourraient remplacer ces anciennes congrégations qui ne se rétabliront que très lentement.

Je me permettrai, monseigneur, d'observer qu'outre nos professeurs, tous pris du grand séminaire et dès-lors bien connus et faisant leur classe parfaitement, parce qu'ils ne la font pas comme salariés, nous avons douze préfets d'études également pris dans le grand séminaire, qui surveillent sous nos ordres toute la jeunesse ; et comme ils n'ont notre confiance qu'à raison de leur piété et de leur capacité, leurs exemples autorisant leurs leçons, le gouvernement est extrêmement facile.

Il serait de notre intérêt de faire valoir le travail qu'exige la conduite des deux maisons ; et il est vrai de dire que, choisissant les chefs, professeurs et autres dans le grand séminaire, d'après l'exclusion de tous les arts agréables, la fermeté invincible et la promptitude à renvoyer ceux qui nous annoncent des vices et nul effort pour se corriger, surtout avec ce grand et puissant ressort de la religion, tout marche avec une facilité extrême, et cela depuis plusieurs années.

Je vous prie, monseigneur, de me permettre d'ajouter que si des pensions, traitements ou récompenses temporelles étaient attachés à la place de supérieur du séminaire, et si les deux maisons étaient divisées, rien n'irait. Un vrai désintéressement, l'unité, et avant tout la religion, voilà nos trois éléments de succès.

J'ai l'honneur, etc.

MÉRAULT, vic.-gén.

(1) Il y eut plus tard des externes et des pensionnaires.

Si, après un séjour de quelques années, et même après toutes ses études finies, un élève se croyait en conscience appelé à un autre genre de vie que l'état ecclésiastique, au lieu de le blâmer ou de le vouer au mépris public, comme d'autres font, M. Mérault se félicitait d'avoir préparé pour le monde un homme capable de lui offrir de bons exemples; il le consolait et l'encourageait; et presque toujours, s'il en était besoin, il s'empressait de pourvoir aux frais indispensables pour achever son éducation. Arrivait-il qu'un malheureux enfant commît une de ces fautes si graves qu'elle peuvent nécessiter une exclusion, — bien que le supérieur fût esclave de la règle, néanmoins il avait une mansuétude que rien ne paraît interdire; —il l'appelait donc, il l'examinait pour savoir s'il y avait lieu d'espérer un amendement et d'éviter le scandale; alors il adressait à ce petit pécheur une douce réprimande et le renvoyait à sa place accoutumée; si tel n'était pas l'état des choses, il l'avertissait, en prononçant sa sentence, qu'il avait disposé pour lui soit un asile, soit une place dans une institution sûre; et il lui promettait toujours une réintégration en cas de bonne conduite et de persévérance. Que dirai-je? Ce n'était pas seulement l'éducation et l'instruction qu'il donnait aux pauvres; il les adoptait, et je ne saurais assez dire qu'il avait pour eux les tendres sollicitudes d'une mère : il s'occupait de leurs vêtements, il entrait dans les plus minutieux détails de leur entretien, et veillait à ce que la honte ne les empêchât pas de découvrir leurs besoins ; il savait par lui-même, qu'on me permette ces particularités peu académiques, s'il fallait un habit ou une soutane à celui-ci, des livres à celui-là ; et le libraire comme le tailleur savaient bien aussi quel nom mettre sur leur quittance. On l'a vu même, et plus d'une fois, en apprenant que la famille d'un séminariste vivait dans l'indigence, étendre jusqu'à elle sa passion de donner et lui faire pour longtemps une position meilleure. Comme il se désolait, le saint vieillard, lorsqu'il visitait dans les dortoirs un de ses enfants malade ! Quels déchirements de cœur, lorsque la mort venait lui ravir quelqu'un d'entre eux ! Comme il se préoccupait de leur santé et de tout leur bien-être !... Écoutez.

Le premier local n'étant plus assez vaste pour les contenir tous commodément, il fait l'acquisition d'une maison nouvelle ; et de plus, craignant qu'un séjour trop continu dans la ville ne leur soit nuisible, il achète pour eux trois belles maisons de campagne, la Pomme-de-Pin, Fleury et Saint-Jean-de-Braye.

Il semble qu'au besoin chacune de ses paroles, chacun de ses désirs se convertisse en une pluie d'or; ceci tient du miracle.

Nouveau miracle! chose trop commune plutôt, cet homme prodigieux a eu des ennemis; et, parmi les odieux reproches qu'ils lui adressèrent, se trouvait celui d'avoir élevé ses charités au-dessus de ses forces, c'est-à-dire d'avoir anticipé quelquefois sur des revenus qui en définitive n'appartenaient qu'à lui. Il répondra lui-même.

Que M. Mérault soit resté supérieur de ses séminaires, vénéré, adoré par tous les évêques qui se succédèrent depuis M. Bernier jusqu'à M. de Beauregard, c'est ce qui semblera fort légitime; mais ce qui l'est moins, c'est la manière dont il fut traité par ce dernier, qu'un prêtre d'Orléans a défini, avec raison, le Bugeaud du Clergé (1). — Mon Dieu! n'y pensons pas encore.

M. Rousseau, évêque de Coutances, nommé à l'évêché d'Orléans, écrivait à M. Mérault, le 14 août 1807:

Votre lettre du 9, mon cher abbé, a été frapper droit à mon cœur, mais elle ne m'a point tout-à-fait tranquillisé (2).

---

(1) Il avait les défauts et les qualités de cet homme *célèbre*.
(2) Fouché de Nantes, qu'il avait eu pour secrétaire à l'*Institut*, voulait le nommer à un évêché; M. Mérault refusa.

Jamais je n'aurai l'orgueil de me croire l'interprète des volontés du ciel sur vous et d'en jouer le rôle ; mais je vous soumettrai mes réflexions que je vous prie de peser devant Dieu.

Vous ne pouvez, mon cher abbé, malgré votre extrême modestie, vous dissimuler le bien infini que vous avez fait dans le diocèse que la divine providence m'envoie gouverner. Vos principes, si parfaitement bons dans l'ordre religieux et *dans l'ordre politique*(1), ont eu une grande influence sur les opinions et la conduite du clergé. Ils vous ont obtenu l'estime et la confiance des habitants de ma résidence et principalement des personnes en place.

Le bien le plus important pour l'Eglise à la suite d'une révolution dont les résultats ont menacé le sanctuaire d'une destruction prochaine, est le rétablissement des séminaires. CELUI D'ORLÉANS EST ENTIÈREMENT VOTRE OUVRAGE. VOUS SEUL POUVEZ LE SUIVRE ET LE PERFECTIONNER ; IL EST PERDU, OU DU MOINS BIEN AFFAIBLI, SI VOUS DISPARAISSEZ. JE NE CONNAIS PERSONNE QUI, SOUS CE RAPPORT, PUISSE VOUS REMPLACER. C'est à vous, mon cher abbé, à voir si vous laisseriez le même vuide dans le poste éminent auquel les bruits publics semblent annoncer que vous êtes destiné.

Quant à moi, et je me plais à vous le dire, vous m'êtes d'une absolue nécessité. Je vous regarde comme un frère que j'ai acquis. J'ambitionne seulement que vous me considériez comme l'aîné. Voilà l'unique intervalle qu'il y aura entre vous et votre évêque.

N'allez pas, mon cher abbé, ne voir dans ce langage qu'une phrase de politesse ; c'est un sentiment vrai et profond que j'exprime. Je vous le répète, avec vous je sens encore la force, malgré mon âge, de rendre mes dernières années utiles à l'Eglise *et à l'Etat*, dont je ne sépare jamais dans mon administration les vrais intérêts ; mais sans vous, je ne serais plus que la moitié de moi-même.

Adieu, mon cher abbé, ou plutôt mon digne ami ; je vous embrasse de toute mon âme. Je suis trop inquiet et mon

---

(1) Le bon M. Rousseau était un bonapartiste forcené ; il se méprend ici sur les choses et il exagère ; il calomniait ici fort naïvement M. Mérault.

cœur est trop touché pour prolonger ma lettre. — Adieu, encore une fois.

CLAUDE-LOUIS, *év. de Coutances,*
nommé à l'évêché d'Orléans.

A Coutances, le 14 août 1807.

Le 3 novembre 1814, M. Raillon, depuis évêque de Dijon et archevêque d'Aix, nommé alors à l'évêché d'Orléans, écrivait à M. Mérault :

Monsieur,

J'ai reçu avec une vive satisfaction la lettre que vous m'avez fait l'honneur de m'écrire. Nulle autre félicitation ne pouvait m'être plus agréable. Il y a longtemps que votre réputation est venue jusqu'à moi. Peu de gens ignorent ici le bien que vous faites. J'ai souvent désiré de connaître par moi-même un homme dont j'entendais célébrer les talents et les vertus ; jugez d'après cela, monsieur, combien je m'estimerai heureux en arrivant à Orléans de vous trouver à la tête du séminaire et dans le grand-vicariat. Je bénis la providence de m'avoir préparé de si bons guides en votre personne, monsieur, et en celle de MM. vos dignes collègues. Vous avez tous perdu un ami en perdant Monseigneur votre digne évêque ; c'est dans vos cœurs surtout que j'aspire à le remplacer. — J'ai lu avec autant d'admiration que d'attendrissement le beau mandement que vous avez publié à sa mort. C'est une obligation que j'ai à S. Ex. Monseigneur le cardinal Maury. Ce morceau d'éloquence sentimentale fait autant d'honneur au panégyriste qu'au pasteur vénérable qui en est l'objet.

Agréez, etc.

RAILLON.

Lorsqu'il fut appelé en 1829 à l'évêché de Dijon, M. Raillon écrivait encore à M. Mérault.

Vénérable et toujours plus cher Doyen,

C'est bien malgré moi que j'ai différé de répondre à vos deux aimables et très touchantes lettres. Mais le temps m'a absolument manqué. J'ai prié le gros abbé (1) de vous le dire à son retour. C'est par vous au reste que je commence de répondre à toutes les lettres que j'ai reçues.

Vous me dites, mon excellent ami, au sujet de ma nomination, des choses qui me sont allé au cœur ; c'est que j'ai senti qu'elles venaient du vôtre. Ah ! sans doute, mon vénérable ami, si ce changement qui se fait dans ma situation fût arrivé il y a quinze ans, je vous aurais enlevé de vive force d'Orléans, bien certain que vous n'auriez pas refusé de suivre un ami, dont les sentiments pour vous n'ont pas varié d'une minute non plus que les vôtres pour lui. Je vous aurais dit alors comme autrefois Pierre-le-Grand à la statue de Richelieu : « Venez prendre la moitié de mon royaume et m'aider à gouverner le reste. » Et qui pourra jamais me dédommager de ne pas vous avoir avec moi ? Mais la providence en a disposé autrement. Elle veut que nous restions unis de cœur et d'esprit, mais séparés de lieu. C'est pour moi un sujet de regret ou plutôt de douleur. Il faut s'y résigner. Car je sens très bien que ce n'est pas à votre âge, quelque fort que vous soyez, qu'on change toutes les habitudes de sa vie. De loin, vos lumières et votre amitié me dirigeront encore. Proposez-moi, mon cher ami, avec une entière confiance, tout ce que vous croirez bon et utile. Je l'adopte d'avance autant que les circonstances des lieux et des personnes s'y prêteront.

Après cet épanchement, laissez-moi, mon cher ami, vous expliquer maintenant les motifs qui m'ont déterminé à accepter, quoique tous mes vœux fussent pour rester dans la situation calme et uniforme où je me trouvais ; car rien n'est plus vrai, et même en acceptant, je savais que je regretterais tous les jours de ma vie mon petit coin du vieux colombier (2). D'un côté, j'ai pensé qu'un prêtre se doit à l'église jusqu'à son dernier soupir, et que lorsque, sans intrigues, sans s'en être mêlé, il lui arrive d'être appelé à un poste plus élevé et pé-

---

(1) M. Coquelle, sans doute, l'un des hommes les mieux nourris qu'on ait vus. Il vient néanmoins de mourir à quatre-vingt-deux ans chanoine titulaire et chefvecier d'Orléans.

(2) M. Raillon habitait rue du Vieux-Colombier, à Paris.

nible, il ne lui est guère permis de se refuser à ce qui semble être la voix de Dieu. D'autre part, j'ai considéré qu'ayant été nommé à Orléans, et retiré de là d'autorité, la retraite me plaçait dans une situation fausse et peu honorable, d'où l'on pouvait conclure que je m'étais ingéré de moi-même dans une carrière pour laquelle je n'étais point fait. Cela avait l'air d'une sorte d'intrusion ; et je n'ai pas cru, si mon nom me survivait un peu, devoir le laisser à nos neveux avec une note si défavorable. Enfin, j'ai pensé que cette *Histoire de saint Ambroise*(1) qui m'a coûté dix ans d'un travail assidu, et qui est enfin en état de paraître, ne pourrait que gagner à ce que l'auteur eût un titre qui donnât quelque poids à l'ouvrage. Sans cela, peut-être aurait-on trouvé de l'*inconvenance* à ce qu'un simple prêtre publiât un livre dont chaque page, pour ainsi dire, est une leçon pour les évêques (2).

Voilà au vrai, mon cher ami, par quels motifs je me suis déterminé au parti que j'ai pris. Ou je me trompe fort, ou vous les approuverez. Je serai charmé de l'apprendre de vous-même. Je vous prie même de communiquer cette portion de ma lettre à notre respectable ami commun, M. Costé, avec qui je serais entré sans difficulté dans les mêmes détails, si je ne vous les donnais pas ici.

Me voilà à la fin de mon papier. Je m'arrête malgré moi; car j'avais encore bonne envie de prolonger cet entretien avec vous. Adieu donc, mon excellent ami, je vous embrasse avec la tendre vénération que vous me connaissez pour vous et qui ne finira qu'avec moi.

Mon neveu, le vicaire, vous prie d'agréer son profond respect. RAILLON.

Il lui écrivait encore :

Cher et vénérable Doyen,

Il faut que je me sois bien mal expliqué, ou que vous ayez mal saisi l'endroit de ma lettre où se trouve ce mot *une sorte*

---

(1) On ne sait ce qu'est devenue cette *Histoire ;* et les productions connues de M. Raillon la font vivement regretter aux amis des sciences et de la religion.

(2) Attention !

d'intrusion. Grâce à Dieu, mon administration à Orléans n'a rien eu dans son principe ni dans ses conséquences qui ait ce caractère. Tout a été conforme aux maximes constantes reçues dans nos églises. Mais cela n'empêche pas que, dans le temps où nous sommes, avec l'exagération de nos jeunes têtes, il ne se trouve un grand nombre de personnes qui pourraient juger cette position autrement que vous et moi. Ce sont de ces personnes que j'ai voulu parler, et vis-à-vis desquelles ma position antérieure à ma nomination était entièrement fausse. Mais tout change à cet égard par ma seule rentrée dans la carrière. Je me garderai bien, mon cher ami, de revenir sur ce passé dans le mandement que je publierai avant d'arriver à Dijon. J'ignore encore ce que j'y mettrai. Mais j'espère qu'il sera tel que vous le goûterez au moins pour le fond des sentiments et des idées. Je garderai au reste votre lettre qui renferme de si bons conseils là-dessus, pour le moment où je m'occuperai de ce travail.

Je vous prie de vouloir bien communiquer encore cette partie de ma lettre au respectable M. Costé, s'il a pris dans le même sens que vous le paragraphe de la première auquel je réponds. J'ai à cœur que des hommes tels que vous soient toujours au courant de mes véritables dispositions.

Je me borne, faute de temps, à cette courte explication qui m'a paru nécessaire. Je n'y ajouterai plus que l'hommage de la tendre et profonde vénération avec laquelle je vous embrasse. Le secrétaire demande à y joindre l'hommage de son profond respect avec mille remerciments de votre gracieux souvenir.

Paris, 6 juillet 1829.

J'observe en passant que M. Raillon, dans sa correspondance avec M. Mérault, lui parle souvent d'un M. Costé, leur ami commun, homme estimable; et je demande comment un autre M. Costé, fils de ce dernier, aussi estimable que son père, s'est laissé faire le rédacteur d'un misérable journal de sa province, organe officiel de ceux qui ont exécrablement maltraité M. Mérault, M. Raillon et son père ; je fais cette question sans accuser M. Costé jeune.

La place me manque, et je ne puis citer plusieurs lettres de M. Raillon, qui figureront dans sa notice. Il faut passer également sous silence celles de M. de Varicourt si affectueuses, si expansives, si pleines de cette exquise noblesse qui faisait le fond de son caractère.

Or, M. Rousseau, M. Raillon et M. de Varicourt avouèrent eux-mêmes à M. Mérault qu'à leur passage dans la capitale, une compagnie que la délicatesse m'empêche de nommer, avait tout mis en œuvre pour les indisposer contre lui. Sous le coup de pareilles préventions, M. de Varicourt, pendant plus de deux ans, borna ses rapports à la plus froide politesse. Mais ayant bientôt connu et apprécié M. le doyen, il lui fit l'aveu dont je viens de parler et lui demanda pardon d'avoir jusqu'à ce point cédé aux perfides insinuations de ses ennemis. Au lit de mort, en présence du chapitre, le pieux évêque renouvela ces explications et ces excuses. Du reste, M. de Varicourt et M. Mérault furent unis jusqu'à la mort par la plus étroite et la plus touchante intimité.

Après les lettres ci-dessus, qu'on lise maintenant celles de M. de Beauregard :

Une grande consolation, écrivait-il (1) le 19 janvier 1823 à M. Mérault, c'est de vous voir placé près de moi et de trouver dans vos lumières un secours assuré. J'ai l'*honneur* de vous déclarer que je ne veux rien faire que vous ne l'approuviez. — Je me fais gloire d'être pauvre (2). Je ne conduirai personne avec moi à Orléans (3), *et je ne changerai absolument rien dans l'administration du diocèse* (4).

Les débuts sont magnifiques sans doute.

Un an plus tard, le nouvel évêque cherchait un moyen d'enlever le séminaire à M. Mérault. Un choix de professeur fut le prétexte : M. Mérault voulait confier la chaire de philosophie à M. l'abbé Lejeune (5) ; M. de Beauregard voulait y placer

---

(1) De Poitiers ; M. de Beauregard n'était encore qu'évêque nommé.

(2) Sauf à gagner un château de 150,000 fr. pour finir ses vieux jours.

(3) Sauf M. Husson, prêtre de Poitiers, pour lui donner un canonicat, à l'exclusion des vieux prêtres du pays, etc.

(4) Il bouleversa tout, sans parler des interdits, etc. Nous allons voir comment il remplit sa parole d'*honneur*, à l'égard de Mérault lui-même.

(5) Lejeune (Pierre), né à Gervilliers, arrondissement de Pithiviers, le 18 juin 1797, d'une riche famille de cultivateurs. Il fit ses premières études au collège communal d'Etampes, et les continua au séminaire d'Orléans, depuis la troisième jusqu'à la philosophie. Il vint ensuite à Paris pour suivre successivement, au collège Louis-le-Grand les cours de rhétorique et de logique, et au collège de France ceux de MM. Andrieux et Villemain. Il fut l'un des lauréats du grand concours. Rentré, en 1818, au séminaire d'Orléans, il étudia

M. l'abbé Cormier (1). — Écoutons M. Mérault.

Monseigneur,

Il nous est doux de rendre hommage à votre amour pour le bien et à votre zèle pour l'opérer; ce serait d'autre part un crime et une lâcheté à un grand-vicaire de trahir la vérité ou de tromper son évêque.

Je soumets donc, Monseigneur, à votre jugement deux affaires essentielles.

Un professeur doit-il faire son coup d'essai dans votre séminaire, lorsque, très brillant dans ses humanités, il a été loin de primer en philosophie et en théologie; lorsque, faible de santé, il peut être forcé de quitter à la moitié de l'année, et froid de caractère, il donnera peu d'âme à sa classe (2)? De plus, il n'aura que de la défaveur, puisqu'il déplacera un su-

---

la théologie sous MM. Chaboux et Roma, durant trois années, à la suite desquelles M. Mérault le nomma professeur de seconde pour trois autres années. C'est en vue de ses succès en tous genres, comme élève et comme maître, que M. Mérault voulait lui donner une chaire de philosophie. — Il fut depuis desservant de Saint-Jean-de-Braye, petite paroisse située à une lieue de la ville, où il resta quatre ans, et ensuite desservant d'une succursale du même genre, un peu moins éloignée du centre.

M. Lejeune vient de quitter le ministère paroissial pour se consacrer exclusivement à l'éducation de la jeunesse dans un magnifique établissement qu'il a acheté de ses deniers.

(1) Cormier (Théophile), né à Orléans, en 1799, fit au séminaire d'Orléans de fort brillantes humanités et devint, comme on voit, professeur de philosophie. Il fut nommé préfet des études de l'école secondaire ecclésiastique, à l'arrivée des Sulpiciens, qui bientôt l'éloignèrent de ce poste comme n'étant point au niveau des circonstances. Il est mort vicaire de la cathédrale, regretté de tous les gens de bien comme il en était aimé pour ses belles qualités d'esprit et de cœur. — On a dit que les persécutions de M. de Beauregard avaient accéléré sa mort.

(2) On devine bien qu'il s'agit de M. l'abbé Cormier.

jet rare de l'aveu général, qui a des qualités toutes contraires aux siennes : succès depuis trois ans (il était professeur de seconde), instruction, zèle et santé (1).

Cette défaveur extrême pour le professeur novice sera plus grande encore, lorsqu'on saura qu'il entre contre le gré bien prononcé et à lui-même du chef de la maison. Ce bien que vous aimez, Monseigneur, le fera-t-il alors dans votre séminaire ?

Tout y sera nouveau: professeur de théologie, professeur de philosophie, et supérieur: car c'est un second article à juger. On n'est pas digne de sa place, si on y tient par un autre intérêt que celui de faire le bien. Quel bien peut faire un supérieur lorsqu'il n'a plus la confiance de son évêque ? et l'a-t-il, lorsque, d'après un consentement formellement demandé et accordé sans nulle instance de ma part, et sans aucun obstacle de votre part, il a nommé un sujet distingué, connu, et les délices de ses élèves, et que ce choix est cassé sans motifs huit jours après sa publicité, et malgré mes vives réclamations.

Alors, Monseigneur, on est autorisé à goûter le bonheur de la retraite.

Du reste, ma franchise vous a plu dans une correspondance si amicale et si active durant les quatre mois qui ont précédé votre consécration ; ai-je dû changer ?

Daignez agréer, etc.

12 août 1824.

MÉRAULT, vic.-gén.

Réponse.

Monsieur l'abbé,

Vous traitez, dans la lettre que vous m'avez fait l'honneur de m'écrire le 12 de ce mois, deux points qui semblaient ne devoir pas être réunis ; mais puisqu'ils expriment aussi franchement une pensée que vous m'avez déjà manifesté, je ne les séparerai pas non plus.

Mais comme ils demandent de ma part une sérieuse attention, je vous prie de trouver bon que je considère avec moi-même le parti que je dois prendre, et que j'ajourne à quel-

(1) M. l'abbé Lejeune.

ques jours la réponse définitive que vous attendez de moi. Cette mesure me paraît être la plus sage comme la plus convenable ; je crois que vous en jugerez comme moi-même.

J'ai l'honneur, etc.,

L'évêque d'Orléans.

16 août 1824.

La réplique de M. Mérault est un chef-d'œuvre de raison, d'exquise malice et de convenance.

Monseigneur,

Assurément rien n'est plus sage, rien n'est plus convenable que d'ajourner votre réponse.

Il y a de plus, dans la lettre que vous m'avez fait l'honneur de m'écrire, une parole qui m'est infiniment agréable : *Vous considérerez avec vous-même le parti que vous devez prendre.* J'y vois que vous ne consulterez que votre cœur et les grands intérêts de votre séminaire ; alors il n'y a plus d'affaire, et nous aurons un professeur qui relèvera les études, nous donnera de l'âme, qui est généralement désiré par les élèves ; et je réponds de ses succès ; j'en ai pour garant ceux qu'il a déjà obtenus comme disciple, et comme maître depuis trois ans.

On m'a reproché mon opposition à l'autorité, et moi, je crois l'honorer, surtout la vôtre, Monseigneur, en lui disant la vérité.

Cette manière de penser, je la dois à un évêque. Etant supérieur de l'institution de Paris, j'ai eu occasion de demander à cet évêque d'un très grand esprit son opinion sur un sujet qui se présentait pour être de l'Oratoire ; il me dit ne le pas connaître : « mais, ajouta-t-il, j'ai deux grands-vicaires, l'un qui est toujours de mon avis, c'est toujours : *Monseigneur a raison ;* ne le croyez pas. L'autre me contrarie toujours : c'est un honnête homme, adressez-vous à lui. »

La leçon m'est demeurée, et j'ai réussi dans les trop nombreuses vacances du siège, auprès du gouvernement, auprès de tous vos respectables prédécesseurs, tous si chers à mon cœur, le dernier surtout. Ce n'est pas avec vous, Monseigneur, que je dois changer de méthode ; je vous honore trop, je vous suis trop dévoué, et je vous respecte trop pour vous taire une seule vérité lorsque je serai interrogé ou que le fait me regardera.

Agréez, etc.   MÉRAULT, vic.-gén.

17 août 1824.

Cette dernière lettre lui attira une diatribe non moins ridicule que grossière ; et une fois lancé sur ce terrain, M. de Beauregard n'était pas de nature à s'arrêter. Ma plume se refuse à faire figurer ici toutes celles de ses prouesses qui vinrent à la suite ; je prendrai au hasard des fragments.

Je suis assez porté à croire, disait-il le 21 août, que vous cherchiez à vous démettre d'une charge qui était *trop minutieuse* pour vous, dans le dessein de vous livrer à d'autres travaux *plus conformes à votre goût*.

A ces ironiques insultes, la moquerie venait en aide :

Encore que vous ne soyez plus supérieur de mon séminaire, disait-il, je vous demande, avec instances, de ne pas vous éloigner de mon conseil et de m'y aider de vos lumières auxquelles pour cette fois je n'ai pu déférer ; j'ai été heureux de vous connaître, etc.

La démission de M. Mérault fut acceptée comme elle avait été forcée, c'est tout ce que j'ose dire. Il y a des révélations que la pudeur ne permet pas.

Lisons toujours les lettres de M. Mérault.

      Monseigneur,

J'ai versé des larmes bien amères lorsque M. Bernier me nomma supérieur de son séminaire, l'obéissance seule m'enchaîna, l'obéissance me délivre.

Je n'ai point à me reprocher d'avoir abandonné des enfants, ceux des pauvres surtout que j'ai reçus, accueillis de préférence et en si grand nombre. La providence permet qu'ils me soient enlevés, je la bénis.

L'autorité m'était ôtée, je devais désirer la retraite, et je vous remercie, Monseigneur, de me l'accorder; j'en connais les douceurs, elle ne sera pas oisive.

Je crois que la première autorité s'honore en cédant aux grands intérêts de son séminaire, et que la seconde s'avilit en cédant sans raison.

J'ai su, ce qui est assez rare, distinguer, entre deux devoirs, l'un qui m'est personnel et m'est cher et facile, celui d'une obéissance également simple, prompte et entière; mais, comme administrateur, il est un devoir rigoureux aussi, c'est de résister dans ce qu'on regarde comme nuisible à l'établissement dont on répond; et résister c'est se retirer.

La fermeté en cas pareil est de devoir rigoureux, et il m'en a infiniment coûté de le remplir; mais je le devais, et il n'y avait pas à hésiter.

J'ai dû annoncer au jeune homme qu'il n'était plus professeur de philosophie. Voilà le canevas sur lequel chacun a brodé à sa mode.

Je suis touché de la fin de votre lettre et de vos aimables instances, auxquelles je me rends avec reconnaissance.

Agréez, etc.   MÉRAULT, *vic.-gén.*

29 août 1824.

Et à la suite, il écrivait encore.

Je m'occupe de mes comptes. Vous allez voir, Monseigneur, par mon maître maçon que je vous envoie, qu'après une administration de vingt-deux ans je ne dois à peine que cent pistoles à tous les ouvriers ensemble (1).

C'est vous dire que votre séminaire est dans un état rare de prospérité; vous en aurez de nouvelles preuves, car ce compte à rendre m'oblige de produire ce que je laissais ignorer.

Je m'applaudis d'une *calomnie* qui m'annonce que le

(1) Le lecteur me pardonnera de le faire entrer dans tous ces détails qui cessent de paraître minutieux et à plus forte raison inutiles dès qu'on sait à quels immenses intérêts ils se rattachent.

père du mensonge me hait(1). On a dit votre séminaire obéré, et il ne doit pas une obole ; il a en ses fonds des rentes viagères que je n'ai cessé de payer.

Tout ceci s'éclaircira davantage pour votre extrême satisfaction.

Vous verrez pour plus de cent mille francs de maisons acquises, payées et données par acte devant le gouvernement.

Et vous savez que j'ai commencé avec une obole ; on continuera avec plus de moyens, et je ne vois pas que l'on doive changer mon principe d'administration.

Je disais aux parents : Vous devez, en conscience, faire tout ce que vous pouvez, et je ferai le reste. La providence a daigné bénir ce principe, et pendant un espace de vingt-deux années.

Vous trouverez mes quittances année par année, mais pas un emprunt au nom du séminaire, tous au mien, et les rentes payées par moi. *Que* d'autres innombrables omissions en dépenses, mais aucune en recettes, excepté ce qui m'était donné avec promesse du secret !

Mille pardons, Monseigneur, de ces détails que nécessite votre lettre d'hier.

Recevez, Monseigneur, l'hommage de ma reconnaissance, de mon dévouement, de ma soumission. Ne me plaignez point ni des calomnies qui m'honorent, et sont une récompense et une preuve du bien que l'on a pu faire, ni de mon loisir qui sera très occupé.

Je suis, etc.   Mérault, *vic.-gén.*

Voyons si M. de Beauregard sera touché de cette magnanime simplicité, ou plutôt si des procédés de ce genre éveilleront en lui quelque délicatesse, voir même quelque idée de bienséance.

Point ; ce n'est plus qu'une débauche de cerveau, comme je l'ai dit ailleurs ; il parle de tout et de rien.

---

(1) On va voir que M. de Beauregard accusait M. Mérault de lui laisser un séminaire obéré.

Monsieur l'abbé,

J'ai l'honneur de vous transmettre la quittance ci-jointe qui a été remise sur mon bureau en mon absence. Mon intention ne peut être d'accorder une remise pour une pension du séminaire que vous avez arbitrée.

D'ailleurs je ne veux point m'entremettre dans les affaires fiscales du séminaire avant que vous n'en ayez terminé l'apurement à votre commodité, et que vous n'ayez bien voulu me remettre les lettres de propriété quand vous le jugerez à propos.

J'ai l'honneur d'être, etc.

† J., *évêque d'Orléans.*

31 août 1824.

Monsieur l'abbé,

Il ne tiendra pas à moi que nos lettres et nos relations sociales ne reprennent cette facile liberté et la confiance qui naît de l'estime réciproque, et nous avons l'un et l'autre de quoi payer sur ce fonds. D'ailleurs mon caractère ne se plie point aux fictions politiques; j'y suis peu habile ou pas du tout adroit...

5 septembre 1824.

M. de Beauregard priait ensuite M. Mérault de lui ménager une entrevue avec le jeune professeur (M. Lejeune), dont il avait annulé la nomination. Puis, par manière de badinage, sinon d'autre chose, il se jetait dans je ne sais quelles divagations hygiéniques.

Je voulais conférer.... avec vous.... mais voici encore un convoi qui me force d'ajourner.... L'automne use de ses droits, le fameux Gui Patin, médecin savant et cinique disait : *Tentator valetudinum autumnus*, etc., etc.

M. Mérault ne sortait pas de la question, lui; et il écrivait :

Monseigneur, j'ai eu l'honneur de vous marquer que vous seriez étonné de la publicité que je suis maintenant

— 79 —

obligé de donner à des services rendus à votre séminaire, que vos prédécesseurs mêmes ignoraient et dont j'avais fait mystère à mes plus intimes amis.

Le monde ne pouvait ignorer que j'empruntais; mais ce qu'il ignorait c'est que je payais seul et du mien les rentes, et que je remboursais à mesure.

La providence permet que j'aie gardé les quittances de remboursement que j'aurais pu déchirer, ce que je faisais d'abord.

Voilà pour 49,115 fr. de quittances remboursées, et ce séminaire obéré de dettes ne doit pas une obole. Les rentes viagères, je les ai constamment payées, et je continuerai sur le grand-vicariat, ayant toujours servi l'église gratuitement et même payé pour la servir.

J'avais pris des précautions, en cas de mort, pour que ces rentes viagères fussent payées sans que le séminaire y fût pour rien.

Des remboursements en petit nombre qui ont eu lieu ont été employés en achats de maisons pour plus de 100,000 fr. dont je vous envoie les titres avec les autorisation du gouvernement, par M. l'abbé Rousseau (1), qui vous remettra également un reliquaire que je destinais pour le séminaire (2).

Je suis, etc.   Orléans, 6 décembre 1824.

(1) Maintenant curé de Villorceau, près Baugency, le même dont nous avons parlé dans la première *Biographie de mes biographies*.

(2) Je trouve, parmi les pièces qui furent remises à M. de Beauregard, cet acte honorable pour plusieurs personnes d'Orléans, et je m'empresse de le publier.

Par acte passé devant Mᵉ Rabelleau, le 14 février 1806, les demoiselles Clément ont fait don au séminaire d'une somme de 6,300 fr. dont 5,200 ont été remboursés par le sieur Emery-Transon, et les 1,300 fr. également remboursés le 23 novembre 1822.

Mademoiselle d'Orléans a également remboursé en deux termes 4,000 fr. de la donation faite au séminaire par le sieur Moireau.

Le lecteur me saurait mauvais gré de souligner les mots pour faire saillir davantage les pensées ; ce serait ici outrager son bon sens et vouloir lui prouver que le jour n'est pas la nuit. Par la même raison, j'omets les interprétations et inductions qui formeraient entre ces diverses pièces comme une liaison historique ; elles s'expliquent suffisamment d'elles-

---

Ces deux remboursements ayant été employés : — mobilier pour la maison se composant de plus de 250 lits garnis, etc. — Comme elles ne sont plus représentées par des maisons ou rentes, je les ai remplacées en payant pour le séminaire de mon propre bien lesdites sommes, l'une de 6,000 f. reçus de M. Désormeaux que j'ai payés pour le séminaire à MM. Reculé, ainsi que les frais du procès. Le reste est représenté par la maison de St-Jean-de-Braye achetée de mes deniers, que je donne au séminaire sans faire encore approuver ce don par le gouvernement, parce que je me réserve le droit, ne la trouvant pas bonne, de la changer contre une meilleure.

Presque aucune dépense pour le mobilier n'a été portée par moi en compte. J'y ai employé et mes revenus et des emprunts dont j'ai toujours payé les rentes, même celle de M. Lebrun, sans les porter sur mes livres.

Les 80 et tant de mille francs de maisons données au séminaire avec l'approbation du gouvernement, sont également le fruit et de mes propres dons comme la Pomme-de-Pin et Villevaude, et de différents dons.

Il était impossible d'acquérir ces maisons et ce mobilier sur les revenus du séminaire, quêtes, etc., qui étaient à peine suffisants pour la nourriture des élèves, toujours si nombreux, et un grand nombre de pensions gratuites.

La plupart de ces dons m'étaient faits personnellement avec la condition de n'en point laisser de traces.

A Orléans, ce 23 novembre 1822,
    Approuvé l'écriture.
                      MÉRAULT, *vic.-gén.*

mêmes et s'enchaînent, aussi bien par la série des accidents que par celle des dates, pour produire le plus complet résultat. J'ajoute qu'il est difficile quelquefois de s'énoncer sur certaines choses autrement que par des exclamations que je m'interdis ; j'aime mieux garder le silence pour moi, et tout abandonner au libre jugement du public. J'y gagnerai de la confiance, M. Mérault n'y perdra pas, et M. de Beauregard non plus.

Je poursuis donc, après avoir encore une fois déclaré qu'il n'y a pas une lettre, pas une citation, pas un témoignage, de quelque nature qu'il soit, cités dans cette notice, dont je n'aie là, sur ma table, entre mes mains, le manuscrit autographe, authentiqué, au timbre le plus souvent de la poste, fort lisible, et visible pour tous à toute heure du jour chez M. Appert mon éditeur (j'en conserve même l'orthographe).

On s'attend aux dignes choses que voici :

Monsieur l'abbé,

J'ai vainement cherché parmi les titres des domaines du séminaire que vous avez bien voulu me remettre, ceux de trois actions sur la ville d'Orléans qui sont sa propriété. Les annuités de ces trois actions de 500 fr. chacune, ou en tout de 1,500 fr., doivent entrer chaque année dans les rentes du séminaire, mais mon prédécesseur a fait une disposition ultérieure des fonds de ces trois actions dont l'exécution m'est commise et dont je dois justifier un jour l'emploi, je vous prie de me mettre à même de le faire.

J'ai l'honneur, etc.

Mais nous n'avons encore rien vu qui vaille ce qui se lit ci-dessous :

Monsieur l'abbé,

J'ai reçu votre lettre du 6 décembre et vos deux réponses du 7. Je terminerai avec vous l'affaire de la portion des bourses qui vous regarde. Je croyais vous avoir montré de la latitude sur ce qui vous reviendra des 3,500 fr. de l'entretien du séminaire, et j'ai provoqué cette latitude, mais pour tailler court, je prendrai sur moi la remise des 1,332 fr. que vous réclamez. Vous en rendrez demain la moitié, je demande une quittance indicative seulement.

Je réponds à votre première lettre du 7 :

Je connaissais l'énoncé de la rente de 913 fr., mais non son assiette.

J'ai du chagrin, je l'avoue, d'avoir vu sortir de vos mains les trois actions de 500 fr. ; ce fonds était destiné à un usage qui m'était prescrit ; j'aurai besoin de garder votre lettre pour ma reponsabilité.

Je ne peux prévoir quels sont les autres objets dont vous avez à m'entretenir.

Je vois, en effet, Monsieur, que, comme vous le dites, *que (sic)*, sans les emprunts, vous n'auriez pu aller, mais les remboursements peuvent avoir attaqué peut-être quelques rentes ; je suis fâché que la nécessité vous aie contraint. Peut-être avez-vous été quelquefois trop large et trop confiant....

Le mobilier du séminaire est grand, mais je ne peux reconnaitre qu'environ 4000 fr. de rentes, vous en cotez 9000 ; je ne m'y reconnais pas encore, mais j'ai peu examiné les livres.

J'ai une question à vous faire ; elle tombe sur des évènements bien éventuels : Si à l'ouverture d'un testament il était fait des dons en votre nom..... pourrais-je les réclamer de vous?

Je suis, etc. † J. *évêque d'Orléans.*

P. S. — Une chose qui a dû vous gêner dans la gestion du séminaire, c'est l'impossibilité où vous vous êtes trouvé pendant vingt-deux ans de gérer une affaire si minutieuse, en même temps que vos propres affaires.

Je demande s'il est possible, avec toute la vénération que je professe pour l'épiscopat et ceux qui en sont revêtus, d'approuver ces révoltantes impertinences, et de sacrifier à je ne sais quels ménagements indignes le nom d'un homme tel que M. Mérault. *Une affaire si minutieuse!*..... son séminaire!!.. *en même temps que ses propres affaires!*.. Les propres affaires de M. Mérault!!

En si beau chemin, M. de Beauregard marche toujours à pas de géant; il s'excuse:

Orléans, 16 décembre 1824.

Monsieur l'abbé, j'ai l'honneur de vous adresser la somme de 1333 fr., que vous réclamez comme portion des 2000 fr. de bourses. D'après ce que vous m'avez mandé, j'ai lieu de croire que vous me voudrez bien donner une quittance de solde.

Je ne m'écarterai jamais ni de ce que me prescrit la reconnaissance et la sincérité des égards que je vous dois.

Agréez, etc.

Ces dernières paroles dépassent les bornes de l'imaginable.

Celle-ci est du 22 du même mois:

Monsieur l'abbé,
Je n'ai jamais eu de ma vie aucune discussion en matière d'argent (1); *aussi n'en ai-je élevé aucune entre vous et moi* (2).

---

(1) O cher lecteur, vous me croyez fâché? Eh bien, non.
(2) Pur badinage. Lisez à la suite.

Je vois que vous avez des doutes sur la destination des trois actions de 500 fr.; je puis vous assurer qu'elles en avaient une. Je ne puis l'indiquer sans manquer à un secret, et il n'est connu que d'une autre personne avec moi.

J'avais connaissance des différents fonds dont votre lettre fait mention; plusieurs étaient destinés à former des rentes, et, selon moi, la volonté des donateurs vaut bien un arrêté du gouvernement (1).

Les 8,000 fr. que vous a remis M. Désormeaux étaient bien le fonds d'une rente, et lui-même avait promis de ne les pas rembourser avant vingt ans (2).

Les 2,500 fr. que vous aviez reçu d'*un* M. Robert de Jargeau étaient tellement destinés à une rente, qu'en me faisant remettre pareille somme, on m'a fortement invité à reconnaître que j'avais reçu 5,000 fr., dont la rente servirai à assurer une fraction de pension de 250 fr. à un parent de sa famille; je n'ai pu reconnaître qu'une rente de 125 fr., valeur de 2,500 fr. placés sur l'état par moi (3).

Les 3,000 fr. que je tenais de madame de la Roussière et qui avaient été confiés à mes soins étaient également destinés à un objet particulier et un véritable dépôt. Vous m'aviez promis de me certifier son consentement, vous ne l'avez pas fait, elle est morte sans les avoir remplacés; je ne doute pas qu'elle ne me les eut remis sur un mot de vous. Je ne suis pas sans inquiétude pour moi-même que ce dépôt soit sorti de mes mains.

Je vais réunir sous un seul article les sommes que vous

---

(1) Avis au gouvernement.

(2) C'est faux. M. Mérault avait vendu à M. Désormeaux la maison qu'il habitait, moyennant la somme de 8000 fr. comptant, plus la condition pour M. Désormeaux de n'en jouir qu'après la mort du vendeur, et de la laisser lui-même en mourant au séminaire. — Je ne sais au reste de quels 500 fr. il s'agit, mais ceci n'est pas rigoureusement nécessaire à l'intelligence des lettres.

(3) Il est évident que la rente de 250 fr. était due non par M. Mérault, mais par le séminaire qui avait reçu en deux fois différentes ce don de 5000 fr.

avez reçues par extraordinaire depuis que je suis évêque, c'est-à-dire depuis 19 mois.

Les trois actions.	1,500 fr.
De feu M. de Gabauson (1).	2,000
Remboursement d'Orléans.	4,000
Celui de M. Désormeaux.	8,000
Madame de la Roussière	3,000
Fonds de Robert de Jargeau.	2,500
Remis ces jours derniers.	1,333
Partie d'entretien du séminaire. . . .	2,200
Du secrétariat.	1,400
De la cathédrale.	500
Total connu.	26,433 fr.

Si vous ajoutez à cela, monsieur, les 10,000 fr. que vous comptez payer en deux ans, selon votre lettre, le don généreux de votre grand-vicariat de 2,200 fr., vous verrez, monsieur, combien vous avez dépensé en outre des rentrées ordinaires du séminaire.

Ne vous fâchez pas contre moi, monsieur, si je vous montre ma pensée; c'est une conversation entre vous et moi seuls. Il me semble (2) qu'avec le crédit immense que vous aviez à Orléans depuis plus de vingt ans, les dons très abondants que avez reçus, joints aux sacrifices que vous avez faits sur vos revenus, vous ayez pu vous trouver dans l'inquiétude. Ma pensée, peut-être exposée trop franchement, me fait conclure que si vous étiez resté chargé du séminaire, vous vous seriez trouvé dans des embarras qui auraient flétri la paix des jours que Dieu vous destine, après le bail que vous avez fait l'an dernier(3).

(1) M. Borros de Gamanson, vicaire-général d'Orléans.
(2) *Incroyable* probablement.
(3) Comprenez-vous? *Le bail que vous avez fait* signifie que M. Mérault, ayant été fort dangereusement malade l'année précédente, avait échappé contre toute espérance à la mort. A cette occasion, M. de Beauregard crut devoir monter dans la chaire de la cathédrale pour le recommander aux prières. « *Si M. Mérault vient à mourir,* disait-il entre autres choses, *qui donnera du pain à mon*

Voyez, monsieur, les nobles sacrifices que vous vous êtes imposés. Veuillez croire, monsieur, que ces réflexions ne diminuent en rien la vive reconnaissance que, comme évêque, je vous dois du bien que vous avez fait, et pour citer de vos expressions, je dois *la publier sur les toits* (1).

Mais pour suivre ma pensée, toujours bien franche, je frémis encore au souvenir du danger que vous avez couru l'an dernier; je l'ai renfermé dans mon cœur; si Dieu ne vous avait pas rendu à nos vœux, le séminaire eut été dissous tout-à-coup. Votre conservation a été un bienfait de la divine providence, j'ai besoin de voir ce qu'elle a fait *en ma faveur* en cette rencontre, pour prendre courage à l'avenir; une de vos phrases serait capable de l'ébranler, mais Dieu m'a soutenu et j'espère en lui.

Je me demande comment avec toutes les ressources dont vous avez disposées, et qui avaient même fait la réputation historique d'Orléans, vous avez pu arriver à un état de gêne; l'honneur en est en partie cause, mais il existe; ici monsieur, il y a *pour vous* et *contre vous* (2).

Pour vous, la noblesse incontestable de votre cœur, votre générosité. Mais vous avez été trop large à donner. Vous avez ouvert trop facilement la main. Vous aimez à faire bon et beau : voyez cette chapelle, ce beau soleil, ce beau calice, etc.

Contre vous, vous avez trop compté sur votre mémoire, vous n'avez point écrit ce que vous dépensiez, ni ce que vous receviez, ni la nature de vos recettes; vous alliez toujours devant vous, et vous avez trop facilement fait l'emploi de vos fonds particuliers; vous les avez confondus (3).

Les ingrats seuls, et je ne le suis certes pas, pourrons parler de compter; eh bien, je pense qu'un compte général de dix mille articles annuels, et spécialement de vingt ans, vous

séminaire?» Six mois après, M. Mérault sortait de ce séminaire, en lui laissant pour plus de 300,000 fr. de meubles et immeubles, etc., etc.

(1) Il s'en est bien gardé.
(2) Ai-je calomnié M. de Beauregard en parlant de ses fureurs étourdies?
(3) Voilà que M. Mérault est un voleur!

serait impossible (1). Vous pouvez voir dans votre heureuse mémoire, mais en gros, vos recettes et vos dépenses les plus notables, ce que vous avez acquis de plus frappant ; mais les détails infinis n'ont jamais été écrits.

Telles sont mes pensées, mais aucun sentiment blâmable ne les a dictées ; qu'elles restent, je vous en prie, entre vous et moi.

Je viens maintenant à un objet qui a rapport avec *ma* gestion du séminaire.

Depuis plus de vingt ans, il vous a été fait des dons pour le séminaire ; plusieurs de ces dons ont été faits par actes testamentaires. Encore que ces dons fussent en votre nom, sans qualité de supérieur, encore que ces actes exprimassent : *à M. Mérault seul* ou *à M Mérault pour en faire ce qu'il voudra*, vous avez toujours pensé qu'ils étaient destinés au séminaire. On évitait dans les testaments de désigner le séminaire, parce qu'ils étaient faits sous un gouvernement soupçonneux, peu ami des établissements religieux, ou pour que le gouvernement n'eût pu croire le séminaire aisé et qu'il ne diminuât les bourses ou les secours que les séminaires auraient pu demander.

Or, monsieur, je sais qu'il existe plusieurs testaments en votre faveur, dans les mêmes formes et dans les mêmes termes ; les mêmes motifs, les mêmes intentions les ont dictés, je vous laisse à juger si ces dons ne doivent pas revenir au séminaire ; quant à moi, je n'ai aucun doute à ce sujet, et j'ai cru devoir vous remettre sous les yeux cette question éventuelle dans son développement ultérieur.

J'ai bien encore un scrupule sur la largesse de votre main et la trop grande générosité de votre cœur. Les dons que vous avez reçus étaient des dons de charité, des dons au premier pauvre, car ils étaient faits à Jésus-Christ même, dans la personne des élèves du séminaire ; et qui peut savoir si, dans les grâces que vous avez *fait*, vous n'avez pas été un peu loin par la bonté de votre cœur ?

Je me persuade que vous avez d'arrières pensées sur toutes ces questions, et que dans les dispositions futures de vos

---

(1) M. Mérault a montré qu'il était facile. 500,000 fr. de sa fortune dépensés pour le séminaire.

affaires, vous mettrez ces incertitudes en ligne de compte avec les 1,500 fr. des trois actions; votre âme est belle et loyale, vous avez peut-être fait trop forte portion aux hommes et aux choses; celle de Dieu ne sera pas oublié et elle sera bonne.

Pour moi, monsieur, vous le savez bien, je ne suis pas sans de grandes inquiétudes sur la gestion du séminaire; et comme j'ai dû souvent penser à mes affaires depuis que Dieu a mis sur moi la charge d'évêque, au moment où vous m'avez remis le séminaire, j'étais tout aussi instruit que je le suis sur sa situation, et j'ai mesuré toute la peine que je ressens maintenant.

En terminant cette lettre, monsieur, je vous supplie, au nom de Jésus-Christ, de ne me point savoir mauvais gré de vous avoir exprimé si franchement ma pensée, et soyez assez généreux pour n'avoir rien à me pardonner en cette rencontre. J'ai l'honneur de vous assurer avec une grande vérité que personne de ce pays ne connaît plus que moi vos bonnes qualités, et ne leur rend plus de justice que moi; dans toutes rencontres, j'aimerai à le manifester hautement et à vous convaincre des sentiments du respect bien sincère avec lequel je suis,

Monsieur l'abbé,
Votre très humble et très obéissant serviteur,
† J. évêque d'*Orléans*.

J'ouvre ma lettre oubliée hier, à raison de la fête, pour vous témoigner mon inquiétude sur *les fondations* dont le séminaire reste chargé; je ne les connais pas, mais les fonds n'en ayant été placés, rien ne me rassure sur leur exécution future. Quant à moi, je n'y point tenu, et, à plus forte raison, mes successeurs seront peut-être plus indifférents que moi. Quel remède apporter à ce mal? Je n'en sais rien : en voyez-vous un, monsieur l'abbé? je laisse cet objet à votre méditation.

M. Mérault se contentait de répondre :

29 décembre 1824.

Il est un article, monseigneur, qui excite vos plaintes et qui m'oblige de publier un secret que l'on devinait à peu près, mais que je n'avais jamais avoué; d'après cela, quelques personnes me faisaient le même reproche renfermé dans votre lettre ; mais ne leur devant aucun compte, je les laissais dire.

Cette belle chapelle n'a pas coûté une obole à votre séminaire ; je n'ai pas pris un denier sur les bourses, les pensions, les quêtes du séminaire, rien sur des dons particuliers, rien même sur mes revenus que je réservais pour les dépenses de bouche ; j'ai emprunté en mon nom 12,000 fr. en rente viagère, que j'ai toujours payés, que je paie encore, que je charge ma succession de payer.

Ainsi ni fonds ni rentes, pas une obole n'a été à la charge de l'établissement.

Une petite vengeance est-elle permise, monseigneur? Montrez cet article à ceux qui vous ont si mal instruit, qu'ils sachent qu'ils m'ont fait condamner par mon évêque pour un don fait à son séminaire de 12,000 fr., non sur son superflu tout entier destiné à l'établissement, mais en les empruntant, et en ayant seul payé la rente ; je serai également victorieux sur ce que serait devenu le séminaire à ma mort; j'étais père de famille, et un père ne doit qu'à ses enfants; mes héritiers n'avaient aucun droit; je payais toutes les dettes, et il me restait des fonds, dont vous me permettrez de ne pas dire la quotité (1).

Orléans, 24 décembre 1824.

Monsieur l'abbé,

Je vous ai écrit une longue lettre datée du 23, elle a été finie hier matin. C'est après cette lettre finie que j'ai reçu la vôtre à la même date.

Je vous remercie du discours du roi et deux quittances que vous m'avez transmis.

Vous dites que vous laissez le séminaire sans dettes, mais aussi le laissez-vous sans aucune avance, et c'est à l'entrée qu'elles eussent été nécessaires ; mais au fait, je ne veux pas me plaindre.

J'ai plusieurs lettres de vous où vous me déclarez que vous vous chargez des rentes viagères, et dans celle-ci, vous m'en voulez laisser une de 600 fr. La raison est qu'elle a servi à

---

(1) Lisons deux fois ce passage.

acquérir le petit séminaire et à produire des pensions. Vous savez, monsieur, que les pensions cumulées du petit séminaire ne couvrent pas la dépense de tous ceux qui y étudient, ce qui, d'après mon calcul, monte à 300 fr. Mais toutes les sommes reçues et versées ont été pour le séminaire. Vous devenez plus sévère pour moi que vous ne l'étiez, qui donc vous a fait changer ainsi ?

Ce qui m'afflige au cœur, c'est le dernier article de votre lettre, où vous devenez menaçant ; je ne m'attendais à des expressions qui ne vous sont pas usitées et que je ne mérite pas. Si je vous eusse demandé un compte général, vous ne m'eussiez pas écrit si sévèrement, malgré la douceur des expressions.

Vous pouviez me dire : je ne peux, ni ne veux payer cette première viagère, ne comptez pas sur ce que je vous ai mandé ; tout eût été fini, j'aurais eu de la douleur, mais je me serais tenu en silence. Vraiment, monsieur, je suis affligé, mais je me tiendrai sans peine dans les bornes de la modération ; mes pensées sont à moi, je ne les communique pas facilement.

J'ai l'honneur d'être avec respect,
Monsieur l'abbé,
Votre très humble et très obéissant serviteur,

† J. *évêque d'Orléans.*

M. Mérault se tut et fit bien. Ainsi se termina cette déplorable affaire. Je n'exagère pas en disant que le diocèse fut frappé de stupeur et de désolation.

Alors arriva ce que j'ai raconté dans la notice de M. Morlot, et dans la *Biographie de mes Biographies* tom. 3. Pages 1—21. Il y eut donc scission, guerre ouverte : on vit des exemples touchants de fidélité à ce vieux maître tant aimé ; les apostasies se multiplièrent comme il a été dit précédemment.

Je dis les apostasies, et j'en donnerai une preuve

entre mille, pour montrer du moins que je n'affirme rien à la légère et sans moyen d'exhiber en l'occurrence mes pièces de conviction.

Parmi la jeunesse indigente dont il a été question précédemment se trouvait un enfant que M. Mérault avait pris en affection, par cette raison sans doute que son dénuement surpassait celui des autres; il le vêtit, le nourrit, l'éleva, et le fit prêtre. Jusqu'ici tout est bien : la pauvreté est presque une vertu, et celui qui écrit ces lignes remercie le bon Dieu de la lui avoir donnée en partage; toute son ambition est de se montrer digne d'elle.

Mais l'ingratitude est à la pauvreté comme le vin renversé sur la robe nuptiale; c'est une hideuse tache qui la dépare et la dénature. M. Mérault fut maltraité par son protégé, il fut par lui abreuvé d'amertumes et couvert d'outrages; M. de Beauregard lui-même va témoigner de ce fait, et il n'est pas suspect.

M. l'abbé Demadières, second grand-vicaire d'Orléans, venait de mourir, laissant beaucoup de manuscrits que sa réputation d'homme de science et de brillante imagination rendait fort précieux. M. Mérault, ami intime du défunt, se trouva en possession de ces manuscrits. M. de Beauregard, on ne sait pourquoi ni comment, prétendit que ces manuscrits étaient la propriété de l'évêque (1); et, à cet effet, il envoya signifier ses volontés au premier vicaire-général par son secrétaire d'évêché qui se comporta comme à l'ordinaire. M. Mérault s'en étant plaint, M. de Beauregard lui répondit :

Orléans, 10 Mars 1828.

Monsieur l'abbé,

C'est de mon lit que je vous écris d'une main encore nerveuse.

Je voudrais bien que Richard ne vous eût pas MANQUÉ D'ÉGARDS, en vous exprimant sa surprise sur les cartons de feu l'abbé de Madières.

Je voudrais bien également ne vous causer aucun déplaisir en vous les demandant. J'avais et j'ai encore une grande curiosité à parcourir ce dépôt, mais la délicatesse ne m'a rien permis avant que l'ordonnance ne m'eût été remise; mais dès qu'elle a été connue, et dès que sur la foi du notaire j'ai donné mon reçu (2), il était bien naturel que je voulusse jouir de ce qu'on me confie.

Ne soyez donc aucunement fâché, monsieur l'abbé, si je cours après ces manuscrits. Quand je les aurai parcourus et inventoriés, je vous les remettrai avec confiance et plaisir (3). Si même vous faites copier quelque chose, achevez et renvoyez moi. Mais spécialement veillez sur les sermons, et si vous aviez prêté quelque chose, faites-moi connaître ceux à qui ces manuscrits ont été confiés. Je serai toujours disposé à obliger MM. les chanoines ou autres, n'ayant jamais rien tant évité à autrui que la contrariété (4); excusez ma demande, excusez l'ÉTONNEMENT de M. Richard, et croyez au sincère et respectueux attachement de

Votre très humble et très obéissant serviteur,

L'évêque d'Orléans.

(1) On les disait donnés à M. Mérault par testament.
(2) Il y a ici quelque chose de louche.
(3) Il ne les a jamais rendus.
(4) *N. B.* N'ayant jamais, etc., etc.

Ne songeons plus désormais qu'à M. Mérault, cela seul peut nous soulager le cœur.

M. Mérault, rentré dans la retraite, se livra désormais tout entier à l'étude (1). Travailleur infatigable, ses sollicitudes de tous les instants pour son séminaire ne l'avaient point empêché de poursuivre son plan de défense de la religion conçu depuis longtemps; il y mit la dernière main; et il publia :

1° *Les Apologistes involontaires, ou la Religion chrétienne prouvée et défendue par les objections des incrédules.* Le titre même de l'ouvrage en explique suffisamment la nature. *Les Apologistes involontaires* se divisent en trois parties subdivisées elles-mêmes en chapitres, précédées d'une introduction et suivies d'une conclusion. La première et la seconde partie sont une sorte de logique générale du christianisme. On y apprend de Voltaire, Rousseau, d'Alembert et compagnie, que des mille et une objections élevées par l'incrédulité, il en est : 1° Qu'on doit seulement écarter sans prendre la peine de les réfuter; 2° qu'on ne doit ni réfuter ni écarter, mais, s'il se peut, corroborer. Les premières sont absolument étrangères à la cause de la religion;

---

(1) Il eut alors pour secrétaire M. Sirou, aujourd'hui maire de Gien, jeune homme d'une intelligence très distinguée, qui lui donna des preuves d'un dévouement inaltérable.

les secondes, prises dans leur vrai sens, concluent pour et non pas contre la religion. Dans la troisième partie, l'attaque devient directe et positive. Il ne s'agit plus que de reconnaître un fait décisif et d'en déduire les conséquences (1). « L'idée en est très ingénieuse, disait la *Gazette de France* du 11 janvier 1821, et l'exécution parfaite ; on aime à voir les ennemis de la religion en devenir les apôtres. C'est Voltaire spécialement que M. Mérault condamne à ce rude supplice ; après lui vient Rousseau, car M. Mérault veut des adversaires qui puissent honorer sa victoire. » Cet ouvrage eut trois éditions, dont la première est de 1806, et il fut traduit en espagnol par le R. P. José de la Canal.

2° *Les Apologistes, ou la Religion chrétienne prouvée par ses ennemis mêmes,* qui eurent deux éditions. Sur ce livre, le *Drapeau blanc* s'exprime ainsi : « Calculant judicieusement que son premier but devait être de se faire lire des gens du monde, et sachant que rien n'est plus difficile que de fixer leur attention sur un livre dont le titre est essentiellement grave, M. Mérault a animé la discussion par tous les traits qui peuvent venir à l'appui du raisonnement. » Il en cite un entre les autres :

(1) Extrait d'un article du *Journal du Loiret*, 15 mai 1828.

« En considérant que les deux auteurs de la réforme étaient des apostats, échappés des cloîtres et des temples mêmes du catholicisme, M. Mérault s'est trouvé conduit à observer que les ministres protestants, députés au colloque de Poissy pour y défendre les sectaires, étaient aussi tous les quatre apostats : c'était Marboval, moine augustin comme Luther, qui, peu de temps après, fut pendu à Rouen ; Jean de Lépine, jacobin, qui avait franchi les murs de son couvent; Pierre Martyr, augustin italien, qui avait épousé une religieuse; et enfin, le fameux Théodore de Bèze, prieur de Lonjumeau, qui avait pris le parti, après avoir réformé la religion catholique, de réformer l'évangile même, *afin de jouir de toute la liberté de l'athéisme le plus complet.* »

3° *Conjuration de l'impiété contre l'humanité*, qui ainsi que les autres fut traduit en anglais. Après avoir prouvé, pour ainsi dire, la religion par ses bienfaits et par la bouche de ses adversaires, M. Mérault veut faire juger l'impiété à son tour sur ses œuvres, c'est-à-dire prouver qu'elle a enfanté des monstres. « A cet effet, dit un petit écrit publié à Orléans, il appelle à son secours les temps anciens qui ont précédé la publication de l'Évangile ; ceux qui ont suivi cette grande lumière qui s'est élevée sur les peuples auparavant assis dans les ombres de la mort ; enfin les jours de la révolution française. » — On voit par là que l'ouvrage se divise en trois parties.

4° *Voltaire apologiste de la Religion*, toujours dans le même but que les Apologistes involontaires.

5° *Les Mères chrétiennes* : M. Raillon a dit de cet ouvrage : « c'est un livre que je voudrais voir dans les mains de toutes les mères, de tous les prêtres et de tous les enfants. »

M. Garnier, supérieur-général de la compagnie de Saint-Sulpice, écrivait à M. Mérault :

Je vous remercie bien de l'envoi de votre dernier ouvrage. C'est un des plus utiles qu'on puisse composer dans les circonstances. Les principes religieux dépendent de la première éducation, qui est toujours la part des mères chrétiennes; il est donc bien important de leur donner sur ce point important des instructions sages, telles qu'en contient l'ouvrage que vous venez de publier. J'ai lu les avis que vous donnez aux professeurs de philosophie qui ne font pas assez sentir les lumières que la philosophie a reçues de la révélation, et je désire bien qu'ils en profitent.

J'ai été extrêmement sensible à ce que vous avez la bonté de me dire sur le succès de nos messieurs (1). J'ai connu les effets de votre munificence pour le séminaire, vous vous êtes dépouillé pour l'enrichir ; je vous prie de leur continuer votre bienveillance, et d'avoir toujours beaucoup d'indulgence pour leurs faibles essais dans une œuvre à laquelle vous avez si utilement travaillé.

Agréez, etc.

GARNIER, *sup. de St-Sulpice.*
Paris, 18 décembre 1829.

(1) C'était le commencement (1829, 18 décembre) ; on ne les avait pas lapidés, et puis M. Mérault n'était pas toujours sans une certaine malice de bon aloi.

6° *Le Zèle des Mères chrétiennes nécessaire à l'éducation.*

M. de Quélen lui écrivait aussi, le 27 septembre 1828 :

Paris, le 27 septembre 1828.
Monsieur l'abbé,
Hier madame de Lussac m'a remis le nouveau volume que vous avez bien voulu me destiner, je l'ai reçu avec une reconnaissance dont je vous prie de recevoir l'expression, et je le lirai avec tout l'intérêt que m'inspire ce qui vient de vous. Je bénis Dieu qui renouvelle votre jeunesse, et qui vous fait raconter ses merveilles *usque ad senectam et senium ;* mais je suis, pour vous dire vrai, un peu confus qu'occupé comme vous l'êtes à méditer et à répandre tant de grandes vérités, vous vous laissiez surprendre à mon sujet par de si palpables illusions. Éloigné comme je le suis de nos grands modèles anciens et modernes, je ne trouve pas qu'il y ait même de modestie à dire, que non seulement je ne suis pas digne de dénouer le cordon de leurs souliers, mais encore de baiser la trace de leurs pas. Il n'est presqu'aucun jour où je n'aie l'occasion de me confirmer dans cette pensée.

Veuillez me rappeler au souvenir du cher pasteur et recevoir l'assurance des respectueux sentiments avec lesquels j'ai l'honneur d'être,

Monsieur l'abbé,
Votre très humble et très obéissant serviteur,
† Hyacinthe, *archevêque de Paris.*

7° *Instruction pour la première communion.*
« Si son objet principal s'attache à la classe des jeunes adeptes, dit une feuille de la province, il est de nature encore à intéresser le grand nombre des fidèles qui, moins heureux sans doute que ceux auxquels l'auteur a spécialement consacré ses soins, peuvent cependant tirer profit de sa lecture, en re-

venant sur des connaissances ou des pratiques qu'ils n'avaient pas suffisamment étudiées ou suivies dans leur enfance. Ce qui mérite particulièrement d'être observé et que nous ne saurions trop apprécier, c'est la douceur et la sensibilité qui règnent dans cet ouvrage. Comme la religion y paraît aimable et attrayante ! Ah ! qu'ils gâtent la morale de l'Évangile ceux qui la prêchent toujours la menace à la bouche ; et qu'il y a loin de leur langage à celui de son auteur ! etc., etc. »

8° *Enseignement de la Religion*, 5 vol. in-12, dont M. Deguerry rend compte dans la Quotidienne, le 11 novembre 1827. « M. l'abbé Mérault, disait-il, vient de donner un ouvrage qui doit tenir dans son genre le rang des conférences de M. Frayssinous dans le leur. Il est fait pour guérir bien des maladies, dissiper bien des préjugés ; une vive lumière luira, quand ils l'auront lu, à ceux qui auraient plus que des doutes sur la foi. Rien de nouveau dans cet ouvrage pour le fond, pour la division générale : les deux premiers volumes contiennent le symbole ou la doctrine, le troisième le décalogue ou la morale, le quatrième les moyens de sanctification ou la prière et les sacrements ; mais tout le reste est entièrement neuf : plan, exposition, preuves, détails, style..... Il dit ce qui est ; l'inutile, source de disputes et de contestations, a été soigneusement écarté ; bien loin de ramener, par les discussions de vains systèmes, ces ténèbres nombreuses qui obscurcissent la vérité presque jusqu'à la dérober aux yeux, il les écarte, rend la religion vénérable en la dégageant de tout ce qui est humain..... Le style de M. Mérault est d'un naturel rare sans étrangeté..... »

Écoutons encore M. Garnier :

Monsieur,

Je vous demande pardon d'avoir été si longtemps à vous accuser la réception de votre dernier ouvrage, et de vous remercier de toute la bienveillance que vous voulez bien témoigner à notre compagnie. *Je désirerais bien qu'elle pût remplir le noble but que vous voulez bien lui assigner, et qu'elle pût retenir ces vérités fugitives qui semblent être sur le point de nous échapper.* Je crois que votre excellent ouvrage en fera bien plus que tous nos efforts. Il fait aimer la religion par les bienfaits dont elle a comblé le genre humain, et fait désirer qu'une religion si aimable et si utile soit vraie, et l'esprit, disposé par le cœur, reçoit avec joie les preuves nombreuses et convaincantes accumulées dans votre écrit. Je ne doute point que ce volume ne soit un beau pendant de celui des Apologistes involontaires qui a été si bien accueilli du public ; je désire que Dieu veuille encore prolonger une vie toute employée à de si utiles travaux.

J'ai l'honneur d'être, avec un tendre et respectueux dévouement,

Monsieur,
Votre très humble et très obéissant serviteur,
GARNIER, *sup. de St-Sulpice.*

Paris, 25 janvier 1829.

9° *Instructions pour les Fêtes de l'année*, 2 vol. in-12.

10° *Preuves abrégées de la Religion.*

11° *Cours d'Histoire et de Morale.*

12° *Méthode à suivre pour l'enseignement de la Religion.*

Je cite toujours M. Garnier :

Monsieur,

Je m'empresse de vous accuser la réception des deux volumes de votre catéchisme que vous avez eu la bonté de m'envoyer. Je n'ai pas eu encore le temps de le lire. Mais, votre zèle pour la religion et les excellents ouvrages qui sont déjà sortis de votre plume, me font présumer que ce dernier fruit de vos travaux ne peut être que très utile. Dans tous nos petits séminaires, on fait une explication élémentaire de la religion, et dans quelques-uns des grands, on fait aussi un catéchisme renforcé. Quand les journaux auront fait connaître l'utilité de votre catéchisme, je ne doute pas qu'il ne soit adopté dans plusieurs maisons, et je pourrais aussi le recommander quand l'occasion s'en présentera.

Agréez les sentiments respectueux, avec lesquels j'ai l'honneur d'être,

Monsieur,
Votre très humble et très obéissant serviteur,
GARNIER, *sup. de St-Sulpice.*

Issy, 12 décembre 1827.

13° *Aux Français.*

14° *Selectæ de novo è profanis scriptoribus narrationes ac sententiæ hisce temporibus accommodatæ, etc.*

15° *Éloge historique de madame la comtesse de Choiseul-d'Aillecourt.*

A ces nombreuses productions, il faut ajouter beaucoup de manuscrits et divers articles lus à l'académie d'Orléans, qu'il honorait de son concours, puis insérés dans les annales de cette modeste société.

Mais admettrai-je sans restrictions les éloges donnés à M. Mérault comme écrivain ? Que sa méthode soit simple, claire, à la portée de tous ; qu'il ait dans la forme le mérite bien rare en effet du naturel, de la douceur et de l'élégance réunis ; que pour le fond sa morale soit pure comme son orthodoxie, et qu'il soit bien fait à lui d'avoir éloigné autant que possible de la religion de J. C. tout cet attirail de supplices que recherchent les grosses imaginations noires (1) ; qu'il sache voiler agréablement une réelle érudition sous les dehors d'une candeur angélique et d'une sublime bonhomie, c'est ce qu'on ne peut contester, je crois, en aucune manière. Toutefois, il y avait un écueil à éviter. Un écrivain du *Journal du Loiret* disait avec beaucoup de sens, le 15 mai 1828 : « D'Alembert, Diderot, Bayle, Rousseau, Helvetius, Raynal, Voltaire, voilà certes d'assez beaux noms, peut-être pourtant leur manque-t-il un peu de bonne volonté pour la

---

(1) «Nous avons vu, dit-il, page 198 des *Apologistes involontaires*, un livre écrit avec de bonnes intentions et pour la défense de la religion, mais ce livre avait en tête des phrases où cette religion, tendre amie de l'humanité, était représentée armée d'un glaive ; nous avons fermé le livre pour ne l'ouvrir jamais. »—Voir une lettre de M. Boyer, dans la notice de celui-ci.

cause qu'on les appelle à embrasser et à défendre. »
Rien de plus vrai. On sent un peu trop, de temps
à autre, que ces apologistes n'ouvrent la bouche
qu'au moyen d'un *bâillon,* ou qu'ils chantent les
louanges du catholicisme officiellement et par force,

Gagés pour louer Dieu.

**Au reste, cette petite observation ne s'applique qu'à
certains passages, ceux où l'auteur se propose une
victoire plus périlleuse et plus imprévue; car, dans
la majorité des cas, il devait trouver, si j'ose le dire,
le succès tout fait. On se persuade trop facilement
d'abord que les livres de ce qu'on appelle les philosophes du dix-huitième siècle sont, du commencement à la fin, pervers ou composés d'objections
contre l'Évangile; comme aussi on les accuse trop
vite eux-mêmes d'avoir été des athées, des scélérats, des sceptiques, des ennemis du christianisme,
des gens de mauvais vouloir. Ainsi arrive-t-il toujours qu'on juge mal parce qu'on juge avec excès.
Je crois, pour ma part, qu'il y eut, chez ces hommes,
plus de conscience et de bonne foi qu'on ne leur en
accorde, et que la cause de leurs erreurs désolantes
et détestables fut moins la haine contre des doctrines, ou l'incroyance, que le malheur qu'ils eurent
de s'attacher exclusivement à la destruction de
quelques désordres de personnes. De cette préoc-**

cupation à des écarts, il n'y avait pas loin : ils tombèrent dans le même inconvénient que ceux qui les accusent; ils finirent par voir trop en noir. Mais, sans considérer Voltaire et Rousseau comme des pères de l'église, dit le Prince de Ligne, je parie tirer d'eux de quoi faire un livre de dévotion et presque un catéchisme. Je les crois plus de notre parti que de celui des incrédules (1).

Il y a une petite brochure publiée à Tours, par une dame V. D. M., chez Mame; *l'Abeille religieuse,* ou Extrait de quelques-uns des ouvrages de M. Mérault, tels que *les Mères chrétiennes,* etc. C'est un des plus délicieux *veni mecum* que je connaisse, c'est comme le manuel de la charité, c'est l'âme de M. Mérault tout entière.

Hélas! je touche à la fin de ma notice, et, plus que jamais, j'ai peur d'avoir fait connaître bien imparfaitement mon sujet. Ici, assurément, le mal serait pire que de coutume. Il y a peu de physionomies aussi belles et aussi pures que celle qu'on vient de voir, dans le clergé contemporain. Au risque de passer, devant l'*Ami de la Religion,* pour un niais, je mets en doute qu'il soit arrivé à M. Mérault, dans tout le cours de sa longue existence, de commettre

---

(1) **Extraits,** page 504.

délibérément un seul péché réel ou de faire une action qui ne fût pas bonne, par l'intention du moins. Les demeurants du vieux clergé s'en vont, et ce doit être une cause immense d'affliction. Ils emportent le secret de bien des vertus et celui de presque toute leur science, peut-être faudrait-il dire aussi celui de leur zèle et de leurs travaux, de leur esprit ecclésiastique enfin.

La générosité de M. Mérault, sa piété, sa foi profonde, son angélique charité, rien n'égalait chez lui ces qualités précieuses que son étonnante modestie. Plusieurs évêchés lui furent offerts (1); et, indépendamment de son mérite qui eût assez expliqué le choix du gouvernement, indépendamment du *mérite* de la naissance qui était alors une puissante recommandation (2), ses relations élevées avec les personnages les plus considérables, dont plusieurs avaient été ses élèves à l'Institut de l'Oratoire, devaient nécessairement le faire distinguer : de ce nombre étaient MM. de Montmorency (3), de Noailles,

(1) Entr'autres ceux de Vannes, Versailles, etc., etc.
(2) M. Mérault appartenait, par son père, à une famille fort estimée dans la robe.
(3) M. de Montmorency est celui qui fut gouverneur du duc de Bordeaux et qui mourut le vendredi-saint sur le tombeau de Saint-Thomas-d'Aquin. — M. de Noailles, dont le nom est cher parmi les élèves du pieux abbé de Bervanger.

Daru, Gaillard, conseiller à la cour de cassation, de Chabrol, et Fouché de Nantes, duc d'Otrante, dont M. Mérault avait fait autrefois son secrétaire (1).

Au reste, pour le bien de l'Église, il serait à souhaiter que tous les évêques ressemblassent à M. Mérault. Il a fait ses preuves, et largement, durant les vacances du siège d'Orléans lorsqu'il fût chargé d'administrer ce diocèse.

Nous avons parlé de science. A trente ans, M. Mérault avait lu sept fois les œuvres de saint Augustin, le père de l'église qu'il affectionnait le plus et qu'il citait le plus souvent, bien qu'il ne fût pas, comme on a eu la sottise de le dire, partisan du jansénisme. Avec saint Augustin, il aimait de préférence saint Paul et Bossuet, dont il savait les œuvres par cœur. De ces hautes études, il ne laissait pas aussi de descendre aux bonnes études littéraires.

— Daru, traducteur d'Horace et pair de France. — M. Gaillard rendit aux Bourbons, durant les Cent-Jours, des services tels qu'ils lui valurent plus tard, de la part de Louis XVIII, des éloges publics. — M. de Chabrol, ancien ministre, a professé la classe de sixième à l'institut et a postulé pour être oratorien. — Fouché n'a pas été oratorien comme plusieurs le prétendent; il fut seulement élevé à l'institut. A la mort de M. Mérault, on a trouvé parmi ses papiers plusieurs manuscrits du jeune Fouché.

(1) Il y eut aussi pour confrère et pour ami le vénérable M. Ricquier, actuellement curé de Saint-Pierre d'Autils (Eure), paroisse qu'il gouverne depuis quarante-six ans.

Alors, il avait aussi son auteur privilégié, celui que par excellence il appelait le poète : Horace. Et c'est une chose remarquable que tous ces hommes d'esprit et de génie professent pour le grand lyrique de Rome une admiration passionnée.

M. Mérault vivait avec une grande frugalité et une simplicité d'écolier. Lorsqu'il n'avait pas d'étrangers, il se faisait servir sur son bureau, et il lui suffisait d'écarter un peu ses livres pour faire place aux mets. Ses meubles étaient simples; il n'avait pas même de pendule et se réglait sur l'horloge de la cathédrale. (Il habitait, au cloître Sainte-Croix, la maison où naquit et mourut le grand jurisconsule Pothier.) Qu'il n'ait pas accepté la croix d'honneur (1), on le conçoit de son bon sens.

La douceur et la charité ne l'empêchaient pas cependant, comme on l'a vu, d'user en l'occasion d'une fermeté nécessaire. Il fit avec Napoléon comme avec M. de Beauregard qui n'était pas Napoléon. L'empereur voulant exiger des prêtres le serment et les forcer à signer l'acte additionnel aux constitutions de l'empire, cette affaire fut agitée au conseil. Fouché demanda le temps de consulter un ecclésiastique. Cet ecclésiastique était M. Mérault.

---

(1) Fouché la lui offrit plusieurs fois.

« Dites à l'empereur que je réponds de tous ceux qui refuseront de signer, et que je ne réponds pas de ceux qui signeront. » La signature ne fut point demandée. Ce fait a été nié, dans Orléans où l'on nie tant de choses, je ne sais par qui ni pourquoi; il est attesté par une lettre de M. Mérault au baron Pieyre, ancien préfet du Loiret, à la date du 7 juillet 1815.

> Notre séminaire va son train au milieu des variations. Nous avons eu un moment périlleux. J'ai écrit à M. le préfet pour M. le ministre de l'intérieur, et directement à MM. Fouché et Daru, que le serment demandé serait refusé par la partie majeure du clergé, et que ceux qui le feraient seraient sans considération, et qu'ainsi les paroisses seraient sans pasteurs et les pasteurs sans crédit; alors la France bien difficile à gouverner. On ne nous a rien demandé, et nous avons été ce que nous serons toujours : fidèles au gouvernement de fait et établi, quels que soyent vos désirs.
>
> (*Lettre du 7 juillet 1814.*)

Je termine par le trait suivant :

Fouché eut la pensée qui agitait dernièrement M. de Genoude, à savoir de rétablir l'Oratoire. Il en parla à M. Mérault. Cette pensée sourit au bon patriarche. Mais, ajouta Fouché, l'empereur voudrait que ce fût avec quelques modifications dans les statuts. M. Mérault lui répondit que les oratoriens devaient être ce qu'ils avaient toujours été ou qu'ils ne seraient pas du tout. *Sint ut sunt, aut non sint.* M. de

Genoude s'en souviendra, s'il ambitionne encore la succession de M. Mérault.

Et nous aussi, en montrant aux jeunes gens qui se destinent au sacerdoce, aux supérieurs des séminaires, à tous les ecclésiastiques enfin, ce vénérable modèle, nous prendrons ces paroles dans un autre sens, et nous leur dirons : Soyez donc comme M. Mérault ou comme ceux qui lui ressemblent, ou ne soyez plutôt rien du tout : *Sint ut sunt, aut non sint;* c'est-à-dire, aimez Dieu d'un amour tendre et non d'un amour frénétique et féroce; guidez dans une voie droite et pure, loin de toute hypocrisie et de toute contagieuse ignorance, la jeunesse confiée à votre sollicitude; si vous avez un riche traitement, donnez; pauvre desservant de campagne, donnez aussi selon vos moyens. Imitez cette candide soumission d'enfant que vous avez admirée; et voyant qu'elle peut s'allier, dans de graves circonstances, à la plus noble fermeté d'âme, sachez aussi contre d'iniques traitements vous montrer dignes et intrépides, *sint ut sunt, aut non sint.* »

20 Septembre 1842.

Paris. — Imprim. de A. APPERT, pass. du Caire, 54.

Biographie du Clergé Contemporain.

M. Charles - Régis ALLIGNOL.

Biographie du Clergé Contemporain.

A. Appert Edit. Passage du Caire 54.

M. BOYER,

DIRECTEUR AU SÉMINAIRE DE SAINT-SULPICE.

> Quanto è vivo questo francese!
> S. S. Grégoire XVI.

Pierre-Denis Boyer était né à Caissac, petit village du Rouergue, en octobre 1766. Il est mort le 24 avril 1842, à Paris.

L'*Ami de la Religion*, dans une très-insigne notice, nous assure qu'auprès de ce personnage, Werther ne fut jamais qu'à l'*a b c* de la mélancolie et du *spleen*. Le passage mérite citation :

« On connaît le Rouergue, ses montagnes élevées
« et pittoresques, sa nature sauvage et grandiose.
« Le spectacle de ces beautés frappait le jeune
« Boyer. Agé de huit ans, il aimait à errer avec les
« bergers de son père, pour embrasser d'un coup-

« d'œil ou les profonds ravins ou la vaste étendue
« des cieux. Le firmament semé d'étoiles fixait ses
« regards au milieu d'une nuit tranquille; ou lors-
« qu'une tempête bouleversait avec fracas ces soli-
« tudes, il bravait hardiment la pluie pour jouir,
« comme il disait, de ce *bel orage.* »

Pour un marmot de huit ans *tout juste*, c'est fiè-
rement gentil. A huit ans, qui que vous soyez, cher
lecteur, un éclat d'allumette chimique vous eût fait
songer à Croque-Mitaine et fuir sous la chaise de vos
mères; vous vous couchiez avec le soleil pour ron-
fler incontinent ou savourer ce tranquille et riche
sommeil des petits innocents et des blanches jeunes
filles. Qui vous eût parlé des globes lumineux dont
se paillette l'immensité en votre absence, vous eût
parlé russe ou donné lieu de crier : « *Papa, je veux
voir...* » honnête curiosité, facile à satisfaire, moyennant les ombres chinoises de M. Séraphin ou autres.
— Mon fils, évitez, non pas positivement les ho-
rizons du rocher de Leucade et le saut du Niagara,
d'où l'on voit tout ce qu'il y a de plus *profond* et de
plus *vaste*, évitez de vous brûler la langue en man-
geant la soupe trop vite, ou de tacher cette colle-
rette, faute d'une serviette bien mise... Fanchette,
sortez avec mon fils, et prenez garde aux voitures..
Ah! Monsieur, vous *errez avec les bergers,* ou à la

cuisine! Vous *bravez la pluie* qui enrhume et fait mourir! *Tranquille* ou non, *la nuit se lève,* et vous causez à nos cœurs d'aussi horribles inquiétudes! Petit vagabond! petit mauvais sujet! on va vous corriger en conséquence (article non contenu au Code pénal, mais vraisemblablement conforme au droit des gens, et dont l'application de fait fut confiée par la Providence à la douce main des mères) —.

Telle est l'histoire commune, telle n'est point celle de M. Boyer.

L'*Ami de la Religion* continue : « La main de Dieu, si visible dans les miracles de la création, ouvrait le cœur du jeune Boyer à l'amour du Créateur. » Et d'une. — « Tous ceux qui ont entendu M. Boyer orateur, trouveront, dans ces premières impressions de son existence, matière à des rapprochements qui expliqueront son talent, son éloquence et son genre de composition si remarquable. » Autre effet. — N'oublions pas que le *beau ténébreux* avait huit ans.

« Plus avancé en âge, il fit ses études au collège « de Rodez. » C'est bien peu de chose après de si vigoureux débuts. Le célèbre abbé Girard eut l'avantage d'être son professeur de rhétorique ; et il me semble inutile d'ajouter que son nouvel écolier se plaça tout aussitôt en première ligne. Ce que put lui apprendre M. Girard, je le demande.

Ses études achevées, le jeune prodige s'en vint à Paris, muni de lettres de recommandation pour le supérieur des Robertins ; mais comme il était dès-lors sujet à de plaisantes distractions, il perdit les lettres. La communauté lui fut fermée; il fallut se pourvoir d'autre part.

Mieux avisé, le supérieur de la communauté de Laon le reçut à bras ouverts, et sur le témoignage de sa bonne mine; quel désappointement pour son confrère de Paris, lorsqu'après peu de jours les lettres perdues furent retrouvées et lui firent connaître en détail le trésor dont il s'était imprudemment dessaisi ! Et ce dernier de réclamer ; et l'autre de dire : « Ce qui est écrit est écrit. »—Rien de plus vraisemblable.

Le 28 mai 1785, M. Boyer recevait la tonsure; trois ans plus tard, le 17 mai, il s'engageait irrévocablement dans l'état ecclésiastique. Il fut fait prêtre le 18 décembre 1790.

Si jamais vocation fut évidente, c'est celle-là. On peut et on doit même, si je ne me trompe, tantôt dédaigner, tantôt repousser et combattre à outrance quelques-unes de ses opinions, mais il faut s'incliner devant sa conscience qui fut toujours pure, et devant l'incontestable majesté de ses vertus sacerdotales. Ses excès même, comme prédicateur et comme écrivain, procédaient d'un inflexible principe de foi : l'erreur était dans l'illogisme des conséquences, la vérité dans les intentions. Le mal qu'a fait sa plume, son âme n'en fut jamais complice ; il y a plus, je doute qu'en épiloguant même sur cette longue existence, on parvînt à y découvrir une seule action déterminément mauvaise ; pour nous en convaincre, suivons les évènements.

Dans l'intervalle qui sépare 1788 de 1790, l'Église de France éprouva des commotions inouïes, puis un complet renouvellement ; je devrais dire peut-être qu'elle fut anéantie pour faire place à une autre. S'il faut ou non s'en féliciter, c'est une de ces questions que l'on nomme complexes et qu'on a souvent mal saisie pour avoir voulu la résoudre dans un sens absolu. Il est singulièrement rare que Jésus-Christ et Bélial n'aient point leur part de tout ce qui arrive ici-bas. Quoi qu'il en soit, la communauté de Laon réunissait alors plusieurs ecclésiastiques d'une illustre origine, héritiers présomptifs des dignités et des bénéfices, comme qui dirait les fils des conseillers de cours royales d'aujourd'hui (1), imberbes Mécènes qui voulaient protéger

(1) Il y aurait un beau livre à faire sur l'administration de la justice en France et l'organisation des tribunaux.

leur très-roturier confrère ; celui-ci dédaigna tant de faveurs, et il eut raison. Il désirait s'attacher à la compagnie de Saint-Sulpice : ce n'était pas si mal ; il suivit l'exemple de M. Frayssinous, son parent, son condisciple et son ami.

Bon gré, mal gré, il faut noter encore cette date de 1790. M. Boyer s'était préparé pour la thèse de licence en Sorbonne. La révolution l'empêcha de la soutenir et le renvoya dans les montagnes du Rouergue. Pourquoi s'éloigner ? C'était pourtant un *bel orage;* Dieu sait s'il était à même *d'embrasser d'un coup-d'œil* l'abîme qui s'ouvrait sous ses pas et *d'en jouir!* M. D. Frayssinous prit le même parti; mais d'une nature si médiocrement alcoolique, je le conçois; Tityre et madame Deshoulières en eussent fait autant.

Là, dans le silence de la retraite la plus profonde, ils choisirent deux habitations voisines et songèrent à remplir leurs instants d'une manière utile pour le prochain, c'est-à-dire pour les peuplades à demi-sauvages de leur pays natal. Ils se vouèrent donc au soulagement des infortunés, à la visite des malades, à tous les exercices d'un ministère modeste et pénible, à l'étude des maîtres de la vie spirituelle et des principaux apologistes de la vraie religion. C'était aussi un excellent moyen de tenter la destinée, car enfin savaient-ils ce que Dieu leur réservait pour l'avenir à l'un et à l'autre ? *Disce Deo esse subjectus, ut non quod ipse vis eligas, sed quod scias esse placiturum* (1).

Le ciel s'étant un peu rasséréné, les deux amis descendirent des montagnes; et M. Frayssinous se rendit à Séverac, M. Boyer à Paumes, domaine de sa famille.

Jusqu'en 1800, le biographe n'a plus à visiter qu'une petite chambre jonchée de volumes; il contemple, dans son attitude méditative, ce jeune prêtre menacé de mort; il va bien doucement s'agenouiller à ses côtés pour prier avec lui sans troubler sa longue prière ; il adore Jésus-Christ, le divin modèle des hommes, en se rappelant les paroles évangéliques : *Factus in agoniâ prolixiùs orabat* (2).

Effectivement, M. Boyer n'avait échappé que par une sorte de miracle aux folles vengeances de la populace. On venait de l'arrêter, et on le conduisait en prison, c'est-à-dire à l'échafaud, lorsqu'un de ses amis le rencontra, et l'apostrophant avec rage : « Allons, fanatique, s'écria-t-il, suis-moi. »

---

(1) Ambr. in Luc.
(2) Luc. 22.

Les agents s'imaginèrent que leur homme prenait la route du tribunal révolutionnaire, d'autant qu'il était fort magnifiquement bousculé par l'inconnu. Ils s'en dessaisirent donc, et n'y songèrent plus que pour faire le serment du corbeau de La Fontaine. L'amitié est capable d'une pareille présence d'esprit et de tout ce dévouement ; mais le renard, convenons-en, n'avait point affaire à forte partie. Maître corbeau fut au-dessous de sa position. N'importe :

Le vrai peut quelquefois n'être, etc.

M. Boyer n'en a pas moins dit, suivant son nécrologue de la rue Cassette : *Peut-être eussé-je mieux fait de rester en prison.* Chose difficile, M. Boyer, vu qu'on vous en chassait à coups de poings comme on y jette les autres, ce qui laisse peu de place au libre arbitre. *Ceux qui s'y trouvaient avec moi,* reprend M. Boyer, *sont morts pour être restés fidèles à leurs devoirs.* Voilà un sublime regret, et qu'on trouverait naturel chez un martyr de l'Église primitive ; je le conçois chez M. Boyer (1).

Si, en ce point, la Providence n'a pas secondé ses désirs, elle a permis du moins qu'ils fussent pleinement remplis à d'autres égards.

(1) Les Sulpiciens ont fort mal accueilli cette notice de M. Henrion ; il a moins compromis M. Picot. (*V.* 57ᵉ liv. 5ᵉ v.)

Nous avons vu qu'il affectionnait la compagnie de Saint-Sulpice, et qu'il avait l'idée d'y entrer comme M. Frayssinous. Sauf quelques inconvénients qui tiennent à l'essence même des statuts, je ne vois pas ce qui eût pu le détourner de cette idée. Ici, qu'une petite explication me soit permise pour vider définitivement une question tant de fois ébauchée dans ma Biographie. Je sens d'ailleurs le besoin de faire droit à des observations respectables (1).

Soit par le fait d'insinuations perverses, soit que réellement j'aie malgré moi donné lieu de penser ainsi, soit préoccupation naturelle, ou pur effet du hazard, quelques hommes disent que le Solitaire est l'ennemi *quand même* de la société dont il s'agit et que sa haine vient d'un sentiment de rancune, c'est-à-dire qu'il aurait eu personnellement à se plaindre des Sulpiciens en particulier et qu'il voudrait à tort et à travers se venger d'eux en général.

Or, je déclare que, si ce n'est là un mensonge volontaire, c'est certainement une déplorable erreur de fait.

Oui, le Solitaire a connu quelques membres de cette association, et voici en deux mots ce qu'il pense d'eux : Les uns étaient sous le rapport du ta-

---

(1) Voir *troisième Biographie de mes biographies.*

lent, au niveau de leur mission, et je parle du petit nombre; les autres n'égalaient pas la capacité de leurs élèves les plus médiocres; ils avaient tous une dose quelconque de vertu, mais chacun la dépensait suivant ses dispositions individuelles et sous l'empire d'une conscience déroutée. Nul doute que la presque totalité de leurs intentions ne fût exempte de péché. Les derniers, soumis aveuglément à l'impulsion des plus habiles, n'agissaient que par mesure relative, c'est-à-dire qu'ils faisaient le bien ou le mal physiquement, n'étant pas capables d'en concevoir l'idée ou le principe et les résultats. Les premiers avaient subi la commune condition de tous les diplomates : sans renoncer délibérément à l'équité, ils avaient admis d'abord des tempéraments avec elle, sous le séduisant prétexte qu'en définitive elle bénéficierait de ces dérogations momentanées. Peu à peu, les concessions devenant des exigences légitimées par les sophismes de l'amour-propre, s'étaient étendues et avaient pris entièrement la place de la règle; de là une déplorable confusion; de là cette sorte d'erreur, la plus pernicieuse de toutes, qui n'est qu'une dérivation insensible et une systématique contrefaçon de la vérité. Arrivé à ce point, on dit sans scrupule que la parole a été donnée à l'homme pour dissimuler sa pensée; puis l'on tire les conséquences, et d'autant mieux qu'on a, pour le faire, quelques ressources d'esprit. Quelle influence doit avoir sur la direction d'un séminaire la nature de ceux-ci? et, par contre, quelle est celle des autres? cela se conçoit sans peine, et je l'ai démontré d'ailleurs avec des faits.

Tels sont en général mes griefs contre les Sulpiciens que j'ai connus. Quelles que fussent leurs intentions à mon égard, elles n'ont jamais eu de suites fâcheuses. Que dis-je? elles servirent puissamment à sauver ma jeunesse d'une voie fausse où elle se fût sans doute laissée aller; elles m'ont livré à l'indépendance qui est ma vocation et le bonheur de ma vie. *O que petit est le nombre de ceulx à qui Iupiter ha telle faueur porté qu'il les ha destinez a planter choulx!* (Rab.) Non, je n'ai pas dans le cœur une ombre de haine ou de rancune.

Quant à la compagnie de Saint-Sulpice, prise intégralement, de quoi peut-on me soupçonner? Si j'en excepte ceux dont il s'agissait tout-à-l'heure, tous les individus qui la composent sont des inconnus pour moi. J'entends dire qu'ils sont purs et vertueux, je le crois et le proclame. Quelques-uns méritent plus d'estime encore, puisqu'ils joignent à ces qualités morales les avantages de la science.

Certes, M. Carrière n'est pas un théologien qu'on puisse dédaigner, M. Laloux me paraît supérieur à M. Carrière; M. Gosselin, en écrivant la vie de M. Olier, n'a-t-il pas eu le double mérite et de faire oublier les vies précédentes et de venger une bonne fois pour toutes l'illustre fondateur des contes de vieille qu'avaient débités ses confrères sur ses clignottements d'yeux, sa culotte, etc. M. Garnier est un des hommes les plus doctes de l'époque; M. Carbon m'en veut et me qualifie de façon fort pittoresque, mais sans conséquence; brave et digne homme à qui mes désirs donnaient de longs jours accompagnés de la parfaite santé qui jamais ne le délaissa.

Mais faut-il pour ces raisons se bâillonner, et voir passer d'un œil impassible tant d'abus qui ne demandent qu'à cesser dès qu'on les signale? Tel n'est pas mon avis, et ce qui m'encouragerait à persévérer dans ma voie, indépendamment de toute autre chose, ce serait l'ardeur des oppositions que je soulève. L'innocence n'a pas de ces rancunes-là; et une épingle comme celle dont je me sers pour piquer, ne fait crier que lorsqu'elle atteint juste l'endroit malade.

C'est trop parler de moi, revenons à M. Boyer. Il se rendit donc à Paris vers la fin de 1800.

M. Emery, qui l'avait appelé, occupait alors la maison de *la Vache noire*, rue du Faubourg Saint-Jacques, et travaillait à la réorganisation de l'enseignement ecclésiastique, hélas! Il chargea M. Boyer de professer la philosophie, hola! — M. Frayssinous professait au même lieu la théologie dogmatique.

M. Boyer n'avait pas ce qui fait un bon professeur.

Dans son ardeur de connaître, il étudiait beaucoup de choses sans jamais rien approfondir; et comme ses goûts le portaient exclusivement aux matières philosophiques, il avait contracté je ne sais quel demi-jargon, qui, joint à la plus intarissable perte de paroles, *fluxui linguæ*, le rendait également inintelligible et insupportable. Quand il écrivait, sa condition devenait meilleure en ce sens que le temps, et, si peu qu'il en eût, la réflexion, le mettaient à même d'ajouter, de modifier et de retrancher selon des avis que du reste il ne suivait pas toujours. La patience est une des vertus essentielles de ceux qui instruisent les autres, M. Boyer n'en avait pas du tout. Non qu'il fût positivement sévère et sans miséricorde, mais la fougue de sa nature l'emportait instantanément, sa grande voix étourdissante saisissait et enveloppait un malheureux élève aux abois, et, le coup porté, il ne s'en souvenait plus, sauf à recommencer le lendemain. Ceci étant posé, on comprendra bien que M. Boyer n'était pas capable d'impartialité. Convaincu de l'évidence de ses doctrines, il ne voyait rien de possible en dehors d'elles, que des absurdités ou des hérésies monstreuses C'est pourquoi il défendait aux jeunes gens la lecture de certains ouvrages renommés, puis en faisait à sa manière, et selon ses convictions, une analyse critique dont il leur imposait l'autorité ; singulier moyen d'éclairer son monde et de préparer pour la controverse des champions redoutables. *O decrotatorium scholarium!* s'écrie F. Rabelais (1).

M. Boyer publia en 1802 un ouvrage ayant pour titre : *le Duel jugé au tribunal de la raison et de l'honneur.* Il n'y mit pas son nom. Pour obtenir plus de créance en un sujet pareil, il emprunta celui d'un officier de ses amis, et dédia un exemplaire à Bonaparte, un autre à Berthier, ministre de la guerre, et cent exemplaires aux officiers des diverses casernes de Paris. Lisons la lettre du général Berthier, en réponse à cet envoi, et n'oublions pas qu'il l'envoie de la part du premier consul :

« J'ai reçu votre écrit sur le duel, et je l'ai lu avec un grand plaisir. *Le citoyen premier consul*

(1) J'ai Rabelais dans la tête et n'en puis mais ; laissez-moi. — Toutes les citations non justifiées ici sont de lui.

en approuve les principes. Les vérités *incontestables* qui combattent *ce préjugé funeste*, acquièrent une nouvelle force sous la plume d'un homme qui, comme vous, a donné l'exemple de la bravoure et de toutes les vertus civiles et militaires.

» Paris, le 28 brumaire an XI.

» *Signé*, A. BERTHIER. »

Ainsi, ce devait être un bien excellent livre, fort moral et à tous égards fort orthodoxe que celui dont le citoyen premier consul approuvait les principes. Ainsi, selon le plus grand des bouchers du dix-neuvième siècle, le duel était *un préjugé funeste*, et cela *incontestablement*. M. Boyer fut surpris, je pense, de tant de pureté d'ame; et sa bonne figure étonnée s'épanouit d'aise; il fut saisi d'un rire homérique en articulant ces derniers mots : *Un homme qui, comme vous, a donné l'exemple de la bravoure et de toutes les vertus... militaires.*

Et de fait, nous touchons une question délicate; mais impossible de l'examiner ici. — Consultez Rousseau et M. Granier de Cassagnac, M. E. de Girardin et M. Dupin. Celui-ci partage pleinement l'opinion de M. Boyer; aussi voyons-nous figurer son fameux réquisitoire dans la deuxième édition de l'opuscule de 1802, qui fut donnée en 1836 (1).

(1) La cour de cassation, modifiant sur ce point la juris-

Un an plus tard, M. Frayssinous débutait dans la carrière des conférences qui ont fait et feront peut-être sa gloire. Il voulut s'associer M. Boyer. Celui-ci prononça en effet cinq ou six discours dans la chapelle des Allemands, à Saint-Sulpice (1). On attribue à l'abbé Maury cette parole : « C'est l'orateur tel que je l'avais conçu ; nous n'avions que des déclamateurs étudiés et des rhéteurs ampoulés. » Eh bien, non, l'abbé Maury n'a rien dit ni rien pu dire de pareil. Trop fin connaisseur pour limiter à ce point la perfection de l'éloquence, il avait vu trop d'hommes supérieurs en tous genres pour faire ainsi de gaîté de cœur table rase dans le passé au profit d'un amour-propre de débutant. Son caractère bien connu répugne d'ailleurs à cet excès de condescendance. On aurait donc pu supposer quelque chose de mieux.

Quoi qu'il en soit, M. Boyer justifia aussi bien que possible la réputation que ses amis lui avaient faite et qu'il méritait à plusieurs égards. Il fut, comme toujours, un intrépide imitateur, sans autre originalité que ses distractions; on distinguait

prudence, a fait rentrer le duel dans la classe des crimes et délits prévus par le code pénal.

(1) Les conférences de M. Frayssinous remplacèrent les catéchismes raisonnés que faisaient MM. Michel, Clausel de Coussergues et Frayssinous dans l'église des Carmes.

l'homme qui avait lu et quelque peu médité les ouvrages de Bossuet et de Massillon. S'il eût été possible de fondre en un seul tout ses qualités et celles de son collègue, abstraction faite des défauts qui les altéraient, je crois qu'en ce cas la prétendue parole de Maury aurait été de mise; je veux dire qu'elle eût été moins ridicule.

Pourquoi M. Frayssinous a-t-il continué seul ces conférences qu'il n'avait voulu commencer qu'avec M. Boyer? Personne ne l'a dit. Quelqu'un répond qu'à défaut de son concours effectif, ses conseils furent toujours invoqués ; selon d'autres, M. Boyer faisait les discours que M. Frayssinous débitait. Encore des sinuosités et des ténèbres. Vraisemblablement, M. Boyer jugea convenable et utile de s'abstenir, et M. Emery l'en récompensa en le nommant à la place de M. Frayssinous, professeur de dogme, charge qu'il remplit sans interruption jusqu'en 1811.

Au mois d'octobre de cette année, la compagnie fut dissoute par Napoléon. Le 11 novembre suivant, M. Duclaux était parti avec tous ses confrères, excepté M. Boyer, qui, n'étant sulpicien que depuis la révolution, pensait échapper par ce motif aux coups du pouvoir. Le même jour donc il présida la lecture spirituelle et fit aux élèves une allocution touchante sur les évènements, n'oubliant pas de leur dire les espérances dont il se berçait.

Vaines espérances, celles-là ; car dès le lendemain le ministre des cultes, Bigot de Préameneu, signifia l'ordre à M. Boyer de quitter le séminaire. Toutefois, comme on était à la veille d'une ordination, le directeur *par interim* obtint de rester jusqu'à ce qu'elle eût eu lieu ; il présida tous les exercices de la retraite, expliqua le Pontifical romain, et vit arriver plus paisiblement le jour fatal (1).

Ce fut la veille de Noël. Il reçut une lettre du ministre, qui lui enjoignait de disparaître à l'instant. Il se retira dans une maison de la rue Férou, habitée par M. Picot ; et jusqu'en 1814 on n'entendit parler de lui qu'à de longs intervalles, c'est-à-dire à l'époque de sa mission de Montpellier en 1812, et de celle de Lyon en 1813. Le reste de son temps fut donné à la prière, à l'étude et à M. Picot; car, dit M. Henrion, ils étaient unis par leur zèle commun pour la religion, quoiqu'ils n'eussent pas les mêmes vues sur plusieurs points secondaires. Au fait, ce

---

(1) Parmi les diacres de cette ordination se trouvaient M. Galard, mort coadjuteur de Reims, M. de Forbin-Janson, et M. Gosselin, aujourd'hui supérieur au séminaire d'Issy ; parmi les prêtres, M. Tharin, ancien évêque de Strasbourg, M. Marie, curé de Saint-Germain-des-Prés, et M. Beuzelin, curé de la Madeleine.

devait être une conversation fort intéressante que celle de ces deux hommes si instruits, et un fort curieux spectacle que leurs discussions, s'il s'en élevait par fois entre eux, ce qui ne fait pas l'objet d'un doute. Qui l'emportait? M. Boyer, parce qu'il criait infiniment plus fort, et M. Picot, parce qu'en parlant très-bas il fermait la bouche élancée et faisait tomber de décontenancement les deux grands bras tordus de son adversaire. Brava M. Picot! Bravo M. Boyer! *Otto, to, to, ti, bou, bous!*

En 1814, M. Boyer reprit son cours de théologie et le continua jusqu'en 1818. M. de Talleyrand arrivait à Paris. Il pria M. Boyer d'accepter un titre de grand-vicaire; il ne l'obtint pas. Il eût voulu du moins le faire entrer dans son conseil; nouveau refus. A la première proposition, M. Boyer répondit qu'il ne pouvait quitter sa compagnie; à la seconde, qu'il y avait des sujets plus capables que lui dans le diocèse. Deux prétentions de sa modestie; on est plus obéissant de nos jours.

Gardons-nous d'omettre l'année 1817; c'est alors que parut l'écrit intitulé: *Examen du pouvoir législatif de l'église sur le mariage* (1), à l'adresse de M. Tabaraud et du président Agier.

---

(1) 1 vol. in-8°.

Je n'admets pas du tout que la doctrine qui méconnaît à l'Église le droit d'établir des empêchements dirimants se soit transmise héréditairement, directement et en nature, de Luther à Launoy, de celui-ci à Scipion de Ricci, du synode de Pistoie à Camus et aux Constituants, de là au conseil d'état impérial et aux vieux jurisconsultes de la Restauration. Si nous pouvions examiner les systèmes et les erreurs de chacun, nous verrions que les uns n'eurent même jamais la première idée de la question qui s'agite, que les autres partaient d'un principe étranger au débat, que d'autres se retranchaient dans des distinctions subtiles où les plus vigoureux gardiens de la foi catholique se sont arrêtés quelquefois pour douter, que ceux-ci enfin étaient hérétiques et furent évidemment condamnés comme tels par le souverain Pontife et le grand Concile, tandis que ceux-là, en souscrivant à l'anathême, tombaient dans une erreur égale mais différente. Que ne puis-je démontrer pièces par pièces ce que j'avance! les hommes qui *savent leur foi* jugeront qu'il est non seulement déraisonnable, mais encore imprudent d'exagérer les choses en matière de controverse, et de s'imaginer voir des géants partout où il y a des moulins, comme l'ont fait en ce cas M. Boyer et ses simples panégyristes.

Lorsque vient l'exposition de la règle de foi, l'auteur est plus exact et plus compétent.

Il cite et commente assez bien les définitions du concile de Trente; il passe en revue, mais en lui jouant quelques mauvais tours, la tradition tout entière; puis il explique la nature du contrat de mariage, et veut prouver par cette nature même qu'il entre dans les attributions de l'Eglise. Sur ce dernier chef, il est diffus et puéril pour la forme et les moyens, incomplet et quelquefois téméraire pour le fond. On peut voir en note quelques ouvrages bons à consulter sur cette matière (1), et où l'on se convaincra que M. Boyer n'a pas eu même le mérite d'être neuf en ce qu'il a de bon, puisque ce bon composait précisément la partie médiocre des ouvrages susdits. Je préfère la *Dissertation* qui vient à la suite, *sur la réception du concile de Trente dans l'Église de France*, bien qu'elle contienne encore quelques-unes de ces propositions que

---

(1) *Code matrimonial*, par Le Ridant, in-12, 1766. — *Id.*, par Camus, 2 vol. in-4°, 1770. — *Le songe de du Vergier*, in fol.; 1491. — *Consult. can. sur les Sacrem.*, par J. P. Gibert, 12 vol. in-12, 1725 et suiv. — *Conférences de Paris sur le mariage*, du P. Le Semelier, 1715, 5 vol. in-12. — Pothier. — Collet, Duperrai, Van Espen et Pereira *in variis.*

le souverain Pontife a blâmées plus tard d'une manière fort expresse, ainsi que l'avoue M. Henrion.

Ceci soit dit sans fraterniser avec M. Tabaraud, très savant oratorien, fort honnête homme, assurément, mais janséniste sans quartier.

Les *Nouveaux éclaircissements* ne valent pas l'encre qui fut dépensée à les écrire ; ils suffiraient pour déconsidérer le concordat de 1817 ; et si M. de Montals avait traité de la même manière celui de 1801, Pie VII l'eût mis dans le cas de refuser la croix de Saint-Grégoire-le-Grand.

Nous nageons en pleines publications. Voici une petite brochure appelée : *De la Liberté des Cultes selon la Charte*, etc., etc. Je dis *etc., etc.*, car M. Madrolle et M. Boyer font leurs titres plus longs que leurs ouvrages. Cette brochure est la meilleure qu'ait jamais faite M. Boyer. Il établit victorieusement l'absurdité de certaines prétentions trop malheureusement secondées dans ces derniers temps par la flatterie ambitieuse et la lâcheté des mauvais chrétiens. « 1° Entre les lois civiles et l'exercice du culte, les lois disciplinaires de l'Eglise, l'enseignement de la foi, il y a une barrière naturelle et nécessaire, établie par la constitution même de l'état ; 2° si le souverain doit protection à l'église, ce n'est pas pour l'accaparer à son profit et subordonner son existence à des complaisances déshonorantes, ou sous la condition qu'elle se fasse esclave, etc. » Encore une fois, on peut regretter de n'avoir pas lu cette brochure. Ceux qui la connaissent comprendront pourquoi je regrette, pour ma part, de n'en pas donner une analyse complète.

En tout ceci, le plus vivement attaqué, c'était toujours M. Tabaraud, qui était aussi le plus mécontent. La discussion s'échauffa et parut vouloir se prolonger indéfiniment. M. Boyer *proposa*, dit-on, *à son adversaire une correspondance théologique dans l'*AMI DE LA RELIGION; et devinez ce qu'on ajoute : *M. Tabaraud, inquiet de l'issue de cette controverse, supplia le supérieur de Saint Sulpice d'en arrêter le cours.* Je n'en crois rien. Cette dernière assertion est une fable. Au nom du simple bon sens, je le répète, ou l'on altère les paroles de M. Tabaraud, ou il n'a pas fait cette démarche. Mais, mon Dieu, pourquoi donc mentir pour la vérité ? Dites que M. Tabaraud n'eût pas prévalu en définitive, et que M. Boyer même eût remporté infailliblement un magnifique triomphe, vous pourrez avoir raison : mais trève de saintes inventions et de restrictions mentales, car vous tombez dans l'absurde et vous vous faites mépriser. Qui ne sait qu'alors même qu'il aurait eu l'appréhension d'un échec, un janséniste n'en eût pas fait l'aveu sans une force majeure matérielle, et précisément au confrère de son ennemi. Si, par impossible, il l'avait fait, ç'aurait été autrement que par de maladroites et compromettantes supplications, et sans vous donner lieu de croire qu'il fût *inquiet.* Mais que signifie ce morceau d'une lettre adressée par M. Boyer à *l'Ami?*

Une lettre de M. T..... fait intervenir ici une autorité à laquelle je défère par amitié, par respect et par devoir. Je ne dois pas contredire un supérieur dont les désirs sont pour moi des ordres, etc., etc.

Elle signifie que dès-lors, comme pendant les années dernières, MM. les Sulpiciens redoutaient la vivacité parfois déplorable de M. Boyer, et que sans doute, sur une lettre dans laquelle M. Tabaraud se plaignait d'excès pareils, le sage M. Duclaux avait jugé prudent de mettre son subordonné hors de lice. Somme toute, il y a encore ici quelque chose de tortueux et qui me fait mal à voir.

Au lieu d'une controverse dangereuse, M. Boyer fut destiné par son supérieur à l'œuvre des retraites ecclésiastiques ; c'était mieux son affaire, bien qu'il ne soit pas en cela même complètement irréprochable, du moins quant au fait : car je réserve toujours l'intention.

Durant les vingt années qu'il a consacrées à ce genre excellent de ministère, voici quelle a été sa règle de conduite :

Il prenait une retraite de huit ou dix jours, après avoir recommandé aux prières des communautés religieuses sa personne et les prêtres qu'il allait évangéliser. Il faisait l'aumône aux pauvres, ce qui plaît à Dieu par-dessus tout, employant de cette sorte l'argent que lui donnaient les évêques pour le couvrir des frais de son voyage. Il est permis de penser que Dieu, pour le récompenser aussi de tant de pieuses actions, lui accorda des grâces particulières, comme, par exemple, celle de faire face à d'immenses travaux sans que sa santé en fût altérée, même depuis la vieillesse; c'est ainsi qu'il traversait toute la France, en été, en hiver, au premier signe de tel ou tel évêque, la nuit ou le jour, par les temps les plus affreux, et quelque pays qu'il fallût parcourir. Son courage allait vraiment jusqu'à l'héroïsme; la mort même ne l'effrayait pas, à peine lui eût-elle causé une émotion. Il le fit bien voir dans une circonstance récente : les eaux du Rhône étaient débordées et avaient inondé au loin les pays d'alentour. M. Boyer se trouvant surpris par le fleuve, sauta dans un petit bateau qui resta durant plus de quatre heures en lutte avec les vagues furieuses, et menaçait à chaque instant de chavirer. Les matelots tremblaient ; le saint prêtre récita son bréviaire, puis son chapelet ; sa contenance paisible et assurée rendit la vigueur à ses compagnons effrayés, et Dieu bénit sa confiance.

Arrivé à sa destination, il commençait presque immédiatement la retraite. Il faisait trois allocutions par jour, présidait souvent à tous les exercices, tels que l'oraison, l'examen particulier, la lecture spirituelle, etc.; et, sauf les réserves faites précédemment, il prenait une bonne place parmi les prédicateurs de ce genre, après M. Combalot, M. Donnet et M. Dufêtre (maintenant évêque de Nevers).

Mais il n'abandonnait pas son monument littéraire. En 1826 il écrivit l'*Antidote contre les Aphorismes de M. de La Mennais*. C'était une toute petite brochure in-32, composée de quatre ou six pages, s'il m'en souvient, et de nature, vu le prix et le format, à se disséminer par le monde avec la plus extrême facilité. On la donnait gratis ; je ne sais même si un séminariste qui l'eût refusée n'aurait pas commis une imprudence ; toutes les maisons ecclésiastiques de France en furent inondées. Et maintenant, que disaient donc ces *Aphorismes?* ils réduisaient en versets la déclaration de 1682, et, prenant à l'inverse tous ceux de M. de La Mennais, disaient tout bonnement *oui*, là où celui-ci avait dit *non*, et *vicissim*. On s'en amusa partout, mais avec les précautions de rigueur, et le temps est trop précieux pour que je veuille m'en occuper davantage. Remarquez cependant qu'*il paya*, dans cet écrit, *à l'illustre auteur des conférences de Saint-Sulpice*, un *tribut d'admiration* (1). Quel à-propos ! Bien des personnes ont pensé que cette production leur était commune.

Pour M. Boyer, le plus grand homme du monde se nommait Frayssinous, et M. d'Hermopolis le lui rendait bien. Si M. Boyer fut assez modeste pour ne pas devenir ministre des affaires étrangères et au moins évêque, à qui la faute ? pouvait dire M. Frayssinous ; si M. Frayssinous quitta la société de Saint-Sulpice pour monter aux honneurs, M. Boyer n'y fut pas étranger. Ces deux hommes passèrent, pour ainsi dire, leur vie à se mirer l'un dans l'autre. Eh! ils firent plus, car, même après leur mort, le phénomène se produit sous toutes les formes. Voyez plutôt comme on a fait le panégyrique de M. Boyer : c'est en prenant, non pas une lettre publique ou particulière de son ami qui fût en résumé l'éloge de toute sa vie, mais en appliquant à chaque détail,

---

(1) Expressions de l'*Ami*, page 85.

si minime qu'il soit, de cette vie, une citation spéciale extraite d'une lettre spéciale de l'ami. Il semblerait vraiment que ce fut une affaire arrangée entre les parties; et le seul point de vraisemblance qui manque à cette comédie, c'est qu'on n'ait pas absolument écrit avec les lettres de M. Boyer la nécrologie de M. Frayssinous. — Voici une retraite, vîte: « J'ai sous les yeux votre itinéraire. Je m'effraie de la rapidité avec laquelle, etc., etc., pour paraître en chaire *à votre débotté*, et remonter, etc., il y a là quelque chose d'extraordinaire... Le coursier n'a-t-il pas assez vieilli pour qu'il faille dételer? etc., etc. (1) »

« Mais M. Boyer ne *détélait pas!* » remarque finement M. Henrion.

Bien plus, M. Frayssinous, à la date du 13 août 1835, ne se contente pas de signaler à M. Boyer les aventures de retraites de M. Boyer, il dresse à M. Boyer une nomenclature des villes que M. Boyer vient de parcourir : « Déjà, vous avez parcouru Metz, Châlons, Reims, Angers, Rennes, Saint-Brieuc; Quimper vous attend, puis Paris. » *Que t'en semble, frère Iean? tout bien de vous, respondit frère Iean.*

Au reste, ces réflexions ne touchent qu'indirecte-

(1) Ceci est du 9 mai 1837.

ment à la personne de MM. Frayssinous et Boyer; je crois à la sincérité de l'admiration qu'ils s'étaient mutuellement vouée, et je copie avec un extrême plaisir l'article suivant du journal *La France* :

« M. Frayssinous entré depuis quelque temps dans la voie des honneurs, conservait son affection et sa confiance pour M. Boyer. Dans les courts loisirs que l'évêque d'Hermopolis dérobait aux affaires, il aimait à *parler* avec son condisciple des souvenirs de leur enfance, de la simplicité de mœurs qui caractérise leur, etc., etc.; il recourait à M. Boyer, il prenait ses avis sur les matières ecclésiastiques, et demandait quelquefois au roi la permission de ne répondre à une question qu'après avoir conféré avec son théologien. Un jour, Charles X demanda au prélat où donc était cet ami : Sire, répondit-il, il loge dans une mansarde du Séminaire Saint-Sulpice. — C'est pour cela, sans doute, reprit le roi en souriant, que vous ne parlez jamais de l'élever plus haut. »

Le joli mot n'était pas neuf, mais il était consolant, et il prouve la vérité de ce qui a été dit plus haut.

M. Boyer crut voir dans l'émeute de 1830 une révolution comme celle de 1793, et il eut peur. Cette fois, il y avait plus que des guillotines en perspective; un bruit s'était répandu, bruit sinistre, fatal, plein d'horreurs, inconnu jusqu'alors à la terre. C'était les temps annoncés par Martin de Gallardon; la moderne Babylone, ou plutôt la ville de Paris, plus infâme que Sodome et Gomorrhe, devait périr par le feu. « Ainsi le pensaient MM. de Montmorency, Tharin et Picot, sans compter des femmes pieuses de Versailles ; mais, observe toujours M. Henrion, *à des degrés divers ;* » ce que M. Henrion nous expliquera plus tard.

M. Boyer fit comme Loth et se retira sur les montagnes du Rouergue, heureux de n'avoir pas eu en route quelques-unes de ces distractions qui eussent mis trop de sel dans l'affaire. Il songeait ensuite à se rendre près de M. Frayssinous, mais des circonstances particulières ne lui permirent pas d'exécuter ce dessein.

Lorsqu'il fut à peu près sûr que la pluie de feu ne détruirait pas encore Paris, il sortit de sa retraite et reprit le cours de ses missions et de ses controverses.

En 1834 parut l'*Examen de la doctrine de M. de La Mennais, considérée sous le triple rapport de la philosophie, de la théologie et de la politique* (1). Bien entendu qu'il attaquait le système du

---

(1) 1 vol. in-8°.

sens commun, les doctrines ultramontaines et les principes démocratiques de *l'Avenir*; trois choses nouvelles, selon lui, et suspectes par cette nouveauté même, fausses dans leurs principes, inutiles et chimériques dans leurs conséquences, réprouvées par l'Église. En forme de complément, il entonnait l'éloge de Descartes pour arriver à celui de M. Emery, et finalement à celui de M. Frayssinous, traitant M. de La Mennais et M. Bautain comme de petits garnements échappés de l'École, et auxquels on donne le fouet pour qu'il n'en soit plus question. M. l'abbé Bautain et M. de La Mennais, avaient osé trouver que l'enseignement des séminaires ne répond ni à l'exigence des temps, ni même aux conditions de leur établissement; crime irrémissible pour les saints partisans du *statu quo*, horrible extravagance, qui amenait directement les professeurs à travailler pour apprendre tout ce qu'ils ne savent pas, et pour devenir ainsi capables d'instruire les autres.

C'est dans le même but qu'en 1835 il publia une *Défense de la méthode d'enseignement suivie dans les écoles catholiques* (1).—*Barbouillamenta Scoti!*

Cette année vit encore paraître la *Défense de l'or-*

---

(1) 1 vol. in-8°.

dre social contre le carbonarisme moderne (1). Il est évident que l'auteur se propose toujours, comme point de mire, M. de La Mennais. Les *Paroles d'un Croyant* couraient le monde : c'était une raison, car M. Boyer avait un peu la nature des jeunes chats qui bondissent et se précipitent partout où quelque chose fait du bruit ou se remue. Ce livre est mal écrit, sans ordre, plein de bavardage et profondément ennuyeux. Puisse le lecteur s'éviter la peine que j'ai prise de le lire, peine sans profit, je le jure bien.

M. Frayssinous lui-même fut forcé de lui donner cet avis : « Châtiez votre style tant que vous pourrez... d'autant que vous avez à combattre plus d'un adversaire qui ne pèche pas par cet endroit. »

Vous n'êtes pas au bout, candide lecteur; 1837 vous réserve un second volume plus gros que le premier, fade et interminable répétition de choses qu'il était déjà trop d'avoir dites une fois.

Voici venir la *Défense de l'Eglise de France contre les attaques de la dissertation sur le prêt à intérêt, par M. Pagès de Lyon.* (Avis à M. Baronnat (2). Cette matière, qui présente des difficultés nombreuses, demandait une autre plume que celle de M. Boyer.

(1) 1 vol. in-8°.
(2) Nous parlerons bientôt de cet écrivain ecclésiastique.

Ses divagations donnent du poids aux raisonnements de son adversaire. Il évite d'ailleurs de conclure; autant garder le silence.

Sa notice *sur l'ancienne Sorbonne,* qu'il a jointe à cette brochure, est une assez précieuse compilation ; elle évitera des recherches fatigantes à ceux qui seront tentés de travailler sur le même sujet.

Passons rapidement sur sa *Lettre à un théologien de province*, qui ne signifie absolument rien. Citons pour mémoire une certaine *Défense* (1) (on dit : *les Défenses de M. Boyer*), où le grand champion de l'absolutisme s'avise, je ne sais comment ni pourquoi, de flétrir l'empereur de toutes les Russies, Nicolas. Si un autre avait pris sa défense, il l'eût attaqué, bien certainement. Autre pot-pourri. Mais, qu'est-ce que les *Défenses* à côté du *Coup-d'œil sur l'écrit de MM. Allignol !*

« Plaignez-le, dit Jean-Jacques Rousseau, saignez-le, mais ne l'injuriez pas. » (2).

Nous saurons bientôt à quoi nous en tenir.

Ceci étant fait, M. Boyer partit pour Rome, où il arriva au milieu de la nuit et fut obligé de coucher dans la rue, faute de trouver un gîte; aven-

---

(1) Défense de l'église catholique contre l'hérésie constitutionnelle qui soumet la religion au magistrat, renouvelée dans ces derniers temps.
(2) Rousseau. Lettre à M. Guy, 1766. Wootton, 2 août.

ture bien digne d'un homme dont les singularités ont une renommée fabuleuse.

Il demanda et obtint, pour la veille de la Trinité, une audience du Saint-Père qui le reçut avec bonté et lui promit, sur ses instances, de faire examiner ses ouvrages.

Admis à une seconde audience dans le cabinet de Grégoire XVI, il insista : « J'ai lu, aurait dit le Saint-Père, une partie de vos ouvrages, et j'ai été très content en particulier du dernier que vous avez publié, de votre *Histoire de l'hérésie constitutionnelle*. Je l'ai parcouru jusqu'au bout, et pour vous le prouver, il n'y a qu'une phrase qui ne m'ait pas plu, encore ai-je été satisfait des explications qui la suivent. »

M. Boyer fut saisi, et se mit à commenter la phrase si ardemment, si violemment, si grotesquement, que le Saint-Père ne savait plus que penser. Ce fut bien mieux, lorsque M. Boyer s'animant et s'échauffant de plus en plus, saisit vivement le bras du Pape, et lui cria de toute sa voix : « Comprenez-vous ? — « *Quanto è vivo questo francese*, fit Grégoire XVI aux personnes qui l'entouraient. M. Boyer ne lâchait prise, parce qu'*il n'avait pas compris*, dit M. Henrion ; — M. Henrion est si malicieux ! On avertit M. Boyer, et il se retira tout confus. Il eut peine à se consoler, si bien même que, dans une troisième audience, pour s'excuser, il recommença ses protestations; et puis, sa tête s'échauffant encore, il saisit de nouveau le bras du Saint-Père, ce qui fit que, touché de cette naïveté de vieillard, Grégoire XVI lui frappa légèrement la joue et le rassura complètement.

A son retour il passa quelque temps auprès de Rodez, dans sa famille, et il rentra ensuite dans sa cellule de Saint-Sulpice, pour y mourir.

Ici je copie mot à mot M. Henrion: « Le dimanche 17 avril 1842, octave de l'anniversaire de la translation des reliques de Saint-Vincent-de-Paul, il alla dire la messe à Saint-Lazare, à cinq heures. Le lundi, en descendant de l'autel, il eut une faiblesse et rejeta les saintes espèces, accident qui l'affligea beaucoup et lui fit verser des larmes. Le lendemain un ordre du médecin l'empêcha de se lever pour dire la messe. Il voulut tenter l'office divin, mais le supérieur-général le lui défendit. Sa gaîté ne l'abandonna pas. Soumis à une diète sévère : Oui, dit-il, il faut prendre l'ennemi par la famine ; nous lui ferons quitter la place. Le vendredi on crut prudent de lui administrer les derniers sacrements. Quand on lui annonça que sa dernière heure approchait, il ne fut point ébranlé, bien que jusque là il ne s'attendît pas à mourir. « C'est bon, répondit-il avec beaucoup de calme ; je ne veux que ce que le bon

Dieu veut : Je lui offre ma vie. Seulement il eût fallu m'avertir une demi-heure plus tôt, afin de me donner le temps de me préparer à recevoir Notre Seigneur. »

«On lui administra le Saint-Viatique et l'Extrême-Onction, et il suivit les prières avec une grande piété, les mains jointes devant sa figure... M. l'archevêque venait visiter cet oncle vénérable, et quand il l'interrogeait sur son état : « Oh ! répondit M. Boyer, ces nuits que je passe dans mon lit, entouré de soins affectueux, sont bien différentes de celles que Jésus-Christ passa entre les mains de ses bourreaux... » Sans cesse il priait ceux qui le gardaient de lui lire quelques lignes de l'*Imitation de Jésus-Christ*. Sans cesse il baisait la croix et l'image de la sainte Vierge avec une foi et une piété sans égale... Ainsi mourut M. Boyer, le dimanche 24 avril 1842. Ses restes furent transportés à Issy, dans le cimetière du séminaire, où reposent ceux de M. Emery. »

Après un récit aussi simple et aussi touchant, faut-il que M. Henrion gâte son affaire en ajoutant : *M. Boyer a laissé plusieurs manuscrits ! ! !*

1er Octobre 1842.

Paris.—Imprimerie de A. APPERT, passage du Caire, 54.

Biographie du Clergé Contemporain.

M. Augustin-Vital ALLIGNOL.

A Appert Édit. Passage du Caire,

ment une règle que […]
semble encore la plus rationnelle, […]
cultés négatives et autres qu'elle p[…]
dire qu'il a exclusivement consacré […]
[…]

Or, le titre […]
conséquemment […]

Ce n'est qu'une […]
à mes précédents.

Car enfin, l'union q[…]
[…] paraît telle que j'aurais […]

MM. ALLIGNOL.

PREMIÈRE PARTIE.

His amor unus erat, pariterque in bella ruebant.
VIRG., *Æn.* lib. IX, v. 182.

Jusqu'à présent le biographe a suivi invariablement une règle que lui-même s'était tracée et qui lui semble encore la plus rationnelle, malgré les difficultés négatives et autres qu'elle présente, je veux dire qu'il a exclusivement consacré à un seul personnage chacune de ses notices.

Or, le titre ci-dessus porte : *MM. Allignol*, et conséquemment l'annonce de deux études en une.

Ce n'est qu'une très indirecte manière de déroger à mes précédents.

Car enfin, l'union qui règne entre les deux frères me paraît telle que j'aurais peine à les concevoir divisément. Comme on dit : **MM. *Allignol*,** on dirait aussi bien : **M. *Allignols*** (grâce pour la mignardise du mot). De cette double individualité naît et découle une individualité unique, comme par des issues différentes s'échappent les eaux d'une même source..... j'exagère peut-être par impossibilité de m'énoncer bien nettement ; mais voyez le chemin qu'ils ont fait : à leur début, au centre de la carrière, à quelque heure du jour et en quelque place que ce soit, vous les trouvez qui marchent de front, et confondent exactement sur une seule ligne leurs ombres fraternelles.

Virgile va me tirer d'affaire ; la notice de MM. Allignol est tout entière dans le plus charmant épisode de son Enéide ; je l'ai pensé du moins.

<pre>
Nisus erat portæ custos, acerrimus armis,
. . . .
. . . jaculo celer.. levibusque sagittis ;
Et juxta comes Euryalus, qui . . . . .
. . . . . . Trojana neque induit arma,
. . . .
His amor unus erat, pariterque in bella ruebant :
Tum quoque communi portam statione tenebant (1).
</pre>

Les évènements justifieront sans effort cette application. — Voici ce qu'on m'écrit :

---

(1) Virg., *Æn*., lib. ix. v. 183.

« Les deux frères Allignol ne font qu'un ménage et qu'une bourse; tout est commun entre eux. Ils sortent peu, et toujours ensemble. Leurs travaux agricoles et du cabinet partagent leur temps et sont également faits en commun. Leurs études favorites sont : l'histoire, la philosophie, l'éloquence sacrée, l'histoire naturelle. Ils sont passionnés l'un et l'autre pour la littérature (cependant, ils ne l'étudient guère que par délassement). Ils cultivent ensemble l'étude du droit-canon qu'ils ne connaissent que depuis quelques années, etc., etc. (1). »

Lorsque sourit la fortune, cette capricieuse, ou plutôt, lorsqu'à leur égard les supérieurs ecclésiastiques font preuve d'intelligence, de tact et de justice, et qu'ils les convient à des missions dignes de leur talent et de leur zèle, ils vont en se donnant la main où les appelle la volonté de Dieu.

Pour qui sont ces applaudissements et ces bénédictions? celui que les populations de divers départements se disputent et voudraient s'approprier

(1) C'est plus que beaucoup d'autres qui ne le connaissent pas du tout, et se laissent faire officiaux, promoteurs, etc., etc., que sais-je? Aussi, voyez!!! — MM. Allignol n'ont jamais connu personnellement M. de La Mennais, mais ils sont les admirateurs de son génie, et l'*Essai sur l'indifférence* est toujours sur leur bureau, à côté de Bossuet; j'en tiens acte à l'instant même, de peur d'oublier une observation très essentielle.

éternellement, est-ce celui-ci ou celui-là ? quel est le plus éloquent, le plus pieux et le plus modeste ? dans leurs sermons comme dans le magnifique ouvrage qu'ils ont écrit, quelle est la part de chacun ?...

Et voilà que, du coin du ciel le plus gris et le plus obscur, éclate je ne sais quel orage de coulisse, fait avec moins qu'une feuille de tôle ; martyre ennuyeux qu'il leur faut subir. De là, une communauté nouvelle de courage et de souffrances, de noblesse et de résignation. *Pariterque in bella ruebant.*

Certes, ce serait une grande et coupable maladresse que de séparer ce que Dieu a si merveilleusement uni. Loin d'être un défaut, cette sorte d'assimilation est une nécessité littéraire et logique. Du reste, si j'évite la confusion, ce qui n'est pas facile, je m'en saurai gré.

Charles-Régis Allignol naquit le 2 novembre 1790, et Augustin-Vital Allignol le 28 avril 1793, au hameau de la Rouvière (1).

Leur famille (2) est une des plus anciennes du Vivarais. La maison qui les vit naître était habitée

---

(1) Commune du Teil, canton de Viviers. — Le curé actuel est M. Ollier ; le vicaire, M. Barruel.
(2) Famille d'agriculteurs, qui a toujours joui d'une honorable aisance.

par leurs ancêtres dès le règne de Charles IX ; les contrats de mariage en font foi. Il est aussi prouvé que, de temps immémorial, les sentiments d'honneur et de religion s'y sont transmis pour ainsi dire héréditairement. J'aime encore mieux cette dernière prérogative.

M. Charles Allignol, dernier chef de la famille, père de MM. les abbés Allignol, est mort l'année dernière à quatre-vingt-quatre ans, après avoir fait depuis quelque mois à ses enfants le partage de ses biens, c'est-à-dire d'une quarantaine de mille livres. M. Allignol avait épousé, en 1778, Marie-Dorothée Pavin, fille et sœur de médecins, nièce et sœur de curés. De ce mariage naquirent six fils : l'aîné et le plus jeune sont morts depuis longtemps (1) ; un autre, Hyacinthe Allignol, est mort quelques années après eux ; M. Joseph-Bernard Allignol, le seul des frères survivants qui soit resté dans le monde, n'a pas dégénéré des mœurs patriarchales de ses ancêtres : électeur, membre du conseil municipal du Teil, répartiteur de la commune, souvent appelé par les familles comme expert conciliateur, il a su constam-

---

(1) Le plus jeune se destinait au sacerdoce ; ses qualités d'esprit comme sa vive piété promettaient à l'Eglise un de ces hommes qui lui sont si nécessaires et dont elle est malheureusement trop dépourvue ; il eût marché l'égal de MM. Charles-Régis et Augustin.

ment s'attirer l'estime publique et l'affection de ses concitoyens. Les deux autres sont ceux qui font l'objet de cette notice.

Dès leur bas âge, leur père leur apprit l'agriculture, cette science sublime et si dédaignée; il leur inspira son amour du travail et de la simplicité.

Madame Allignol était une femme très pieuse, de grand caractère et de grand sens; elle leur apprit à aimer Dieu plus encore que leur mère, et leur expliqua tout à la fois, dans le catéchisme, les règles de la lecture avec celles de la foi.

Sa vie entière a prouvé ce que peut une simple femme pour la gloire de Dieu et le bonheur de ses semblables. Durant la terreur, elle exposa cent fois sa personne et sa maison pour cacher des prêtres, leur procurer quelques secours et favoriser l'exercice de leur saint ministère. Mère des pauvres, le conseil et l'appui des personnes de son sexe, et, si je puis le dire, l'ange gardien de cette localité, aucune infortune ne lui était étrangère; depuis vingt-quatre ans qu'elle est morte, sa mémoire vit encore dans tous les cœurs.

L'Écriture a dit : *sicut sol oriens mundo in altissimis Dei, sic mulieris bonæ species in ornamentum domûs ejus;* ces paroles s'appliquent sans réserve à la personne de madame Allignol.

Elle fut en effet *la joie de son mari et lui fit passer en paix toutes les années de sa vie :* récompense méritée : *dabitur viro pro factis bonis.* Elle fut pour ses enfants plus douce et plus précieuse que l'or, *omnis autem ponderatio non est continentis animæ,* plus gracieuse que la grâce même, *gratia super gratiam ;* elle fut comme une lampe réjouissante et pure, *lucerna splendens super candelabrum sanctum ;* et ses enseignements venaient du ciel, *disciplina illius datum Dei est* (1).

Charles-Régis et Augustin n'avaient achevé qu'à peine l'éducation maternelle, lorsque M. l'abbé Pavin, leur oncle (2), découvrit les vues de Dieu à leur égard. Il engagea madame Allignol à diriger

(1) Eccl. *Passim*, c. XXVI.
(2) M. l'abbé Victor Pavin, curé de Chassier*, frère de madame Allignol, alors caché chez elle. C'était un homme de beaucoup de science et d'une piété non moins remarquable. Il devint grand-vicaire de M. D'Aviau, que Pie VI avait chargé d'administrer le diocèse de Viviers, après l'apostasie de son dernier évêque ; et il exerça cet emploi, pendant les temps les plus difficiles, c'est-à-dire de 1793 à 1801, époque de sa mort ; c'est dans la maison de sa sœur qu'il fit ou fit faire alors tous les baptêmes et mariages de la commune du Teil et des communes environnantes ; là, plusieurs ecclésiastiques furent relevés de leur serment schismatique ; il y disait la messe tous les jours ; il partait de là pour visiter, au péril de sa vie, les malades et les pauvres ; les fatigues avancèrent sa mort. Il fut martyr de son zèle.

* Canton de l'Argentière.

leur vocation vers l'état ecclésiastique, et nul n'était capable comme lui de la seconder dans cette précieuse direction. Mais la mort de l'excellent oncle vint presque aussitôt interrompre des leçons heureusement commencées ; ce fut une perte immense pour les jeunes Allignol.

Ils entrèrent au collège, âgés l'un et l'autre de plus de dix-sept ans.

Après deux ans et demi de latin dans la maison de Thueyts, l'aîné fut admis au séminaire de Viviers (1840) ; son frère le remplaça dans l'institution qu'il quittait, et, dix mois après, passa au collège d'Annonay où il resta trois ans (1).

Leurs succès, comme rhétoriciens et humanistes, sont avoués de tous.

Je suppose qu'ils se distinguèrent également comme élèves de théologie.

On peut croire cependant, ou qu'ils répondaient comme à regret et par de sourds et obséquieux monosyllabes aux questions du professeur : et, dans cette première hypothèse, le professeur les aurait jugés profonds ; ou qu'ils firent preuve en parlant *ore*

---

(1) La maison d'éducation de Thueyts fut supprimée à cette époque.—MM. Allignol n'ont jamais profité des bourses du gouvernement. Leur éducation cléricale s'est faite tout entière aux frais de leur famille. Pour réfuter leur livre, on a dit le contraire.

aperto, d'une faculté quelconque de compréhension : et alors ils eurent certainement une réputation de rebelles et de cerveaux creux.

Ils étudièrent, comme nous tous, l'éternelle *philosophie de Lyon*, et ensuite la *théologie de Poitiers*, sous des professeurs de capacités diverses : MM. Coupet, Chamroy, et Gervaix, de la compagnie de Saint-Sulpice, et MM. Devie et Thouez (1), qui ne faisaient pas, notons-le bien, qui ne firent jamais partie de cette compagnie.

Il est bien entendu que les détails de l'avant-dernier alinéa ne concernent en aucune façon les deux derniers; pour M. Devie, on le sait de reste; quant à M. Thouez, les habitants de l'Ardèche ne l'ignorent pas non plus, et la suite va bien le prouver aux autres.

Les plus remarquables condisciples de MM. Allignol furent MM. Fustier, aujourd'hui curé de Saint-Félicien; Tailland, curé de Vesseaux; Poncet, curé de Rocles; Hély, supérieur du grand séminaire d'Avignon; Jourdan, curé de Montélimar; Reynaud et Michel, grands-vicaires du diocèse; Lunel, curé

(1) Dont nous parlerons tout-à-l'heure. — M. Devie est devenu, comme on sait, évêque de Belley; M. Thouez, aujourd'hui curé d'Aubenas, est un homme de beaucoup de conscience et d'esprit, bon curé surtout et savant théologien. (*Voir* 3e livraison de cette notice.)

de la cathédrale de Blois, et Robin, retiré à Tain ; tous hommes de savoir et d'excellent cœur, qui sont restés constamment leurs amis.

M. Charles-Régis Allignol fut fait prêtre le 17 février 1815.

Au sortir du séminaire, on le nomma vicaire de Thueyts (1) ; en 1816, il fut envoyé dans la succursale de Saint-Pons (2), et vers 1819 transféré à Rosières (3).

J'abrège, et la nécessité d'abréger me fatigue ici plus que jamais. J'aurais voulu dire quel immense bien fit M. Charles-Régis à Thueyts où le curé, vieux et infirme, laissait malgré lui au vicaire toutes les fatigues d'une paroisse populeuse et située sur un roc escarpé ; à Saint-Pons qu'il trouva plongé dans tous les désordres d'une impiété brutale et qu'il rendit toute chrétienne à son successeur ; à Rosières, paroisse de deux mille âmes, nouvellement supprimée, et sans traitement ni vicaire, où il poussa jusqu'à une sorte d'excès son zèle de la maison de Dieu et son dévouement de pasteur.

C'est pendant son séjour à Rosières qu'il avait fait ses premiers essais de mission, à Berrias, aux

---

(1) Curé actuel : M. Bonnaure ; vicaire : M. Valery.
(2) Curé actuel, M. Blache.
(3) Curé actuel, M. Georges.

Vans et à Vienne en Dauphiné. Il s'y préparait même, étant curé de Saint-Pons.

Les missionnaires de France, auxquels il s'était adjoint dès lors, mais passagèrement, furent frappés de ses dispositions apostoliques et de ses succès; ils eussent voulu se l'attacher pour toujours et à l'heure même, ce qui n'était pas possible.

M. Molin (1), lui permit enfin de se livrer à son œuvre de prédilection (1813), et l'autorisa à passer quelques mois parmi les missionnaires de Valence, en attendant qu'il eût lui-même organisé des missions diocésaines. M. Charles-Régis fit alors les missions de Desogues et de Bagnols dans le Gard.

Les missionnaires diocésains étant nommés, il en fit partie, et il se trouvait avec eux à Lalouesc lorsqu'il connut MM. Donnet, Dufêtre, Suchet, Marcel, etc., etc.; il évangélisa comme eux la Touraine et le Blesois, et parcourut ainsi les villes de Tours, Amboise, Loches, Vendôme, Saint-Aignan (2),

---

(1) Premier évêque de Viviers, après la restauration du siège.

(2) M. de Jerphanion, lorsqu'il n'était encore que vicaire-général de Bourges, porta sur les frères Allignol un jugement qui l'honore lui-même et qu'on peut citer. De concert avec M. Hugon, supérieur du grand séminaire, il voulut le faire nommer, par M. de Villèle, supérieur de la maison des missionnaires diocésains qu'on avait dessein de fonder, et vicaire-général honoraire. M. Allignol s'en excusa sur sa jeunesse et son inexpérience; on ne crut qu'à sa modestie.

Richelieu, etc., etc. ; justifiant de plus en plus l'opinion qu'il avait fait concevoir de lui, à tel point même qu'il était régulièrement nommé chef de division, chaque fois qu'il fallait partager les missionnaires pour des excursions en sens opposé. C'est en cette qualité qu'il donna les retraites et les missions de Ligueuil, de l'Ile-Bouchard, de Sainte-Maure, du Grand-Pressigny, de Morée, de Montrésor, de Rochecorbon, etc., etc.

Un mot sur les talents oratoires de M. Charles-Régis Allignol. Son extérieur ne manque pas de noblesse, et même d'une grave et mâle beauté; sa taille est au-dessus de la moyenne, et fortement prise. Sans avoir les grandes ressources d'organes qui distinguent MM. Combalot, Deguerry et Guyon, il est loin de supplicier, comme tant d'autres, les oreilles dressées pour l'entendre. Généralement sa méthode paraît excellente. En s'éloignant des ornières où viennent se briser ridiculement les prédicateurs *de bon goût* et *de jugement*, il croit bien faire, et il ne se trompe pas. On peut observer les règles sans se réduire aux proportions d'un singe, et la première condition qu'elles imposent est souvent de ne pas les prendre trop à la lettre et d'être soi. M. Allignol est plus solide que brillant; il est plus théologien que littérateur, si tant y a qu'il soit possible de séparer la première qualité de la seconde. On voit qu'il cherche, à ses dépens, la gloire de Dieu, car c'est à cette fin qu'il use de ses richesses comme n'en usant pas. Il est, en un mot, plus missionnaire que prédicateur; il tient plus de M. Combalot que de M. De Ravignan.

Ceux qui ont entendu le *Sermon sur le ciel* qu'il prononça dans la cathédrale de Blois, lorsqu'il était associé aux travaux des prêtres ci-dessus désignés, les habitants de Saint-Aignan-sur-Cher qu'il a plus particulièrement évangélisés, ses paroissiens du Vivarais, tous ceux qui le connaissent partageront mon avis, et j'ajoute, si l'expression n'est pas téméraire, les registres du ciel en font foi.

J'ai nommé Saint-Aignan. M. l'évêque de Blois touché, comme il convenait qu'il le fût, des merveilleux fruits de conversion qu'y avait opérés M. Allignol, s'empressa de lui offrir cette cure importante, à la mort du titulaire. Le prélat poussait plus loin sa pieuse ambition : il voulait gagner pour son diocèse les deux frères à la fois, et c'est pourquoi il nomma en même temps M. Augustin Allignol chanoine de sa cathédrale.

Nouvelle épreuve pour la modestie des deux frères; nouvelles excuses de leur part. Ce genre d'opiniâtreté n'est pas ordinaire et mérite attention.

Les évêques savent combien de fois en cent ans se refusent un titre canonial de quinze cents ou deux mille quatre cents francs, et une cure de canton ; il en est de ces dernières places comme des évêchés : on crève les chevaux et on éreinte les protecteurs, voire même les garçons de bureau et les rois pour les obtenir, quoi qu'en ait dit, selon certaines personnes intéressées, M. Teste qui n'a rien dit.

Sur ces entrefaites (1827), M. Bonnel rappela M. Charles-Régis dans le diocèse de Viviers, et le pria d'accepter la succursale de Saint-Étienne-de-Fontbellon (1) ; c'était avec la certitude de réussir, car il s'agissait, pour MM. Allignol, d'un sacrifice immense, c'est-à-dire d'une mauvaise paroisse de dix-sept cents âmes, si décriée que, durant deux ans, on n'avait pu trouver un prêtre qui voulût y résider.

L'esprit de patriotisme régnait à Fontbellon. Les citoyens de la commune soutenaient leurs droits nationaux contre les peuples étrangers des communes voisines. De là une guerre atroce, et de ces choses que disent la *Marseillaise* ou la *Parisienne:* « *Que tes ennemis expirants voient ton triomphe et notre gloire ! Tambours, du convoi de nos frères, roulez le funèbre signal !* » On s'écharpait à défaut de se tuer ; on *marchait en avant* avec des poignards

---

(1) Curé actuel, M. Maurin.

et des coutelas; et que devenait M. le maire ainsi que toutes les autorités, c'est une question. Il fallait un bon curé, de ces curés qui ont plus de puissance pour l'ordre et la paix qu'une bande de gendarmes et d'officiers civils.

M. Allignol fut ce curé là. Il fit réellement des prodiges. Rien n'égala sa fermeté que sa douceur, sa longanimité, son adresse, sa prévoyance, son dévoûment et sa modestie. Il fut habile à force de simplicité et de franchise. Il avait inspiré de prime abord la confiance, ce qui est le principal en pareil cas. Bientôt les combattants réfléchirent à leurs *jours de gloire*, et ils eurent l'esprit de se trouver infiniment niais; et ils furent sevrés de patriotisme, et le sang impur n'abreuva plus leurs sillons; et il y eut à Fontbellon de l'ordre, de la foi et des mœurs.

M. Charles-Régis y resta pendant douze années. — On l'avait nommé à cette succursale provisoirement, en lui promettant une cure plus importante.

Inutile de dire que ses paroissiens le vénéraient et l'aimaient. Les débuts nous donnent une juste idée du reste. M. Charles Allignol possède excellemment cette piété que l'Écriture appelle joyeuse, ce qui veut dire pratique, raisonnable et pure; dans l'exercice de son ministère, les difficultés et les périls, au lieu de le déconcerter et de l'abattre, le fortifiaient, l'animaient incroyablement, et semblaient même augmenter la douce sérénité de son âme ; il semble que Pline le jeune avait en vue ces sortes de caractère lorsqu'il écrivait : *mirum est ut animus agitatione motuque corporis excitetur.*

Dans l'intimité, M. Allignol est un de ces hommes qu'on s'estime heureux de cultiver et qu'on n'a jamais assez vus. Ami complet, et en conséquence sincère et franchement dévoué, excellent confrère, sa conversation cause toujours le plaisir d'une bonne nouvelle; sa complaisance est au service de tous, et l'on sent auprès de lui que ses qualités sont de nature contagieuse.

M. Augustin, qui ne ressemble aucunement à son frère pour l'extérieur, possède les mêmes qualités d'esprit et de cœur, avec des modifications que j'appellerai spécifiques. Il est pâle, maigre, d'une haute taille, d'une constitution faible, d'un tempérament bilieux; les physionomistes induiraient de là qu'il doit être proportionnellement morose et irascible; ils auraient tort. Le sérieux n'est pas toujours de la tristesse et de la morgue; c'est quelquefois, et c'est particulièrement chez M. Allignol jeune, le fait d'une raison calme et profonde; nul ne possède une plus parfaite égalité d'humeur, un esprit plus conciliant et plus ferme; et, dans ses relations sociales, il sait se rendre, lui aussi, d'une gaîté charmante.

Est-ce de cette apparente opposition de nature que vient l'intime union des deux frères? on peut le croire.

M. Augustin voulait aussi devenir missionnaire, mais chez les infidèles; et, à ce propos, il fut longtemps en correspondance avec M. Dufêtre, qui se sentait le même goût. Une maladie de poitrine fit échouer ce projet; lorsqu'il fut ordonné prêtre (juin 1819), il se rendit tout bonnement au presbytère de Rosières, où, pendant vingt mois, son frère lui prodigua les soins les plus assidus. Sa santé n'était qu'à peine rétablie en 1821.

A cette époque, il accepta la succursale de Laurac (1), paroisse de dix-sept cents âmes; alors il sut trouver assez de forces pour remplir de point en point et au-delà son ministère pastoral, aider ses confrères, se livrer à ses chères études et pratiquer surtout avec bonheur la prédication.

En 1822, il refusa la cure de canton de Saint-Péray (2) que lui offrit M. Champanet; il refusa

---

(1) Canton de l'Argentière. Le curé actuel est M. Farge, qui a pour vicaire M. Blachère.

(2) Aujourd'hui confiée à M. Etienne; vic. M. Beaudimant.

aussi la direction d'un séminaire ; toute son ambition se bornait à vivre et mourir parmi ses paroissiens qui le chérissaient comme un père. Mais, tout-à-coup, après quinze ans de séjour à Laurac, il fut envoyé à Meyras. Ce changement, accompagné de plusieurs autres, fit grand bruit dans le diocèse ; les mécontents se multiplièrent.

Meyras (1) est situé entre deux montagnes presque inaccessibles, et sa population (2,600 âmes), disséminée sur une étendue immense. Le climat en est dur et fort dangereux pour les poitrinaires. C'était envoyer M. Allignol dans un tombeau. Il y passa cinq ans, accablé de travail et perpétuellement malade.

Une chose cependant consolait les deux frères, c'est que, n'étant éloignés l'un de l'autre que de quatre lieues, ils pouvaient encore se voir de temps en temps et se communiquer leurs idées. Le livre *De l'État actuel du Clergé de France* fut alors conçu et exécuté.

Voilà le principal évènement de leur vie.

Avant d'examiner cet excellent livre, il est bon de revenir sur certains faits et de jeter un coup d'œil sur l'état du diocèse de Viviers, au temps où nous

(1) Curé actuel, M. Ranc ; vicaire, M. Vacher.

sommes arrivés; seul moyen de bien faire saisir le sens des intéressants détails qui suivront.

L'administration de ce diocèse était dans un état déplorable; qu'on se rappelle les désordres d'Orléans sous M. de Beauregard et ceux qui depuis ont ravagé ce diocèse (1), ou, en d'autres termes, que le lecteur se reporte à la notice de M. Morlot, c'est une seule et même chose : M. Bonnel, que je n'entends point comparer au premier, mais à qui son grand âge donnait quelque chose de l'incroyable faiblesse du second, M. Bonnel ne pouvait plus gouverner par lui-même; il laissait donc flotter les rênes au gré de quelques hommes, dont le moindre défaut, comme administrateurs, était l'incapacité.

Ici, un grand-vicaire, doué d'ailleurs de grandes vertus sacerdotales, mais de formes incultes, doux et sévère par boutades; fougueux et faible; un peu rancunier malgré son bon cœur, et capable, en certains cas, d'inconséquences terribles. — Il avait gouverné le diocèse de Viviers pendant que l'Ardèche était unie au diocèse de Mende, du temps de M. de Mons qui s'en moquait et le laissait faire, et

---

(1) Nos vœux sont exaucés. Enfin les Orléanais ont un évêque, un véritable évêque. M. Fayet, par la puissance du savoir, de la sagesse et de la bonté, ne peut manquer de rendre à cette église, longtemps désolée, la paix, l'union et le bonheur.

enfin, sous M. Molin. Peu d'hommes ont été aussi universellement aimés et détestés. Pour apprécier la nature de ses idées, il suffit de savoir ce qu'il a dit sur le prêt à cinq-pour-cent, sur la théologie de Liguori, etc., etc., etc., toutes singularités auxquelles je ne veux ni ne puis m'arrêter ici (1). Du temps de M. Bonnel, il devint presque étranger aux affaires.

Un autre vicaire-général se nommait M. Lavalette (2), jeune homme sans expérience, et qui, par conséquent, devait servir d'instrument à de plus adroits diplomates, ayant de bonnes intentions avec l'impuissance de les réaliser, ou même d'en sentir la valeur et la portée. Rien de pire en ce monde que de n'être pas à sa place : on perd les autres et on se perd soi-même. Eh, mon Dieu! mon Dieu! quel mauvais service vous rendent vos patrons, jeunes gens de famille, jeunes favoris, jeunes et puissants malheureux!

(1) M. l'abbé Vernet, prêtre de Saint-Sulpice, natif de Villeneuve-de-Berg, supérieur du grand séminaire, grand-vicaire honoraire. Le diocèse a des obligations à M. Vernet. Il a créé le séminaire et les Sœurs de la Présentation. — On l'a appelé le *pape-rouge*, à cause de la couleur de son teint. ....C'est d'ailleurs un des hommes les plus remarquables qu'ait produits la congrégation de M. Olier. Nous aurons sa biographie.

(2) Natif de Saint-Félicien ; il a été d'abord vicaire de Tournon, puis aumônier d'un petit couvent au Ceylar.

M. Delmas, après avoir été vicaire dans le diocèse de Mende, fut nommé vicaire-général par M. Bonnel qui était l'obligé de sa famille. C'est un gros homme, d'une physionomie peu avantageuse. On n'a jamais dit de lui qu'il fût *trop beau pour un prêtre,* et trop rusé pour croire à ce qu'il dit. Il a de plus un titre de chanoine, paratonnerre des gens mal situés. *Appensus est in staterâ,* etc., etc. Je n'ai pas encore vu le Sosie de ce Monsieur-là.

M. Gervaix, né dans les montagnes du Velai, passa deux ans à Issy, et fut lancé en 1817 sur la chaire de dogme du diocèse de Viviers. Forte tête à Saint-Sulpice; médiocrité en deçà et au-delà. C'est une question de savoir s'il a fait plus de *pataquiès* en enseignant la théologie que de fautes d'orthographe et de *civilité puérile et honnête* dans ses lettres; il est l'ennemi des frères Allignol et la créature de M. Mayaud ci-dessous.

M. Mayaud, esprit brouillon et quelque peu tapageur.

      Illa qui plurima nocte
Luserat, ... multoque jacebat
Membra Deo victus.

Luserat veut dire qu'il jouait fort avec les cartons de l'évêché; *Deo,* qu'il s'en donnait à cœur joie. M. Mayaud est lui-même la créature de M. Vernet.

Après avoir été peu de temps vicaire à Saint-Martin de Valamas (1), il obtint de son patron la place qu'il a maintenant. J'écoute ce qu'on m'écrit à son sujet : « Le secrétaire-général a été l'âme de toutes les affaires, et tout ce qui s'est fait lui appartient : les tracasseries, les changements, les destitutions, etc., etc. . . . .

. . . .

. . . .

M. Bonnel (Ardon-Pierre-Alexandre), né à Mende, le 27 janvier 1757, ancien grand-vicaire au même lieu, sacré à Avignon, le 19 février 1826, démissionnaire en 1841 ; bon, pieux, zélé, il eût été un saint prêtre, un bon curé de village, mais, comme évêque, il a laissé faire beaucoup de mal en croyant faire beaucoup de bien. Ses actions ne valent pas sa personne (2).

Telle était l'administration du diocèse de Viviers.

« Donc, les changements ne se faisaient plus partiellement, mais par lettres circulaires. On se rappelle une de ces lettres qui en opérait d'un seul coup quinze ou vingt, etc., etc. » — Je cite toujours.

---

(1) Curé actuel, M. Agreil ; vicaire, M. Pic.
(2) On dit que M. Vernet, le siège de Viviers étant vacant, frappa M. Bonnel d'interdit, et que, par ce motif, M. Vernet refusa d'assister au sacre de M. Bonnel, bien que celui-ci lui eût envoyé sa voiture.

Or, dans ce singulier état de choses, MM. Allignol étaient dépositaires de toutes les pensées du clergé inférieur.

> Quæcumque mihi fortuna fidesque est,
> In vestris pono gremiis ; revocate parentem ;
> Reddite conspectum ; nihil illo triste recepto.
> Bina dabo, etc., etc.

Bina dabo : vous aurez des remerciements, des évêchés, etc., etc. ; — les frères Allignol n'en demandaient pas tant :

> Sed te, super omnia dona,
> Unum oro.

Unum oro, pouvaient-ils dire, tenez-vous seulement tranquilles, et n'allez pas nous maudire plus tard pour courtiser le pouvoir.

En face des abus, ils cherchèrent un remède ; ils avaient longtemps sondé toutes ces plaies ;

> Tum quoque communi portam statione tenebant.

Une grande pensée traversa leur esprit.

> Nisus ait : « dîne hunc ardorem mentibus addunt,
> Aut pugnam, aut aliquid jam dudùm invadere magnum
> Mens agitat mihi ; nec placida contenta quiete est.
> Nisus ait : dîne hunc ardorem mentibus addunt,
> Euryale ?....
> Aut pugnam, aut aliquid jam dudùm invadere magnum
> Mens agitat mihi ; nec placida contenta quiete est.
> Cernis, quæ Rutulos habeat fiducia rerum :

> Lumina rara micant; somno vinoque sepulti
> Procubuêre;.......
> Æneam adciri omnes, populusque, patresque,
> Exposcunt; mittique viros, qui certa reportent.
> . . . . Tumulo videor reperire sub illo
> Posse viam ad muros et mænia Pallantea.
> Euryalus simul his ardentem adfatur amicum :
> Mene igitur socium summis adjungere rebus,
> Nise, fugis? solum te in tanta pericula mittam?
> Non ità me genitor, bellis adsuetus.....
> Sublatum erudiit; nec tecum talia gessi.
> Est hic, est animus lucis contemtor, et istum
> Qui vita bene credat emi, quo tendis honorem.
> Nisus ad hæc : Equidem de te nil tale verebar;
> Nec fas; non.
> Adceleremus. Ait : vigiles simul excitat. . . .
> Ipse comes Niso graditur, regemque requirunt.

Que vont-ils faire? se sacrifier encore, ou, en d'autres termes, écrire le livre intitulé de l'*État actuel du Clergé en France*.

Supposons, s'il vous plaît, qu'on puisse traduire ainsi les beaux vers de Virgile :

« J'ai une pensée, mon frère; vient-elle du ciel? c'est d'entreprendre quelque chose pour sauver le clergé de France, et de combattre, s'il le faut. A la vue de toutes ces misères, le repos m'est insupportable. Voyez donc l'arrogante confiance avec laquelle on tyrannise nos pareils; il y a tant d'ignorance brutale chez nos adversaires, *lumina rara micant!* C'est pourquoi ils ne font que manger et dormir au bruit de nos plaintes désespérées, *somno.... que sepulti procubuêre...* Mais le clergé du second ordre, mais les populations demandent qu'on s'adresse aux chefs de l'église, au souverain Pontife, et qu'on lui envoie des hommes qui rapportent une loi certaine. Il me semble que, durant le sommeil des Rutules (nous saurons tout-à-l'heure les noms de ces Rutules), on pourrait aborder une question capitale et dire de salutaires vérités. — Voudriez-vous seul, mon frère, tenter une si magnifique fortune, et courir sans moi de si grands périls; mon père, le vénérable M. Thouez, celui qui m'a élevé ne m'apprit jamais à croiser les bras et à me blottir à l'écart pour frissonner, quand les autres travailleraient; et puis, vous ai-je donné de moi une pareille idée? que m'importent mes intérêts personnels? je saurais au besoin payer gaiement de ma vie le bonheur d'avoir servi l'église. — Non, mon frère, je pensais mieux de toi, non. — Hâtons-nous donc. » Il dit, il donne l'éveil aux siens; les deux frères marchent de front; ils cherchent *le Roi.*

MM. Allignol composèrent donc en 1838 et 1839 l'ouvrage dont il s'agit, sans en faire un mystère à personne; au contraire, ils avaient souvent pris conseil des prêtres les plus recommandables du pays; le diocèse tout entier connaissait leur intention.

Le manuscrit à peine achevé, quelqu'un demandait à le voir. C'était M. Lavalette ! Par le ministère de M. Cornut, principal du collège d'Aubenas, l'ouvrage fut expédié. J'admire l'obéissance, et je la conçois d'autant mieux que, faute de se soumettre, MM. Allignol pouvaient encourir l'interdit; tel est aujourd'hui l'usage.

M. Lavalette examina, ce qui m'amuse beaucoup, et vraisemblablement ne jugea point qu'il y eût matière à censure. J'évite à dessein de nommer M. Bonnel, qui s'effraie; je ne dis rien à M. Vernet, qui se fâche; les autres se cachent.

Cetera per terras omnis animalia somno
Laxabant curas, et corda oblita laborum.

Toujours est-il que les auteurs se voyaient encouragés.

Alors M. Augustin Allignol sollicita un congé de six mois qu'il obtint, et il se rendit à Paris pour traiter avec un imprimeur.

Pourquoi s'arrêter en chemin ? M. Allignol se présenta chez M. Affre, et lui remit ses cahiers, en le priant de faire connaître son avis. M. Affre lui fit bon accueil.

.... pr:mus.....
Adcepit trepidos, ac Nisum dicere jussit.

M. Allignol s'expliqua :

Tum sic Hyrtacides : Audite o mentibus æquis. . .
..... si Fortuna permittitis uti,
..... nec nos via fallit euntis :
..... et totum cognovimus amnem.

M. Affre, après plusieurs jours, rendit le manuscrit, annoté de sa main ; — le manuscrit subsiste ; M. Affre approuva le manuscrit.

Hic ..... gravis, atque animi maturus Aletes :
Quæ vobis, quæ digna, viri, pro laudibus istis,
Præmia posse rear solvi? pulcherrima primum
Di moresque dabunt vestri ; tum cetera reddet
Actutum pius Æneas.

Pius Æneas signifie le Dieu juste, l'Éternel rémunérateur des bonnes œuvres.

J'ai peine à croire que M. l'archevêque actuel de Paris ait jamais prononcé des paroles comme celles-ci : « J'ai fait aussi un Traité sur la discipline ecclésiastique, je souhaiterais que mon livre fût imprimé avant le vôtre. » Car, avant d'être un homme juste et délicat, M. Affre est un homme d'esprit, et ç'aurait été *par trop* déroger à l'une et à l'autre de ses qualités.

Dans cette version fort invraisemblable, le délai pour M. Allignol s'étendait à six mois. Rester si longtemps à Paris n'était pas possible; y revenir pour surveiller les épreuves eût été nécessaire, mais n'était pas non plus praticable.

M. Garibaldi, consulté à son tour, refusa d'envoyer le manuscrit à Rome pour le faire examiner, disant, et avec raison, que les ouvrages qui ne traitent que de la discipline s'impriment sans permission et sous la propre responsabilité des auteurs.

L'ouvrage fut donc publié le 22 septembre 1839, chez un des éditeurs officiels du clergé, Debécourt, rue des Saints-Pères; il fut majestueusement annoncé et couvert de louanges dans l'Univers (1); la masse du clergé l'accueillit en battant des mains; il obtint un succès qui dure encore et qui même, espérons-le, durera longtemps.

Dix mois se passèrent sans évènements graves.

Cependant, Saint-Sulpice s'agitait: il ne pouvait pardonner aux auteurs d'avoir dit que les études cléricales ne sont pas ce qu'elles devraient être, qu'il est urgent de les aggrandir et de changer son mode d'enseignement pour le mettre en harmonie avec les besoins du siècle; encore moins leur par-

---

(1) On sait que Rome vient de mettre à l'index l'*Histoire du pape Innocent III*, histoire que ce journal a préconisée sous toutes les formes et qui a même été traduite par un de ses rédacteurs, du surnom de Saint-Chéron.

donnait-il d'avoir avancé que les évêques devraient consulter les curés dans l'administration générale du diocèse, lui qui est aujourd'hui le conseiller naturel des évêques, seul en possession de gouverner partout où il se trouve, et souvent où il ne se trouve pas. Il fallait promptement écraser les téméraires qui avaient osé douter de son infaillibilité théologique et gouvernementale.

On lancera d'un côté sur les deux frères le grand *redresseur de tous les torts;* et puis, on ameutera l'administration diocésaine, en la délivrant de la peur qui paralysait son mauvais vouloir.

M. Boyer partit bien vîte pour Viviers.

M. Carrière l'accompagnait, je ne sais pourquoi. Un homme de sa sorte eût bien mieux fait, ce me semble, de prendre la plume et de réfuter sérieusement le livre en question.

Il était moins difficile de voyager. N'insistons pas.

Et d'abord, l'administration fait circuler par ses affidés les bruits les plus sinistres,

> Interea præmissi equites ex urbe Latina
> Cetera dum legio campis instructa moratur,
> Ibant, et Turno regi responsa ferebant,
>   scutati omnes, Volscente magistro.

elle fait imprimer dans plusieurs journaux, et notamment dans celui de l'Ardèche, des articles anonymes.

<small>Nihil illi tendere contra
Sed celerare fugam in silvas, et fidere nocti.</small>

Fidere nocti !.. On parle sourdement d'interdit et de destitution ; on demande, on exige dans chaque canton des protestations contre les doctrines *nouvelles*.

Aucune intrigue ne fut négligée pour arriver à cette fin, *divortia nota;* on n'était plus bon prêtre qu'en se déclarant l'ennemi des deux frères. Parmi leurs nombreux amis, plusieurs furent menacés, quelques-uns changés, et l'inamovibilité de M. le curé d'Aubenas (1) ne l'empêcha pas de perdre le camail d'honneur et le pouvoir d'accorder les dispenses.

MM. Allignol demandèrent des explications.

<small>Confestim alacres admittier orant.</small>

On leur répondit par des menaces ; ils insistèrent, on voulut une rétractation publique ; ils s'y refusèrent alors, et offrirent de porter l'affaire à Rome, *acciri Æneam,* ce qui leur fut expressément défendu.

Otto, to, ti, bou, bous : voici M. Boyer qui se

---

(1) M. Thouez.

précipite et prêche une retraite : *Volscente magistro.*
Il ne manque pas d'édifier ses auditeurs par de fréquentes allusions au *funeste* ouvrage.

> State, viri ; quæ caussa viæ? quive estis in armis?
> Quove tenetis iter?

Vers la fin de cette retraite, M. Augustin qui s'y trouvait remit aux grands-vicaires une déclaration signée et paraphée. Il prenait l'engagement pour lui et pour son frère de se soumettre à la condamnation que M. Bonnel pourrait faire de la doctrine de leur livre, sous condition que l'affaire serait immédiatement portée au Saint-Siège et que la permission d'aller à Rome serait donnée à l'un d'eux. Cette pièce jugée insuffisante par les grands-vicaires fut cependant reçue et remise à l'évêque.

Excellente affaire! Soudain la cloche du séminaire a sonné. Les prêtres, sans savoir pour la plupart ce qu'ils vont faire, sont conduits à l'évêché sous prétexte de visiter M. Bonnel, leur évêque, qu'une indisposition retenait dans sa chambre. Là, dans un compliment LU par le vieux curé de Joyeuse, M. Vaschalde, la doctrine des frères Allignol est qualifiée *injurieuse et outrageante* pour la forme, *erronnée et hétérodoxe* pour le fond; et, dans une réponse LUE par le vieil évêque, ces qualifications honnêtes sont implicitement ratifiées (1).

(1) Voici, du reste, les deux pièces avec le commentaire de l'*Ami de la religion :*
Diocèse de Viviers. — Cent cinquante prêtres du diocèse ont assisté avec édification à la retraite pastorale que M. l'abbé Boyer, directeur du séminaire de Saint-Sulpice, est venu prêcher au grand séminaire de Viviers. M. l'évêque n'a pu, à cause de son grand âge et de ses infirmités, avoir la consolation de se trouver, comme par le passé, à la tête de son clergé, pendant cette retraite, dont les pieux exercices, grâce à la parole forte et puissante de M. Boyer, étaient si propres à renouveler l'esprit sacerdotal et à retremper le zèle des hommes apostoliques.

Le cœur paternel du prélat avait été affligé par l'apparition de l'ouvrage de MM. Allignol sur l'*État actuel du clergé*, où la question de l'inamovibilité des pasteurs à charge d'âmes se trouve traitée d'une manière à rendre odieuse la discipline actuelle et à la faire considérer comme entachée d'illégitimité et d'une origine plus que suspecte. Devant des doctrines aussi étranges et aussi irrévérencieuses pour l'honneur de l'épiscopat, alors qu'on voit les liens de l'obéissance se relâcher en tous lieux, et à une époque où, sous le nom de liberté, la licence semble nous envahir de toutes parts, le clergé du diocèse de Viviers a cru devoir protester contre cette tendance si funeste à la vraie hiérarchie. L'idée d'une manifestation solennelle, suggérée par un simple desservant et accueillie par ceux des curés qui exercent le plus d'influence, a été communiquée par eux de proche en proche, et a déterminé un entraînement général.

On a donc vu, la veille de la clôture de la retraite, les retraitants en masse sortir du grand séminaire, parcourir en silence le boulevard, et arriver, graves et recueillis, dans la salle du palais épiscopal. Bientôt, M. l'évêque, soutenu par ses grands-vicaires, est venu s'asseoir au milieu de cette réunion quasi synodale. Alors s'est avancé respectueusement M. Vaschalde, curé de Joyeuse, vénérable doyen du clergé de Viviers. Il a pris la parole en ces termes :

« Monseigneur, le clergé de ce diocèse, jaloux de manifes-

Ecoutez mon correspondant : « J'étais moi-même présent à cette scène étrange, dit-il, et je ne l'ou-

ter à son chef l'étendue de son profond respect, la vivacité de son amour, la sincérité comme l'universalité de son obéissance, me charge de la mission honorable d'être l'interprète de ses sentiments auprès de Votre Grandeur.

« Il partage la peine qu'a fait éprouver à votre cœur paternel la conduite de quelques-uns de vos prêtres, qui ont émis une doctrine nouvelle, fausse dans ses principes, outrageante dans sa forme, tant à l'égard de l'épiscopat, qu'à l'égard du clergé du second ordre.

« Nous réprouvons de toutes nos forces les insinuations malveillantes, et les attaques injustes dirigées contre une administration éminemment paternelle : et nous désirons plus que jamais vivre unis comme un seul homme à notre saint évêque, et aux premiers dépositaires de son autorité.

« Il ne nous reste plus, Monseigneur, qu'à adresser au ciel les vœux les plus ardents pour la conservation de celui que nous aimons à appeler notre père, en lui demandant humblement sa bénédiction. »

Le prélat a répondu avec une vive émotion :

« Messieurs, quoique très convaincu déjà de l'orthodoxie des principes de la très grande majorité des prêtres de mon diocèse, la manifestation solennelle que vous me faites, par l'organe de M. le curé de Joyeuse, me cause une joie très vive, et adoucit la peine que m'avait procurée *la doctrine nouvelle* qu'un très petit nombre d'autres ont cherché à propager. Leur retour aux bons principes sera, je l'espère avec confiance, le résultat du bon exemple que vous leur donnez, et le fruit de la retraite qu'ils viennent de faire. C'est ce que je ne cesserai de demander à Dieu, qui seul peut changer les cœurs. »

Après cette allocution, le prélat a donné sa bénédiction épiscopale à son clergé.

D'après le discours de M. l'évêque de Viviers, on peut considérer les doctrines déposées par MM. Allignol dans leur livre, comme jugées, du moins en première instance. Le prélat les a qualifiées explicitement de *doctrines nouvelles*, et implicitement d'*hétérodoxes*, en mettant en opposition l'or-

blierai de ma vie. Les retraitants, fort peu nombreux, cette année, ne savaient quelle contenance garder; un sentiment mêlé d'indignation et de honte se peignait sur tous les visages.

« Tous se reprochaient cette démarche, quoique involontaire, comme une mauvaise action. Il n'y avait qu'une voix pour la flétrir, et on l'a appelée LA FARCE DE VIVIERS. Le nom restera.

« Dix ou douze prêtres seulement avaient le mot de ce qui fut fait. »

M. Augustin, voyant ce qui se passait, comprit que sa place n'était plus au séminaire; il quitta la retraite et se retira silencieusement chez lui.

Or, je vais analyser aussi fidèlement que possible cette *infâme* production, en suivant pas à pas les auteurs, et en les copiant même mot par mot.

Après avoir exposé la situation actuelle du clergé, la plus déplorable à coup sûr qui soit et qui ait ja-

---

thodoxie de la très grande majorité des prêtres de son diocèse avec les *nouveautés* enseignées par un très petit nombre d'entre eux.

Le lendemain, 29 septembre, M. l'évêque est venu présider à la clôture de la retraite. Après un discours remarquable sur la paix et l'esprit de charité, prononcé par M. Boyer, il a reçu le renouvellement des promesses cléricales que chacun est venu déposer en ses mains au pied de l'autel.

On a lieu d'espérer que cette retraite ramènera toutes les opinions à l'unité de doctrine, et que la concorde, succédant à de longues dissensions, ne cessera pas de régner dans le clergé de ce diocèse.

mais été, les auteurs prouvent que la cause du mal vient tout entière et exclusivement de l'oubli des règles les plus anciennes, les plus fondamentales et les plus inviolables du droit ecclésiastique.

Mais hélas! faites observer à un évêque, aussi respectueusement que possible, qu'en agissant de telle manière et non de telle autre, il aurait produit ou moins de mal ou plus de bien, vous avez outragé l'épiscopat; priez Dieu pour que les sièges de France obtiennent des titulaires plus expérimentés, moins évidemment éclos de la faveur des salons de comtesses, plus conformes du moins aux canons en ce qu'ils exigent d'eux, par exemple, et comme condition *sine quâ non*, le grade de docteurs, vous êtes un athée. Ce que ses diocésains vous racontent journellement avec pleurs et malédictions, par paroles et par lettres, laissez-le soupçonner dans la notice de M. de Chamon, vous méritez qu'on vous empêche de vivre....

Or, attaquer de front la question, sans politique et sans réserve, c'eût été perdre d'avance sa partie, selon MM. Allignol, et je le crois volontiers.

MM. Allignol, donc, se prosternent avant tout de façon fort orientale sous le marchepied des évêques qui sont des dieux, sinon quelque chose de plus : impossible de manier plus paternellement la sainte houlette; leurs ouailles sont grasses de félicité, *in oleo et pinguedine ;* jamais tant de lumières n'ont brillé sur les échelons supérieurs de la société catholique ; les trônes et les dominations se ternissent devant M. Parisis de Langres et M. Marguerie de l'Auvergne, etc., etc.

C'est fort bien, et d'autant mieux que MM. Allignol tirent de là une fameuse conséquence : des évêques pareils, suivant eux, ne résisteraient pas à l'évidence de la raison. Il suffirait de leur indiquer ici l'inamovibilité des succursalistes, là le rétablissement des juridictions d'officiaux, pour qu'ils adoptassent d'enthousiasme une réforme ; ils ne sont pas hommes à cacher, comme les popes russes, la *Kormczaia Kniga,* ni, comme M. l'abbé de Coussergues, à qualifier de *momier* quiconque signale un abus d'autorité. Bien intentionnés et très sincères, jamais ils n'allégueraient d'impossibilités chimériques ; et puis, indépendamment de la logique et du devoir, la voix de l'intérêt personnel se ferait entendre, car il n'est pas besoin de tout le génie qu'ils ont pour concevoir ces paroles de Tertullien : *Nimia potestas, nulla potestas.*

20 Octobre 1842.

Biographie du Clergé Contemporain.

M. BOYER.

A. Appert Edit. Passage du Caire 54.

Biographie du Clergé Contemporain

A. Appert Edit. Passage du Caire 54.

MM. ALLIGNOL.

DEUXIÈME PARTIE.

> Bonus judex nihil ex arbitrio facit,
> sed secundùm leges et jura pronunciat.
> S. Amb., *in Psalm.* 118.

M. Appert, éditeur de cette biographie, a bien voulu, sur ma demande, seconder de toute son intelligente activité la propagation de *l'État actuel du Clergé en France* (1); c'est une bonne œuvre tout-à-fait digne de lui, c'est un service de plus qu'il rend à l'Église.

Ce livre se divise en deux parties principales :

Dans la première, les frères Allignol examinent d'abord quelle était en France la constitution de

---

(1) 1 Vol. in 8° de 400 pages, auquel M. Appert a joint les portraits des auteurs sans en augmenter le prix.

l'Église avant 1802, et quelle elle est encore dans tous les autres états catholiques ; ils citent Balsamon, Fagnani, Van-Espen, et surtout le savant et sage P. Thomassin. La seconde partie traite du changement opéré en France dans la discipline de l'Église depuis 1802, et du régime ecclésiastique nouveau que ce changement a établi.

Première partie. — MM. Allignol distinguent dans la hiérarchie de l'église ce qui est d'institution divine d'avec ce qui est du gouvernement ecclésiastique proprement dit. Ils ne touchent qu'indirectement à la première question. La seconde les amène à dire de quels pouvoirs l'Église a toujours revêtu les prêtres à charge d'âmes ou curés; ces pouvoirs avaient rapport : — à la paroisse, dont le curé possède le gouvernement spirituel *in extenso*, c'est-à-dire que son autorité s'étend sur tous ceux qui habitent sa paroisse, sans exception, et que, si l'étendue ou la population de la paroisse l'oblige à avoir un vicaire, le choix lui en appartient, etc., etc.; — ils avaient rapport aux affaires du diocèse : d'après les Constitutions apostoliques, saint Ignace, disciple des apôtres, saint Cyprien, le concile de Valence (374), le quatrième concile de Carthage, et le canon vingt-deuxième du synode d'Auxerre, l'évêque et les prêtres doivent former comme un sénat auguste où l'un préside avec autorité, et dont les autres sont les conseillers et les assesseurs : *nihil sine vestro concilio, in communi tractabimus* (1) ; de là le sacré collège, de là l'origine des chanoines ou du chapitre, de là l'obligation pour l'évêque d'assembler des synodes diocésains (Conc. Trid., sess. XXIV, c. 2, *de Reform.*); — ils concernaient encore l'intervention des prêtres dans le gouvernement général de l'Église : sous l'autorité des évêques, les prêtres furent admis au concile de Jérusalem (Act. apost., c. 15), et à tous les conciles d'Antioche (2), de Rome, etc., etc.; en 465, du temps du pape Hilarion, les prêtres s'écrièrent avec les évêques : « Voici ce que nous enseignons. » *Ab universis episcopis et presbyteris acclamatum est: hæc docemus* ; de même à Constance, à Bâle, etc., etc., et à Trente.

On le voit, disent MM. Allignol, de tout temps l'Église a relevé la dignité des prêtres, et surtout des curés, par les pouvoirs sublimes qu'elle leur a conférés ; elle a encore voulu que cette auguste dignité ne pût jamais être avilie par le besoin et la misère.

(1) Dionysio.... Helenus et Hymeneus.... Melchior et Lucius,... et reliqui episcopi et presbyteri. (St Isid. oper. de modo celeb. conc.)
(2) S. Cyprien, op. 6.

L'Église a toujours fourni à ses prêtres une subsistance honnête et indépendante. Saint Paul l'a écrit : Celui qui travaille à l'autel doit vivre de l'autel. Voici une loi très ancienne rapportée par Gratien : « *Non liceat ulli episcopo ordinare clericos et illis nullas alimonias præstare; sed duorum, alterum eligat : vel non faciat clericos, vel, si fecerit, det illis undè vivere possint.* Viennent des textes du troisième concile de Latran (1179), et du concile de Trente condamnant l'évêque à subvenir de son propre bien à l'entretien des prêtres qu'il a ordonnés sans titre, et lui appliquant les peines portées par les anciens canons. Même depuis le nouveau régime, qui semble n'avoir été fait que pour priver le clergé du second ordre de ses droits et de ses privilèges, les articles organiques défendent aux évêques d'ordonner aucun ecclésiastique, s'il ne justifie d'une propriété produisant un revenu annuel de 300 fr. (art. 26); bien plus, d'après un décret impérial du 17 novembre 1811, le titulaire absent, même pour inconduite ou indignité, a droit à la moitié de son traitement, s'il est desservant, et aux deux cinquièmes, s'il est curé de seconde classe, etc.; on SUPPOSE ÉVIDEMMENT QUE LE PRÊTRE EST INTERDIT PAR L'ÉVÊQUE; dans ce dernier cas, la loi veut qu'il conserve au moins une bonne moitié de son traitement et que personne ne puisse l'en priver ; ne voulant pas même alors, et avec raison, qu'un prêtre manque du nécessaire et qu'on puisse avilir son état par le besoin et la misère (1).

Mais c'est en vain que l'Église aurait pris un soin tout particulier de fournir à ses prêtres un honnête entretien, etc., etc., si elle avait abandonné leur personne et leur honneur à la volonté et au bon plaisir de l'évêque. Un évêque, quelle que soit sa dignité, est toujours homme, et ainsi capable d'injustice. Saint Paul ordonne à Timothée de ne point recevoir d'accusation contre un prêtre, si ce n'est en la présence et sur la déposition de deux ou trois témoins (1 Tim., 5). Les évêques sont les juges des prêtres, mais la nécessité des témoins et la qualité du juge nous indiquent un jugement dans les formes. — C'est, comme on voit, la question souveraine des officialités. « Si un prêtre, dit le onzième concile d'Anthioche, dégradé par son évêque, ou un évêque déposé par le synode, au lieu de recourir au métropolitain et à un synode supérieur, ont recours à l'empereur, qu'ils soient déposés sans espérance de retour. » Ainsi donc, recours au synode,

---

(1) Voyez 3ᵉ vol. *Biographie de mes Biographies*, sous la rubrique : *M. Migne*.

appel au métropolitain. Sont cités à l'appui, tous les conciles, et principalement (page 45), le premier canon du concile de Sardique, qui est un peu long, mais que je vous supplie de lire, ô M. l'évêque de Saint-Claude.

Ces saints conciles, dit Thomassin, n'ignoraient pas qu'un pouvoir absolu dans l'évêque sur son clergé, pourrait bien être utile dans quelques circonstances, mais l'expérience leur avait appris qu'il en est un bien plus grand nombre où un tel pouvoir serait aussi dangereux que funeste, et l'évêque lui-même serait bien à plaindre si sa passion était laissée sans frein, et ne pouvait être modérée par de sages conseils, ni arrêtée par l'autorité d'un tribunal supérieur (*Discipline ecclésiastique*, t. 4, part. 2, liv. I, c. 15).

L'église grecque n'a fait aucun changement à cette antique discipline. Dans l'église latine, depuis le quatrième siècle, le pouvoir de juger sans appel ne fut laissé aux évêques que par rapport aux clercs. Le premier concile de Carthage fixe en ces termes le nombre des juges qui doivent connaître des affaires ecclésiastiques : *A tribus vicinis episcopis, si diaconus est; presbyter, à sex; si episcopus, à duodecim.*

Mais les diocèses étant beaucoup plus étendus

qu'autrefois, et les évêques infiniment plus rares, il devint très difficile et souvent impossible de réunir six évêques toutes les fois qu'il s'agissait de juger un prêtre. On sentit donc le besoin d'établir dans chaque diocèse un tribunal spécial et permanent où les causes ordinaires des prêtres seraient portées et jugées en première instance ; c'est alors que prirent naissance les Officialités. Un prêtre nommé par l'évêque et revêtu de ses pouvoirs présidait le nouveau tribunal ; il était, sous le nom d'official, le juge ecclésiastique ordinaire de tout le diocèse. Le prêtre accusé n'était cité devant l'officialité qu'après trois monitions faites à des intervalles assez longs pour qu'il eût le temps, soit de se corriger, s'il était répréhensible, soit de préparer sa défense ; et lorsque enfin il était traduit, tout se passait au grand jour. Il avait toute liberté pour se défendre ; il était confronté avec les accusateurs et les témoins, et la sentence n'était portée qu'après l'instruction la plus exacte et la plus sévère. Le prêtre mécontent de la sentence de l'official pouvait toujours en appeler à un tribunal supérieur, et parcourir tous les degrés de la juridiction ecclésiastique. Ainsi, humainement parlant, ni l'innocent ne pouvait être condamné, ni le coupable rester impuni.

L'Église a donc, dans tous les temps, veillé sur

la personne et l'honneur de ses prêtres; elle a veillé avec la même sollicitude sur leur position, car les prêtres à charge d'âmes ont toujours été fixes et inamovibles; ils n'ont jamais été destituables ni révocables au gré de l'évêque. — La question tient de près à celle qui précède. Ceci se démontre par la constante tradition de l'Église, par les canons des conciles de Plaisance et de Clermont (1095) (1); de Nîmes (1096) (2); de Reims (1131), de Londres (1225), de Latran (1139), de Tours (1153), d'Avranches (1272), de Béziers, d'Oxford, de Cantorbéry, de Mayence, de Salzbourg, de Cognac (1253), et de Trente (Sess. 7, C. 7 *de Reform.*); auxquels il faut joindre les ordonnances de Louis XIII (1629), et la déclaration de Louis XIV (1657). Le Tellier, archevêque de Reims, voulut, en 1697, faire un mandement pour rendre ses curés amovibles, mais aussitôt que le roi Louis XIV en eut connaissance, il lui fit défense de le publier. Le père Davrigny, qui raconte ce fait, observe qu'un tel projet, s'il fût

---

(1) In quâ ecclesiâ quilibet titulatus est, in eâ perpetuò perseveret. (Can. 13.)

(2) Celui-ci est plus exprès encore : Sacerdotes, quandò regendis præficiuntur ecclesiis, de manu episcopi curam animarum suscipiant, et ibi totâ vitâ Deo deserviant, nisi canonico degradentur judicio.

devenu public, aurait soulevé tout le clergé, tant il eût paru étrange et inouï.

Mais si l'évêque ne peut révoquer les prêtres à charge d'âmes qu'il a une fois institués, ne peut-il pas du moins les transférer à volonté d'une paroisse à l'autre sans leur consentement? Non.

L'ordination, dans tous les temps, attache irrévocablement les clercs à leur évêque, et par lui à une église particulière, à une fonction déterminée. Même obligation pour les évêques, d'après le concile d'Antioche, le cinquième concile de Chalcédoine (Can. 17-18), le quatrième de Carthage (Can. 27), et la raison qui veut que les droits soient corrélatifs aux devoirs; leur devoir donc étant de ne point quitter leur paroisse sans la permission de l'évêque, leur droit doit être de ne se point voir forcés à la quitter.

La page 80 est fort méchante parce qu'elle est fort vraie. C'est un délicieux commentaire de ces paroles de Balsamon : *Similiter nota quod officia ecclesiastica non sunt episcoporum potestatis, ut dicunt nonnulli, sed canonum auctoritatis et dignitatis; sicut nec reliquorum ordinum jura, scilicet diaconorum, sacerdotum et reliquorum. Nisi enim ita esset, non cum distinctione suis gradibus exciderent, sed, seu benè seu malè, quando vellent episcopi hoc fieri. Hoc autem sanctis patribus minimè visum est.*

Deuxième partie. — A voir la transformation qui s'est opérée dans l'état de l'Église gallicane, on serait presque tenté de croire que l'Église de France ne fait plus aujourd'hui partie de l'Église universelle.

Les auteurs qui attribuent aux articles organiques ce changement déplorable, chose claire comme le jour, précisent ensuite ses résultats par rapport à l'épiscopat, par rapport aux curés de canton, par rapport aux *desservants*.

1° Par rapport à l'épiscopat. — Nos évêques ne s'adressent presque plus au Pape que pour solliciter leur institution canonique, et pour demander des dispenses et des indulgences. — Quels sont les liens extérieurs qui les unissent les uns aux autres ? Nous les chercherions en vain : plus d'assemblées générales, plus de conciles métropolitains, etc. ; ils ne se connaissent même pas. — Nos prélats sont-ils du moins unis avec leur propre clergé ? hélas ! nous n'oserions dire là-dessus toute notre pensée (p. 139). Les articles organiques en rendant facultative, d'obligatoire qu'elle était, la coutume constante de consulter les chanoines dans les affaires courantes, ont rompu le lien principal qui unissait l'évêque au chapitre (1), et ont anéanti toute l'influence de celui-ci. La suppression des synodes diocésains a ôté à l'évêque le principal moyen de connaître ses prêtres, de les employer selon leur mérite, etc. (Méditez les pages 141 et 142, où il est question du pouvoir illimité des évêques et de l'inutilité des grands-vicaires et des chapitres ; voyez même la petite flatterie qui vient à la suite ; pages 143, 144, etc.).

2° Par rapport aux curés de canton. — Institution bonne par elle-même, mais qui entraîne des inconvénients. Ces curés sont encore honorés et respectés, tandis qu'un autre sort est réservé aux succursalistes ; pourquoi ? ce n'est pas à cause de leur supériorité en science et en vertu, car, pour remplir les cures, on choisit ordinairement, non les plus instruits, mais les plus dévoués, non les plus dignes, mais les plus simples ; — leur inamovibilité les rendrait capables d'opposition. Pourquoi donc ? c'est que le curé de canton est encore parmi nous ce qu'étaient autrefois tous les prêtres à charge d'âmes, légal et inamovible. Alors les prêtres étaient

---

(1) Quelques prélats mettent encore dans leurs mandements la formule : *Après avoir pris l'avis de nos vénérables frères les chanoines de notre cathédrale ;* mais ce n'est plus qu'une vaine formalité, une manière de style que l'amour de la vérité a fait même supprimer au plus grand nombre.

indépendants les uns des autres ; il régnait entre eux une égalité précieuse qui excluait l'ambition, l'envie, la division, qui en faisait un tout homogène, compact, et par cela seul, plus respectable et plus fort. En créant une classe de privilégiés (1), on a rompu cette unité, on a créé deux camps rivaux divisés par des intérêts opposés. La juridiction du curé s'étend donc sur toutes les églises du canton, et la création des succursales n'a pu préjudicier à ses droits. « Les vicaires et desservants exerceront leur ministère, dit l'art. 31, sous la surveillance et la direction des curés. » Ainsi réduit, le corps des curés de campagne a dû voir son action s'affaiblir de plus en plus. Cette institution a produit un autre effet non moins funeste : bientôt il y aura autant de petits prélats que de curés de canton ; ce sont des autorités placées en face de celle de l'évêque, et tendant sans cesse à s'agrandir à ses dépens. Autrefois du moins, tous les prêtres sans distinction dépendaient immédiatement de l'évêque ; aujourd'hui, les desservants dépendent immédiatement, comme on vient de le voir, des curés. Voilà ce qui est arrivé. Les fidèles se sont accoutumés à la différence des rangs ; encore quelque temps, et cette différence se montrera dans sa hideuse nudité.

(1) Il y aura un curé par justice de paix. (Art. 60.)

3º Par rapport aux Desservants. — Les neuf dixièmes étant dans l'état que nous avons vu, c'est avec un vif sentiment de tristesse, disent les frères Allignol, que nous nous résignons à descendre dans les profondeurs d'une situation dont le seul aspect nous met la rougeur sur le front; mais le silence serait ici pour nous une lâcheté; il serait une prévarication. Qui nous rendra le curé des campagnes tel que l'ont dépeint Letourneur, Gérard, Marmontel, Bernardin de Saint-Pierre, Florian et autres? Hélas! nous ne voyons plus qu'un prêtre dépouillé, dégradé, avili, devenu un objet de mépris, de pitié et de risée!

Il y a trois raisons de cet abaissement :

PREMIÈRE RAISON. La perte de son nom et de sa qualité de curé. Le nom de curé était si cher au peuple! Quelle idée présentent les noms de succursale et de desservant, le second à peu près ignoré avant 1802? Le peuple n'a même pas voulu de ces noms et il a continué de dire : *mon curé, ma paroisse;* ces noms sont devenus, parmi le peuple, des expressions injurieuses. (Je trouve à la page 180 une juste définition de la *succursale,* par Durand de Maillane, éd. de 1770.) La juridiction du desservant n'est que déléguée; c'est un vicaire et rien de plus ; il est même, d'après les termes de la loi, au-dessous du vicaire (V. p. 184 et suiv. de curieux développements sur les dénominations de vicaire et curé). Les évêques eux-mêmes n'ont pas tardé à voir combien cette situation était fausse et préjudiciable à la religion ; ils se sont hâtés de conférer aux desservants les pouvoirs dont l'Église a toujours revêtu les pasteurs des âmes ; mais, pour être conséquent, il fallait, avec ces pouvoirs, leur rendre les droits. Point. Au lieu d'améliorer leur sort, ils n'ont fait que l'aggraver en leur imposant la charge pastorale sans compensation. Il faut que le desservant remplisse tous les devoirs d'un curé sous peine de se voir accusé et puni, mais il n'a pour cela aucun des moyens nécessaires : il manque absolument d'autorité et d'indépendance. De là tant de mécomptes, tant d'avanies, tant de dénonciations, tant de persécutions.

2e RAISON. L'amovibilité où on l'a réduit. Tous les titres qu'il porte, toutes les fonctions qu'il exerce supposent la constance et la fixité. 1° Il est le père des fidèles confiés à ses soins ; 2° il est l'époux de l'Église qu'il dessert ; 3° il est pasteur. Mais est-il naturel qu'un père se sépare de ses enfants et qu'un époux quitte son épouse pour s'attacher à une étrangère? Le mercenaire peut changer de troupeau ; le vrai pasteur n'en change jamais ;

il connaît ses brebis et il est connu d'elles, il sait distinguer les brebis saines des brebis galeuses et leur donner la nourriture qui leur convient; il faut pour cela des projets mûris à loisir, médités longtemps, suivis avec constance, éprouvés par plusieurs expériences, ce qui suppose du temps et surtout de la fixité. Le bon pasteur doit aimer son troupeau jusqu'à la mort : *bonus pastor animam suam dat pro ovibus suis;* de leur côté ses ouailles doivent le chérir (ici revient une peinture que nous avons vue plus haut). Quels sacrifices peut-on exiger du pasteur envers un troupeau qu'il n'est pas assuré de conserver un seul jour? Quelle confiance peuvent avoir les paroissiens pour un pasteur qu'on peut leur enlever du soir au lendemain? Le bon pasteur doit être aumônier; mais privé de toute ressource assurée pour l'avenir, pouvant à chaque instant perdre son état, se voir jeté sur le pavé et réduit à la misère, ne doit-il pas d'abord songer à faire quelques économies sur son modique traitement, afin de se ménager une ressource et de ne pas manquer du nécessaire dans sa vieillesse (Ici une note pleine de sens et de vérité sur les caisses de secours ecclésiastiques). Le prêtre à charge d'âmes est juge des consciences; mais un juge, pour remplir dignement ses fonctions, doit jouir d'une entière indépendance, qui ne peut exister qu'avec l'inamovibilité; aussi, dans tous les états bien ordonnés, les juges temporels sont-ils déclarés inamovibles. Il est magistrat, chargé de maintenir la foi et les bonnes mœurs, de réprimer les désordres publics et particuliers; or, le peuple ne se laisse persuader, il ne se laisse diriger et conduire que par ceux qu'il voit revêtus d'une grande autorité, entourés d'une haute considération, et jouissant d'une parfaite indépendance. Mais rien de tout cela ne peut exister sans l'inamovibilité.

L'inamovibilité est aussi ancienne que l'Église, et encore aujourd'hui elle est en vigueur dans l'Italie, l'Espagne, l'Autriche, la Pologne, l'Irlande, dans tous les états catholiques.

L'idée de stabilité et de fixité avait pénétré si avant dans l'esprit de nos curés, qu'en 1802, lorsqu'on fit une nouvelle circonscription de paroisses, malgré le bouleversement général qui venait d'avoir lieu, presque tous demandèrent instamment de rentrer dans leurs postes anciens (p. 205, réflexions sur les déplacements *par trente et quarante*, et sur les suites nécessaires d'un tel système, c'est-à-dire l'anxiété, le découragement, la défiance, la froideur, et peut-être, hélas! la haine des desservants à l'égard des supérieurs). Dans cet état d'anxiété et de crainte, les pasteurs amovibles ne peuvent conserver entre eux l'union et la charité fraternelle. Placés aujourd'hui dans un poste qui leur plaît, demain peut-être ils se verront remplacés par un confrère estimé jusque là, par un voisin, un ami, sur l'affection desquels ils avaient compté ; comme les changements sont tous concertés en secret et dans l'ombre, et qu'on n'en connaît jamais ni la raison, ni la cause, on se livre à mille conjectures, on suppose des rapports, des délations, des calomnies ; les infortunés desservants deviennent ainsi forcément les ennemis les uns des autres. Chacun s'observe, croyant voir dans son voisin un ennemi déguisé, un rival dangereux ; on n'ose plus se fier à personne ; on reste chez soi, ou, si on se voit encore, c'est par pure bienséance et pour se sonder mutuellement. Il y en a plus d'un exemple dans la *Biographie du clergé contemporain*.

Suit un tableau dessiné de main de maître, frappant de vérité, et plus spécialement recommandé, dans les circonstances présentes, à M. Fayet.

Cette triste position a produit un autre résultat bien déplorable. Il s'est formé parmi le clergé de chaque diocèse deux partis opposés, qu'à l'instar des partis politiques, on peut désigner sous les noms de parti ministériel et parti de l'opposition. Ceux qui sont censés appartenir au premier sont traités par leurs adversaires d'espions, de mouchards, de favoris des dépositaires de l'autorité. Ceux du parti contraire sont accusés à leur tour d'opposition systématique, d'insubordination, presque de schisme. Les supérieurs entretiennent eux-mêmes, assurément sans le vouloir, mais par nécessité de position, cette scission fatale. L'autorité absolue que l'amovibilité leur permet d'exercer sur le clergé diocésain, doit leur faire considérer comme un crime l'ombre même d'opposition, la plus légère désapprobation de leurs actes ; ils doivent au contraire regarder comme seuls dignes de récompense ceux qui les flattent et leur applaudissent. Ceci est de la nature de toute autorité absolue et sans contrôle. On accueillera donc ces derniers avec bienveillance, et toutes les faveurs, comme les meilleures places, leur seront réservées ; tandis que les autres ne recevront qu'un accueil glacé ; il seront tenus à l'écart ou placés dans les postes les moins favorables, ce qui ne peut manquer de tracer entre les deux partis une ligne de démarcation qui doit, à la longue, devenir infranchissable. En effet, plus on va, et plus cette division funeste devient marquée et profonde ; elle ne peut tarder de paraître au dehors et d'achever de perdre les infortunés desservants dans l'estime publique.

Ils y sont déjà fort mal, etc., etc.

Qu'importe?... au premier signal, il faut tout quitter pour recommencer ailleurs, malgré l'âge, les infirmités, etc. ; heureux encore si on n'est pas envoyé d'un pays tempéré sur des montagnes glacées, d'une paroisse bien habitée dans un désert sauvage, d'un peuple qui vous chérit chez un autre qui vous repousse ! Et ne pensez pas surtout à faire des observations, même les plus humbles et les plus soumises, on les prendrait en mauvaise part, on vous accuserait de rendre l'administration impossible, et vous en deviendriez plus à plaindre ; car on vous regarderait comme un rebelle, et l'on sait quel châtiment est infligé à un tel crime dans la nouvelle législation.

Quel spectacle est donné aux fidèles! Une circulaire part de l'évêché pendant qu'on y songe le moins. Elle porte la désolation dans le cœur d'une cinquantaine de desservants et l'anxiété dans celui de tous les autres. Ceux qui ne sont pas atteints tremblent pour l'avenir, et à chaque instant ils voient le changement suspendu sur leur tête. Cependant la nouvelle fatale se répand dans le public. Aussitôt les paroissiens sont dans l'agitation. Les uns pleurent, les autres se réjouissent. Ici on veut retenir le pasteur, là on hâte son départ. Dans cette paroisse on blâme et on maudit ; ailleurs on applaudit et on approuve. Là même où les desservants restent encore à leurs places, ou l'on redoute de se les voir enlevés, ou l'on espère les forcer à la fuite. Au milieu de cette perturbation générale, les effets circulent sur les routes ; les malheureux desservants se croisent dans tous les sens et donnent à leurs ennemis un spectacle agréable, mais un spectacle bien triste pour l'Église et bien funeste à la religion (1).

Il y a plus : de tels changements perdent les desservants dans l'esprit des peuples. En voyant les desservants changés, transférés, sans qu'ils puissent rendre compte des motifs qui font agir les supérieurs, nécessairement ils supposent des fautes secrètes, une mauvaise conduite.... qui peut savoir jusqu'où vont leurs malicieuses suppositions...... Nous sommes ici, disent les frères Allignol, sur des charbons ardents... On comprendra notre réserve.

---

(1) Ce n'est pas ici une peinture de fantaisie ; il est peu de diocèses en France qui n'aient été plusieurs fois peut-être affligés d'un spectacle semblable. Nous l'avons eu nous-mêmes récemment sous les yeux, et, en en traçant le tableau, nous sommes loin d'avoir trop chargé les couleurs.

De là le désir de sortir d'une position devenue intolérable, et de quitter le saint ministère pour vivre dans la retraite, désir que les supérieurs ne peuvent empêcher de se réaliser. Les raisons en sont nettement exposées pag. 217 et 218. Ce droit, conséquence nécessaire de la position qu'on a faite à nos curés ruraux, aura tôt ou tard des suites bien funestes. Déjà un grand nombre d'entre eux, ballottés, bousculés par l'autorité, indignés des suspicions, des dénonciations, des calomnies dont ils sont l'objet, rebutés des ennuis et des dégoûts qui les suivent partout dans l'exercice du saint ministère, découragés par les dédains, les mépris, les avanies, les tracasseries, les persécutions qu'ils ne cessent d'éprouver de tous côtés, plusieurs d'entre eux, disons-nous, ne pouvant supporter la misère et la honte d'une telle position, s'arrangent de manière à pouvoir se passer de leurs fonctions et secouer un joug devenu intolérable. Ce sera une autre plaie ajoutée à tant de plaies, et peut-être la plus dangereuse de toutes, car elle finira par décourager les vocations.

Qui le croirait? malgré tant de raisons décisives, etc., etc., l'amovibilité trouve encore quelques partisans parmi les chrétiens, et même dans les rangs du clergé inférieur. Ils disent: 1° que les vicaires ne sont pas inamovibles et qu'ils font du bien — oui, parce que le vicaire n'ayant pas charge d'âmes : son ministère est le même que celui de son curé. Isolez-le, et vous le verrez sans considération comme sans autorité. Ils disent 2° que les supérieurs n'étant pas infaillibles peuvent faire des choix à contresens, et être obligés de remplacer un sujet, etc. — Alors, ôtez vite aux curés de canton leur inamovibilité ; ôtez-la aux évêques eux-mêmes, car ceux qui nomment les uns ne sont pas plus infaillibles que ceux qui nomment les autres. Mille raisons encore viennent à l'appui de l'opinion des deux frères, et il est inutile de s'arrêter davantage à cette objection.

TROISIÈME RAISON D'AVILISSEMENT. La faculté donnée à l'évêque de le juger et de le punir d'après les seules règles de sa volonté.

Il y a deux hommes dans le clerc : le citoyen et le prêtre. Ne les confondons pas.

Comme citoyen, le clerc n'est point distingué des autres membres de la société civile ; comme clerc, le prêtre ne peut et ne doit être jugé que par un tribunal purement ecclésiastique, qui connaît uniquement des délits et fautes contraires aux canons et opposés à sa dignité et aux devoirs de son état. Il est essentiel que ce tribunal jouisse d'une compétence très étendue et d'une grande force de répression. Rappelons-nous ce qui a été dit touchant ce sujet, et rapprochons les textes pour bien comprendre. Donc, dès les temps apostoliques, on voit dans chaque diocèse un tribunal dont l'évêque était le président et les prêtres les assesseurs, ce qu'on appelait le Presbytère. Sans lui, l'évêque ne pouvait ordonner, sans lui il ne pouvait juger; autrement, disent les Pères de Séville, ce serait une puissance tyrannique et non une autorité canonique (1). Toutes les formes de la justice protectrice de l'innocence étaient observées, et les sentences, même sur des fautes légères, qui n'auraient pas été revêtues de ces formalités, auraient causé l'étonnement des fidèles et passé dans leur esprit pour des injustices. (Il était nécessaire de reproduire ici les arguments apportés pages 44 et suiv. les auteurs l'ont fait; V. p. 44, etc.). « Rien ne se faisait dans l'ombre, etc. » Hélas! cette jurisprudence canonique n'existe plus pour le clergé français! Et pour le prêtre innocent, injustement flétri aux yeux de son évêque, pour le desservant fidèle à ses devoirs, mais en proie aux délations et aux calomnies, où sont les garanties ? où sont les moyens de défense? où trouver une voie

---

(1) Potestate tyrannicâ, non auctoritate canonicâ. (Can. 6)

de justification ? où est le recours possible? Et pourtant les délateurs et calomniateurs se sont multipliés en proportion de cette exorbitante puissance de l'évêque et de ses grands-vicaires ! Aussi nous assure-t-on, disent les auteurs, qu'il est certains diocèses où tous les prêtres ont été dénoncés, etc. (1). Peut-on s'empêcher de détester et de flétrir un régime qui enfante de si déplorables résultats? (2)

Voilà la position dans laquelle on a placé trente-cinq mille pasteurs ; et personne n'élève la voix en leur faveur ! Les infortunés eux-mêmes n'osent se plaindre ; ils sont placés si bas, qu'ils craignent que leurs plaintes ne soient pas entendues ou qu'elles ne servent qu'à aggraver leur position déjà si pénible. Qu'est-ce aujourd'hui que l'état ecclésiastique?... On offre cet état sublime à tout le monde, et personne n'en veut ! En effet, quelle perspective pour ses aspirants? C'est de tous les états celui qui exige la préparation la plus longue et la plus pénible ; un jeune homme fait huit ans de classes communes ; il reste cinq ans au séminaire appli-

---

(1) Fasse le ciel que ces délations infâmes et ces noires calomnies ne viennent jamais que de la part des gens du monde!

(1) *V.* Fayet, *Simple examen,* etc., etc., et même certaines pages des *Mémoires sur la religion,* par Lanjuinais.

qué aux études les plus sèches, les plus difficiles, les plus rebutantes pour l'âge du plaisir et de l'imagination ; il faut qu'il se séquestre des amis de son enfance, qu'il renonce à tous les amusements si chers à la jeunesse, qu'il se prive à jamais des douces jouissances de la famille et de l'espérance de se voir renaître (1). Qu'aperçoit-il pour le dédommager de tant et de si grands sacrifices ? Un traitement de huit cents francs qu'on peut lui enlever à volonté et à toute heure, un ignoble casuel qu'on lui jette avec dédain ou ironie, le séjour dans une paroisse écartée, loin de ses parents et des personnes de son état, exposé à tous les tourments de la solitude et de l'ennui. Là, il est continuellement livré à la volonté, à l'arbitraire de ses supérieurs, aux caprices des autorités civiles, à la grossièreté, au mépris et aux tracasseries de ses paroissiens, aux délations, aux calomnies, aux persécutions de quiconque veut l'attaquer, sans qu'il lui reste aucun moyen de se défendre. Sans cesse il doit être le serviteur et l'esclave de tout le monde,

---

(1) Les malheureux !.. voyez !.. Ils prêchent le mariage des prêtres ! Ici, Henrion ! ici, Fontaine ! ici, M. Marguerie... Ici, M. Boyer, *otto, to, ti, bou, bous* ! — M. Mathieu de Besançon demande ce que signifient ces mots latins *otto, to...* Voyez RABELAIS, *Pant.*, c. 18 et 20.

toujours prêt à obéir et le jour et la nuit ; et puis, quand viennent les infirmités contractées à un si rude labeur ; quand les veilles et les travaux l'ont usé, on le met à l'écart comme un instrument désormais inutile (1), on le laisse se suffire comme il peut à lui-même, ou, si l'on vient à son secours, on suppute exactement ce qu'il faut pour l'empêcher de mourir de faim, et l'on finit par déshonorer ses cheveux blancs en lui faisant l'aumône d'un traitement qui lui est dû !

MM. Allignol prouvent ensuite que le nouveau régime attaque directement la religion, qui a toujours suivi le sort du curé rural ; et, à ce propos, ils écrivent pages 263, 264, etc., des lignes terribles sur l'avenir de la religion catholique en France. S'il s'élevait un schisme, qui s'y opposerait ? — Le pape ? Le premier article de la loi organique ne défend-il pas l'introduction en France de toute sorte d'écrit venant de lui ? — Les évêques ? séparés de leur chef, les évêques ne pourraient élever que des voix isolées et impuissantes ; et puis, ils sont choisis par le Ministère, ils ne subissent aucun examen connu du public, et l'État demeure seul juge de leur institution canonique : ne pourra-t-il pas trouver

---

(1) Pour ne pas dire autre chose.

des ambitieux hypocrites vendus d'avance à l'autorité qui nomme ; et, dans quelques années, n'aura-t-il pas composé (1) un épiscopat tout entier d'hérétiques ou de schismatiques déguisés ?—Les curés de canton ? il faut que le gouvernement les agrée. — Les desservants ? ils sauraient, il est vrai, résister jusqu'au martyr, mais ne dépendent-ils pas des prélats (2) ? — Les fidèles ? L'immense majorité verrait venir le schisme sans s'émouvoir; et le malheureux état de la Religion produit dans l'ordre social une désorganisation fatale.

Ici les auteurs ont tracé la plus frappante peinture de la France, telle que l'ont faite l'impiété et l'immoralité. Voulez-vous guérir ce mal terrible ? ajoutent-

(1) Dans des circonstances données, bien entendu.
(2) On attribue à l'un de nos prélats le propos suivant : « Je n'ai qu'à lever la main et tous mes prêtres sont à mes « pieds. » S'il voulait parler des desservants, il avait toute raison : quand on dépend de la volonté d'un homme pour son honneur, son état, son existence même, on ne peut qu'être à ses pieds; on le serait à moins. Mais une telle dépendance est-elle conforme à la raison, à la justice, à l'esprit de l'Évangile, aux lois de l'Église, aux décisions des conciles ? Ne déconsidère-t-elle pas évidemment le clergé du second ordre, et, en avilissant les prêtres, ne porte-t-elle pas une atteinte mortelle à la dignité, à la considération de tous les degrés de la cléricature et de l'épiscopat lui-même ? N'expose-t-il pas la religion à un danger imminent en donnant toute facilité pour établir l'hérésie ou consommer un schisme, etc. ? En tenant un tel propos (innocemment sans doute), le prélat en avait-il calculé toute la portée ?

ils, il ne vous reste qu'un seul moyen : Rendez au clergé des campagnes, plus corrompues aujourd'hui que les villes, sa force et son influence, en lui rendant ses droits ; mais il importe surtout de se hâter.

On fait des objections : 1° La discipline de l'Église peut varier, dit-on, selon les temps et les mœurs, et puisqu'un changement a été fait, il faut en profiter pour les besoins de notre époque ; l'esprit d'indépendance et de philosophisme a pénétré jusque dans le clergé ; il faut donc à l'Église un gouvernement plus fort dans son action, etc., etc., tel, en un mot, que le système qui nous régit. Pour l'avenir, on verra.—Eh, non ! la discipline ne doit pas varier au gré de personnes isolées et intéressées. Quel concile a établi le nouveau régime ? Est-ce en violant la loi qu'on prétend la faire observer ? Quoi ! vous voulez arrêter la tendance à la révolte, et pour cela vous commencez par vous révolter contre l'Église ! Puisque ce n'est plus l'Église qui parle au prêtre, mais le despotisme et l'arbitraire, n'est-il pas naturel qu'il gémisse et qu'il demande au nom de qui on lui commande ? Quoi de plus soumis que le clergé avant les articles organiques ? Depuis, l'esprit de révolte a grandi, parce que, au moral comme au physique, plus la compression a été forte, plus la réaction est active; ELLE PEUT MÊME ALLER JUS-QU'A UNE EXPLOSION!

2° En rétablissant les tribunaux ecclésiastiques, vous divulguez officiellement des fautes qui restent maintenant cachées entre l'évêque et son subordonné. — Mais comment vous y prenez-vous à l'égard des curés de canton? la justice aurait-elle acquis deux poids et deux mesures? et d'ailleurs, si le scandale a éclaté, ne faut-il pas que la punition soit publique? Si elle n'est connue que d'un petit nombre, acquerra-t elle plus de publicité d'un jugement canonique dont le public est nécessairement exclu, et où ne doivent paraître que les témoins et l'accusé? Du moins alors, l'on aura de quoi fermer la bouche aux méchants, tandis que, dans le cas contraire, ils pourront toujours défigurer les faits, sans qu'il reste un seul moyen de les démentir.

L'usurpation de l'Église est un fait consommé; elle a formé des usages et coutumes désormais consacrés qu'il faudrait détruire en froissant les intérêts individuels; les oppositions s'élèveraient de toutes parts. D'ailleurs, un changement ne pourrait s'opérer qu'avec le concours de l'autorité civile, et peut-on savoir si elle voudra le prêter? — Objection spécieuse, mais peu solide. De qui viendrait l'opposition? Du pape? il réclame depuis trente-sept ans contre une nouveauté établie *à son insu et sans son aveu.* Des évêques? ils ont solennellement déclaré que, sous le régime de la loi organique, l'Église de France, si on ne la sauve, tombera pour ne plus se relever (1). Ce n'est certes pas le clergé du second ordre, lequel a tout à gagner et n'a rien à perdre dans un pareil changement. Le gouvernement? il est indifférent aux lois organiques qui ne sont pas son œuvre, et ne touchent point à ses intérêts. La charte nouvelle a déclaré que la religion catholique n'était plus la religion de l'État; l'État et l'Église sont séparés. C'est donc à l'Église à s'organiser comme elle l'entend (2); rien ne s'oppose donc à la restauration du clergé. Le temps est opportun, les circonstances sont favorables, les esprits bien disposés; tout semble nous inviter à pro-

(1) *Lettre adressée au pape...* du 30 mai 1819.

(2) Si nous sommes bien informés, le gouvernement actuel recherche l'alliance de l'Église et sollicite la coopération franche du clergé pour le maintien de l'ordre et des lois; mais la raison comme la justice demandent que des gages mutuels de l'alliance soient donnés...... Il est certain que le gouvernement ne peut rien faire de plus agréable au clergé que de lui rendre sa vraie discipline et de le dégager des entraves mises à son action par les lois organiques et par quelques autres lois visiblement portées dans un esprit de défiance et dans l'intention directe de l'asservir au pouvoir civil. A cette condition, nous croyons qu'il pourrait compter sur le clergé, au moins sur l'immense majorité, qu'il dégagerait ainsi d'un joug devenu insupportable.

fiter de l'occasion, peut-être unique, qui se présente de revenir à l'ordre ancien.

Quels sont, pour cela, les moyens les plus prompts et les plus efficaces? S'adresser d'abord à la chaire apostolique; les évêques l'ont pu faire en 1819, ils le peuvent encore plus facilement aujourd'hui; que le clergé du second ordre les seconde et les soutienne : 1° par la presse, qui fait l'opinion publique et qui est ou doit être libre ; 2° par le droit de pétition; qui donc pourrait nous empêcher d'en user ? Craindrait-on d'échouer? mais, n'avons-nous pas un précédent qui nous rassure ? n'est-ce pas ainsi que le clergé fit supprimer le fameux amendement-Eschassériaux qui supprimait trente évêchés, etc. ? Quoi! les plaintes unanimes de plus de quarante mille prêtres, qui sont aussi des citoyens, trouveraient nos législateurs prévenus ou indifférents? L'opinion publique les flétrirait!...

Mais les négociations entraîneront des délais et cependant tout délai est funeste. Il faut, encore une fois, un remède prompt, actuel. Nos évêques pourraient en commencer l'application dans des conciles provinciaux. Ce sera d'ailleurs le moyen de tirer de la nullité où elle est plongée l'autorité métropolitaine. Le gouvernement qui permet aux ministres des autres cultes salariés de s'assembler à volonté, ne s'opposera pas à ces réunions; il est intéressé à les respecter ; qui sait si elles ne seront pas une ressource précieuse pour restituer l'ordre social qui périt? Supposons l'opposition du gouvernement, on peut encore rétablir la discipline de l'Église, surtout en ce qui regarde le clergé du second ordre, sans négociation ni concile, et par le seul fait des évêques; ceux-ci peuvent porter la réforme sur des points très essentiels et retrancher dans la pratique tous les articles organiques les plus destructifs de la considération et de la dignité des prêtres. Ne tient-il pas à eux seuls de tirer les chapitres de leur nullité? Ne pourrait-on transformer en synodes les retraites ecclésiastiques qui ont lieu chaque année sans le moindre empêchement? Est-il difficile de faire remonter les curés de campagne à leur état normal? Quelle loi révolutionnaire ou napoléonienne a supprimé les officialités? Qui s'oppose à leur rétablissement? Qui empêche les évêques de rendre inamovibles tous les prêtres à charge d'âmes? La loi organique les livre à leur discrétion; mais ce n'est pas une obligation qu'elle leur impose, c'est une simple faculté qu'elle leur donne. Or, ne sont-ils pas libres de renoncer à cette faculté et d'accorder au moins l'inamovibilité de fait?

Telles sont les réformes les plus urgentes. Il en

est d'autres qui l'étant moins, ont cependant beaucoup d'importance : 1° La suppression du casuel devenu odieux aux populations. A ce propos, les auteurs développent des idées qui m'ont paru parfaitement sages. « Les catholiques, payant l'impôt comme tout le monde, disent-ils, ont droit, autant que les membres des autres cultes, que leurs prêtres soient intégralement rétribués par l'état. Le casuel est odieux, dans les campagnes surtout où il se réduit à presque rien, et est cependant regardé par les paysans comme une ignoble exploitation du clergé, parce que le curé le perçoit lui-même, le prélève sur le travail du pauvre, et que ceux qui le payent ignorent la loi qui les oblige ; au contraire, l'officier de l'état civil fait tout gratuitement ; de là une comparaison. Les ministres de l'Église réformée ne demandent rien ; nouvelle comparaison. Il serait juste de remplacer le casuel par une faible augmentation de traitement : Donnez 1000 fr. à chaque curé, et il s'estimera heureux de répudier le reste. 2° La réforme des études ecclésiastiques. Les besoins de l'Église ne sont plus aujourd'hui ce qu'ils étaient avant la révolution. Elles auraient dû éprouver de grandes modifications ; malheureusement il n'en fut point ainsi. La plupart de nos séminaires sont restés stationnaires ; les jeunes gens qu'on y forme ressemblent, en entrant dans le monde, à des hommes qui viendraient d'un autre siècle ou d'un pays étranger. La supériorité des autres professions libérales les efface partout, et ils se trouvent bien au-dessous des gens du monde qui ont reçu de l'éducation. Il ne suffit plus pourtant d'être un saint prêtre, si l'on est ignorant, etc., etc. Quels sont donc les moyens à prendre pour tirer le clergé de cette ornière profonde où il est engagé? MM. Allignol préparent un livre sur ce sujet : élever d'abord les petits séminaires au niveau des collèges royaux, et, pour cela, avoir des professeurs fixes, de talents avérés ; dans les grands séminaires, dégager l'enseignement de toute inutilité, refondre, par conséquent, les traités élémentaires de théologie, avoir des professeurs d'éloquence, établir sérieusement pour les prêtres en exercice des conférences ecclésiastiques dont le programme serait bien dressé et les résultats bien constatés, encourager le travail par des récompenses (1), mettre les places au con-

---

(1) Les grands-vicariats et les canonicats d'honneur sont donnés dans toute la France à des personnes étrangères au diocèse ou à des classes particulières, et dès lors ces titres honorifiques doivent perdre tout leur prix comme toute leur utilité.

Nous connaissons un diocèse où il n'y a d'autres chanoines honoraires que les curés de canton ; mais aussi ils le sont en masse, pas un excepté. Ils le méritent tous, sans doute ;

cours, etc., etc.; ce qui est le vœu du concile de Trente, 24 sess. c. 18 *de reform*. Craindrait-on de donner trop à la science et pas assez à la vertu? — Qui empêcherait de faire entrer dans les examens cette dernière en ligne de compte !

Après quelques autres considérations, les auteurs forment des vœux pour que leurs idées se réalisent, et ils s'abandonnent aux douceurs de l'espérance; Dieu sait ce que leur réserve la perfide.

L'ouvrage est terminé par une copie du concordat de 1801, des articles organiques et du concordat de 1817, dont vous parlez beaucoup, cher lecteur, et que vous n'avez pas lu. Il y a ensuite différentes pièces fort curieuses qu'on lira, du moins une fois; et on m'excusera peut-être d'avoir si considérablement affaibli par une analyse hâtive et décolorée le bel ouvrage dont il s'agit. Mon but unique a été d'en donner un avant-goût et de disposer, par l'indication des matières, à l'étude des développements.

---

mais il nous semble que c'est un peu avilir cette distinction honorifique de ne la donner qu'à la position, et qu'on peut légitimement reprocher à ses distributeurs de chercher à gagner des dévouements bien plus qu'à reconnaître le mérite et à récompenser la vertu. Aussi cette distinction, jadis si honorable, est-elle tombée dans un discrédit complet, et d'après la manière dont elle est distribuée, il n'en pouvait pas être autrement.

Du reste, on voit que les idées de MM. Allignol sont à peu près les miennes; je m'en réjouis.

Les pères, la tradition, les législations canoniques et civiles, tous les témoignages les plus précieux et les plus irrécusables sont invoqués, vérifiés, constatés et coordonnés avec une excellente méthode. Les raisonnements qui se mêlent aux citations pour les enchaîner et établir leurs rapports logiques ne sentent ni la préoccupation, ni le moindre effort; ils coulent d'eux-mêmes, et leur simplicité fait leur vigueur.

S'il y a quelquefois d'apparentes redondances qui étonnent au premier abord, elles s'expliquent presque aussitôt, et alors il devient évident que les auteurs ne pouvaient les éviter, qu'ils ont même fait preuve d'adresse et de bon sens en s'y laissant aller. Nous vivons à une époque de distraction, et nous sommes gens à oublier vite les choses dont on ne harcèle pas nos oreilles.

Voilà pour le fond; voici pour la forme : le style en est facile et nerveux, la disposition nette et savante. Les auteurs sont évidemment nourris d'études fortes et pures. La philosophie et l'histoire sont à leur service. Chaque mot donne une pensée. — Ce livre produira beaucoup de livres.

Paris. - Imprimerie de A. APPERT, Passage du Caire, 54.

MM. ALLIGNOL.

TROISIÈME PARTIE.

> Est-ce bien le moment favorable, aux yeux d'un ami de la religion, pour révéler les torts de quelques-uns de ses ministres?
> BOYER, *Coup-d'œil.*

> De tenir son affection immobile et sans mouvement aux troubles de son pays et en une division publique, je ne le trouve ni beau ni honneste.
> MONTAIGNE.

On dit que la majorité des évêques de France a blâmé l'ouvrage de MM. Allignol; sans doute, mais je dis qu'il a été lu par la minorité.

Cette minorité, je le présume, se compose exclusivement de MM. Affre, Clausel de Montals, Gousset, Giraud, Dastros, Devie, Bouvier, Mioland, Donnet, Sibour, de Mazenod, de Hercé, Rœss, Dufêtre et Fayet.

Parmi les simples prêtres, MM. Allignol ont trouvé plus de lecteurs et en même temps plus de sympathies publiques ou cachées; ce dernier mot signifie qu'en voyant leurs chefs censurer plus ou moins pertinemment l'*État actuel du Clergé*, plusieurs desservants et vicaires se turent pour échapper à des disgrâces certaines.

J'ai pu connaître une correspondance aussi curieuse que touchante; on conçoit les motifs de ma discrétion.

Ceci regarde une classe du clergé (1).

L'autre qui, pour des raisons quelconques, était d'avis contraire, criait à l'anathème avec ceux qui ne connaissaient pas même le titre du livre. Ici, les plus ardents furent le sulpicien Boyer, M. Richaudeau, directeur au petit séminaire de Blois, et je ne sais quel malheureux du fait duquel se trouve

---

(1) Il y a un excellent ouvrage qui se publie depuis six ou huit mois par livraisons avec ce titre: *Recueil de pièces et de documents sur l'Inamovibilité des Desservants*, chez Dieudonné, à Remiremont (Vosges), et chez M. Appert. Je m'empresse de le recommander à mes lecteurs. Voyez aussi: *De l'Inamovibilité des Pasteurs du second ordre; De l'Appel comme d'Abus; Dissertation sur les interdits arbitraires de dire la Messe*, 1820 et 1821; *de l'Inamovibilité des curés selon le véritable esprit de l'Eglise*, par un ancien grand-vicaire; Muzarelli: *Origine de la juridiction des Evêques dans leurs propres diocèses.—Abus dans l'Eglise. —Observations sur les élections capitulaires*, etc.

embarrassée la librairie de Séguin d'Avignon (1).

Or, ma première pensée avait été de refuser aux deux derniers l'honneur d'une mention. Il est des gens qui ambitionnent le ridicule comme d'autres la louange, et qui prient pour qu'on se moque d'eux plutôt que de subir le silence.

M. Richaudeau écrit comme une cantinière; ou sinon, c'est à la manière du baron de Wessemberg: il sautille comme une chèvre folle dans les sentiers musqués de l'amour, du sentiment et de l'étique (2). Loin de perdre mon temps à lui démontrer qu'il ne connaît ni la théologie, ni l'histoire, ni le monde, je lui conseille d'apprendre un peu de grammaire française et de catéchisme.

On dit que M. Richaudeau, non content de faire gémir la presse, aspire encore aux palmes de l'éloquence, et ceci nous renvoie tout naturellement à la page 152 du 1er vol. de *Notre-Dame-de-Paris :*
« La chèvre prit séance sur son derrière, et se mit à bêler, en agitant ses pattes de si étrange façon

---

(1) Brave et saint homme qui vient de mourir. — On raconte qu'à l'époque de sa conversion (car c'était un converti), M. Séguin fit un auto-da-fé général des livres mauvais et non-religieux qui se trouvaient dans ses magasins, bien qu'il dût s'ensuivre une perte de plus de trente mille francs. C'était beau, mais il a publié l'ouvrage en question.

(2) V. *Jésus, l'Ami divin des Enfants*, jugé par le *Catholique* de Mayence.

que, hormis le mauvais français et le mauvais latin, gestes, accent, attitudes, tout Jacques Charmoulue y était. »

Le critique d'Avignon n'a qu'un défaut, celui d'être inintelligible d'un bout à l'autre. S'il y a là de l'intention, j'admire l'expédient:

Sic itur ad astra.

Pour M. Boyer, c'est autre chose; non que son *Coup-d'œil* me fasse grand'peur; c'est bien la pièce la plus burlesque du monde, mais sa réputation de savoir, plus ou moins méritée, attache à ce *factum* quelque importance.

M. Boyer traite d'abord MM. Allignol comme deux vauriens. Il vomit contre eux toutes les épithètes les plus agamemnoniennes avec une assurance d'enfer.

Μάντι κακῶν, κύδιστε, φιλοκτεανώτατε πάντων! ὤ μοι ἀναιδείην ἐπιειμένε, κερδαλεόφρον. ὦ μέγ᾽ ἀναιδές, κυνῶπα, οἰνοβαρές, κυνὸς ὄμματ᾽ ἔχων, κραδίην δ᾽ ἐλάφοιο.

J'en demande pardon à MM. Allignol.

S'il était leur évêque, il les châtierait, il les interdirait; toutefois il ne les pendrait pas, car MM. Allignol sont encore plus *je n'ose dire* que méchants! (1) ô les libertins, qui supposent qu'un

---

(1) J'ai sous la main une lettre adressée par un anonyme de

évêque se puisse tromper! ignorants, qui n'ont pas étudié la théologie comme l'enseigna M. Boyer! imposteurs, qui font raisonner les pères de l'Église, briller la tradition, et réfléchir le clergé! Et zeste, le ministère public pose ses conclusions: L'ouvrage ne signifie rien, *zéro en est l'expression véritable* (1).

Alors, M. Boyer, vient comme une forteresse, *à la place des universités, autres forteresses, concile permanent des Gaules;* bien.

Les deux frères avaient parlé des évêques avec une profondeur démesurément incontestable de vénération... fi! c'était, comme le loup de Perrault, afin de mieux les manger.

Ils avaient habilement et vigoureusement discuté sur les matières les plus délicates du dogme et de la discipline ecclésiastique; *concedo*; mais avaient-ils obtenu et même demandé l'autorisation de M. Vernet ou autre sulpicien quelconque? « licence de doctrine, vous dis-je, amas d'assertions erronnées ou censurables, mépris de l'épiscopat, etc.! »

Voilà une énorme quantité de textes puisés çà et

Leipsick à l'auteur d'un livre de dévotion: « Si vous écrivez encore, vous êtes mort, » dit l'anonyme. Si l'on osait..... en France.

(1) *Coup-d'œil*, p. 12.

là : il était possible que quelques légères inexactitudes se fussent glissées sous la plume des auteurs, d'autant qu'ils n'avaient pas à leur gage, comme M. Boyer, des furets de bibliothèques, remarque qu'ils avaient faite eux-mêmes, sorte d'irrégularité dont ils s'étaient formellement excusés ? point : une personne vérifie ces textes et s'étonne devant M. Boyer de leur exactitude et de la prodigieuse mémoire qui était nécessaire pour ne commettre que telle ou telle erreur légère ; et le fougueux sulpicien de saisir l'*erreur* au collet, de l'enfler, de la poser sur sa tête et de gambader en criant : *Ohë ; væ victis !*

Une fois lancé, qui l'arrêtera ? Ecoutez bien.

« A la vue de *ce respect* avec lequel ces messieurs *enfoncent le poignard* (1), j'ai été vivement ému, et je me suis dit à moi-même : «Laissons faire ces théologiens de la *jeune France ;* bientôt ils nous auront bâti une théologie où l'on ne reconnaîtra plus rien de l'ancienne, ni dans la rigueur du dogme, ni dans l'exactitude du langage, ni dans le respect dû aux autorités constituées dans l'Église (2).

---

(1) Notez bien qu'il y a : *enfoncent le poignard !*
(2) V. Gerbais, *de Causis majoribus* ; M. A. de Dominis ; Gerbier, *in vaniis*. Il est du reste bien entendu que je n'indique pas les deux derniers comme des auteurs irréprochables, mais on trouve, parmi leurs erreurs, de fort belles vérités.

« Qu'on le remarque bien, ces messieurs nous promettent une sorte de statistique morale et religieuse du clergé et de ses desservants, non pas de telle province, de tel diocèse, mais de toute la France. A la vue de ce titre fastueux, une réflexion se présente à l'esprit : Que le nonce du Pape, que l'archevêque de Paris, que ces hommes appelés par état ou par la convenance de leur domicile, à correspondre avec tous les prélats du royaume, et à répondre à leurs consultations; que le représentant du saint Siège surtout, qui tient sa place au milieu de nous, avec un pareil office, une si haute dignité, une telle connaissance des hommes et des choses, entreprenne un pareil ouvrage, on pourra contester avec un si vénérable auteur sur l'opportunité d'une telle publication (1), mais non pas sur la connaissance qu'il a de la matière. Les frères Allignol sont-ils dans ces termes ?

« A leur seule inspection n'est-on pas tenté de leur dire : Êtes-vous capables de *le* remplir ? »

« A cette interrogation, ces messieurs me répondent : *Depuis vingt-cinq ans que nous exerçons le ministère de desservants, nous avons eu tout le temps d'apercevoir la profondeur des maux dont*

_____
(1) Ceci est profond.

le clergé est affligé, dans l'état où se trouve actuellement en France *cette partie du saint ministère*. Je réponds, moi : Je nie votre conséquence; et je les presse par cette instance : Avez-vous visité toutes les Églises du royaume ? avez-vous séjourné assez longtemps dans chacune d'elles, pour connaître en détail toute la *profondeur des maux* qui les affligent ? Avez-vous conversé avec les prélats qui les gouvernent, avec les vicaires-généraux, qui, dans l'administration, ne font avec eux qu'une même personne morale ? Vous êtes-vous mis en rapport avec les doyens ruraux, les archiprêtres et autres supérieurs ecclésiastiques, dépositaires, en tout ou en partie, des pouvoirs épiscopaux (1) ?

« A toutes ces demandes, voici la réponse des deux signataires *responsables* de cet ouvrage (2) : *Très occupés de nos fonctions, connaissant fort peu le monde, écrivant au milieu des bois, privés du secours des livres et des conseils des gens instruits sur la matière,... il ne serait pas étonnant que quelques méprises ou que quelques inexactitudes se fussent glissées dans notre travail* (3).

---

(1) Encore plus profond. Voyez toujours Muzarelli : *Du bon usage de la logique en matière de religion*, 3 vol. in-8, traduit en latin par Szeldmayer de Buzitha.
(2) A l'adresse de M. Thouez.
(3) On sent bien que telle n'est point ici la réponse de

« J'accorde d'abord à ces messieurs, que les faits relatés par eux sont véridiques et incontestables. Dans ce cas, leur publication est-elle opportune ?

« Est-ce le moment favorable, aux yeux d'un ami de la religion, pour révéler les torts de quelques-uns de ses ministres; pour les exagérer, les envenimer ?... (1)

« Est-ce bien le moment, à des prêtres, de se diviser pour de petits calculs d'intérêt, ou d'amour-propre (2), au moment où l'on proclame l'État et la religion en péril ?

« Et voilà mon premier moyen préjudiciel contre l'écrit que je combats. Il est 1° inopportun; 2° rédigé sans connaissance de la matière.

« La première erreur se lit au chap. Ier : *de la Hiérarchie ecclésiastique*, p. 4 et 5. « Les évêques
« sont donc supérieurs aux prêtres, quant à la puis-
« sance d'ordre et de juridiction. Nous ne pensons
« pas que cette supériorité soit un établissement hu-

MM. Allignol; et, en sa place, cette réponse n'est pas absurde comme le dit M. Boyer, mais pleine de raison; elle ne nuit en rien à l'autorité de l'œuvre.

(1) Chose curieuse qu'une si hideuse calomnie soit faite de si bonne foi ! « Les naïvetés, dit l'abbé Gédoyn, sont souvent des scélératesses. » — « Quand ma volonté me donne à un parti, dit Montaigne, ce n'est jamais d'une obligation si estroite que mon entendement s'en infecte. »

(2) Le mot mérite réflexion.

« main; nous croyons qu'elle est de droit divin, « *malgré ce qu'en ont écrit quelques auteurs catho-* « *liques, d'ailleurs respectables.* C'était le senti- « ment de la majorité des Pères du concile de « Trente (1). »

« Ces messieurs, dans le chapitre II, où ils trai-trent du pouvoir du curé dans la paroisse, décident qu'à lui seul appartient, exclusivement à l'évêque, le droit de choisir son vicaire ; *le droit commun le* veut, et tel est *le sentiment de tous les canonistes.* C'est la proposition contraire qui est la véritable. Selon le droit commun et le sentiment de la plupart des canonistes, cette prérogative, depuis le concile de Trente, est dévolue à l'évêque (2).

« Le livre, pages 36 et suivantes, dit que l'évêque est tenu, aux dépens de son traitement ou de son patrimoine, de fournir la subsistance à un prêtre qu'il a ordonné sans un titre patrimonial ou bénéficiaire, d'un produit égal à ce besoin.

« A cette proposition, j'applique la formule de l'É-

---

(1) La réponse est dans l'objection ; et d'ailleurs : *quid faciat episcopus, quod non faciat presbyter ?* dit saint Jérôme, et puis les frères Allignol n'ont pas étendu jusqu'à la confusion ce passage de leur livre ; ils ont eux-mêmes assurément mieux prouvé que ne le fait M. Boyer la supériorité des évêques sur les prêtres.

(2) C'est faux.

cole si connue, *transeat;* et c'est pour dire qu'on pourrait la nier par des raisons non moins concluantes que celles des autres (1) : mais je ne veux contester avec eux que pour le besoin de la foi. Il me paraît assez clair que l'ancien droit sur ce point est tombé en désuétude, et qu'à parler en général, il est aujourd'hui impraticable (2). »

Ainsi de suite.

Avec cette méthode on peut faire aisément des livres, dit M. Picot, et avoir toujours raison, mais à ses propres yeux seulement. Bon M. Picot!

Prenez, de grâce, la suite de ce fatras, si vous l'osez.

Quoi qu'il en soit, MM. Allignol reçurent les compliments qu'on a vus, en Italie et en France. De tous les points du royaume, notamment des diocèses de Paris, de Lyon, d'Aix, d'Avignon, de Toulouse, de Reims, de Bourges, de Strasbourg, de Metz, de Saint-Dié, d'Angers, de Poitiers, de Bayonne, de Pamiers, de Fréjus, de Valence, etc.; de tous ces points et de bien d'autres, on a félicité les auteurs d'avoir frappé juste, d'avoir signalé la vraie plaie du clergé français, d'avoir noblement

---

(1) Que ne les donne-t-il ces raisons?
(2) Ah! à la bonne heure, voilà de la logique!!!

formulé la pensée universelle et les désirs de tous. On leur affirme généralement que si le clergé était libre de manifester son opinion, il se lèverait comme un seul homme pour dire ce qu'ils disent et réclamer ce qu'ils réclament.

Ce n'est pas le *Coup-d'œil* de M. Boyer qui a fait la fortune de MM. Gaume frères, ses éditeurs; le public a du bon sens quelquefois!

Mais le *Coup-d'œil* et son auteur firent autre chose, moyennant le concours des mauvaises passions et des autorités locales.

M. Augustin Allignol avait demandé à l'évêché un congé de six semaines pour aller à Rome,

> Hâc iter est,

chose singulièrement dangereuse! et y soumettre son livre au jugement du souverain Pontife.

On refusa; il insista. Le temps pressait.

> Audendum dextrà, nunc ipsa vocat res.

Allez, répondit l'évêché; c'était magnifique; M. Augustin partit, et M. Charles resta pour mille raisons.

> Tu ne qua manus se attollere nobis
> A tergo possit, custodi et consule longè.
> Si quis in adversum rapiat casusve Deusve
> Te superesse velim.

Mais attendons. Il était à peine parti depuis

quinze jours qu'un nouveau curé fut installé à Moyras. Il sut bientôt qu'on n'avait pas mieux traité son frère.

> Clamor ad aures
> Pervenit, ac videt Euryalum, quem jam manus omnis
> Oppressum rapit.

M. Charles Allignol restait donc à Fontbellon, en proie aux douleurs d'un rhumatisme erratique.

Eh bien, le 13 novembre 1840, on lui écrivit purement et simplement que son successeur était nommé, et pour qu'il eût à vider les lieux dans le plus bref délai.

> Quid faciat? quâ vi.....

Je n'essaierai pas d'exprimer la douleur des habitants de Fontbellon et de toute la population des localités environnantes ; le maire, les conseillers municipaux, et la garde nationale voulaient l'accompagner par honneur, lorsqu'il fit ses adieux ; au nom même de l'amitié, il les supplia de s'abstenir ; les habitants d'Aubenas firent preuve d'une égale sympathie pour le noble disgracié ; mais attendons le tour de M. Thouez, et suivons M. Augustin.

Les tribunaux de Rome étaient en vacance et fermés pour un mois ; voici ce que m'écrit un homme très digne de foi, quoique témoin oculaire des faits :

« L'abbé Augustin employait les sollicitations et les prières pour obtenir une décision doctrinale. Et on lui répondait toujours : Rome ne peut examiner; si l'on approuve, les évêques français diront que nous approuvons l'erreur; si l'on condamne, le reste du clergé dira que nous improuvons la vérité; et puis cette question, déjà très importante en elle-même, a un côté diplomatique qu'il est dangereux de préjuger.

« Cependant, il fallait aux auteurs une décision quelconque qu'ils pussent présenter à leur évêque, qui les poursuivait et venait de les dépouiller de leur titre.

« Après quelque temps, le cardinal préfet de l'Index proposa l'examen officieux par des docteurs particuliers. Cette proposition, approuvée par le souverain Pontife, dans une audience accordée au solliciteur, fut acceptée par celui-ci à trois conditions, qui toutes furent concédées : 1° que le cardinal-préfet nommerait lui-même les examinateurs; 2° que leur avis doctrinal serait écrit et signé; 3° que les auteurs pourraient publier le résultat de cet examen et déclarer que si l'on n'avait pas examiné juridiquement, c'était pour ne pas préjuger la partie diplomatique de la question.

« En conséquence, le cardinal-préfet désigna comme examinateurs le père Modena, dominicain, et le père Péronne, jésuite ; il leur remit lui-même l'ouvrage.

« L'examen dura un mois.

« Ils y prêtèrent une attention sérieuse ; c'étaient effectivement des juges supérieurs.

« Mais malgré des instances et des prières souvent réitérées, il fut impossible d'obtenir des signatures. Seulement, avant le départ, le cardinal-préfet rendit à l'auteur l'exemplaire qui avait servi à l'examen, marqué au crayon à tous les endroits que l'on jugeait utile de corriger ou de changer dans une nouvelle édition. »

Or, le célèbre Père Vaurres, pénitencier de Saint-Pierre, avait présenté M. Augustin Allignol au souverain Pontife. Sa Sainteté, en apprenant qu'il s'agissait des officialités diocésaines, prononça cette parole : *C'est une bonne idée.*

C'est une bonne idée qui a fait destituer deux desservants avec la plus révoltante brutalité ; *c'est une bonne idée* qui les eût livrés, s'il était possible, au mépris public et à la plus horrible des flétrissures ; *c'est une bonne idée* qui fait que, s'il se trouvait, par exemple, un évêque désireux d'obtenir une station de carême de MM. Allignol, cet évêque n'oserait les demander de peur de déplaire à ses collègues et à Saint-Sulpice ; c'est une *bonne idée* enfin qui empêche M. Guibert de les réhabiliter solennellement par déférence pour une administration dont il reconnaît assurément les désordres !

> Res dura..... et regni novitas me talia cogunt
> Moliri.

Et qu'on m'explique, de grâce, l'énigme suivante :

« MM. Allignol se sont retirés à la Rouvière (1);
« là, dans la retraite et dans la paix de leur cons-
« cience, ils gémissent sur les maux de l'Église de
« France, et attendent des jours meilleurs, ou du
« moins ils les demandent au ciel. LE SAINT-PÈRE
« LEUR A PERMIS, PAR UN BREF, DE DIRE LA MESSE
« DANS LEUR MAISON, et de la faire dire aux confrè-
« res qui viennent les visiter. »

Cependant l'administration de Viviers disait tout

---

(1) Après avoir séjourné quelque temps au Teil, où ils étaient l'objet de l'affection et de la vénération de tous. — La Rouvière, joli hameau, placé sur un plateau qui domine le Rhône, en face Montélimar, à une lieue de Viviers; MM. Allignol ont acheté, près de la maison paternelle, une petite propriété où ils viennent de construire une habitation

haut, elle écrivait partout, elle fit publier, sous le couvert de l'anonyme, par le journal de Privas, que les frères Allignol avaient été condamnés à Rome, que la cause était finie et qu'il ne restait plus qu'à prier pour leur retour à la foi.

Qu'importe, disait-elle, trompons l'opinion, nous saurons bien nous arranger avec la conscience : *Si vim evaserimus, pace obtentâ, dolos, mendatia ac lapsus nostros facilè emendabimus* (1).

Y a-t-il deux ou mille unités dans la famille fondée par Jésus-Christ? Jurieu disait-il vrai lorsqu'il donnait au Pape et au papisme ses fameux 52 caractères? Quand finiront ces indignes et hypocrites violations du droit, de la raison et, j'ose le dire, de la foi? car il est assez clair qu'en écrasant deux hommes pour un fait expressément approuvé par le chef du monde catholique, on se sépare de lui, on agit contre lui, on se constitue en état flagrant de révolte, d'impiété et de schisme.

Criez à l'exagération; quiconque dit la vérité doit s'attendre à ces clameurs, et les bonnes gens s'y laissent prendre trop souvent; mais il ne suffit pas à Dieu qu'on s'écrie : *Seigneur, Seigneur:* c'était le mot des pharisiens *sépulcres blanchis!*

---

(1) Luth. Epist. Melanc.

Il faut accomplir sa volonté telle qu'elle est, et non telle que l'a travestie l'égoïsme de quelques hommes. Que votre religion soit : *est est, non non,* dit toujours le Sauveur ; et ne faites pas de la loi un hideux commerce, de la puissance une lâche complice de toutes les effronteries et de toutes les impostures, ni un instrument à effrayer autrui pour vivre de sa peur et en rire ; ne soyez pas comme les prêtres maudits qui mangent les offrandes et font croire à de ridicules miracles: *Erat idolum apud Babylonios nomine Bel, et impendebantur in eo per dies singulos similæ artabæ duodecim et oves quadraginta, vinique amphoræ sex. Rex quoque colebat eum et ibat per singulos dies adorare eum. — Porrò Daniel adorabat Deum suum. — Dixitque ei rex : quare non adoras Bel?.... non videtur tibi esse Bel vivens Deus! annon vides quantùm edat et comedat quotidiè? et ait Daniel : ne erres rex... et attulerunt cinerem...... et dixit : ecce pavimentum, animadverte cujus vestigia hæc sint. Et dixit rex : video vestigia virorum, et infantium et mulierum, et iratus est rex;* ce n'était, certes, pas sans sujet; *tunc apprehendit.....* Il leur fit ce que je ne vous souhaite pas.

Au reste, ces scandales ont été dévoilés et flétris

plusieurs fois, on a publié d'excellents écrits en faveur de MM. Allignol.

Il est juste de citer M. Dieulin, de Nancy, homme d'une rare sagacité et de beaucoup de science. Son livre appartient de droit à toute bibliothèque bien composée. Le style en est précis et limpide, la méthode parfaite. M. Dieulin est de l'école de MM. Blanc de Besançon et Pelier de la Croix; c'est déjà un titre.

Comment l'*Union catholique* (1) s'est-elle permis de recommander les *Entretiens de trois Séminaristes sur cette question: Qu'est-ce qu'un succursaliste?* Voilà un pas de clerc qu'elle ajoute à tant d'autres, et que je lui signale charitablement. — Entretiens charmants de tous points, on y dit de grandes vérités avec esprit et malice ; je me propose de les examiner plus tard. C'est le tour de M. Thouez.

M. Thouez a été professeur de théologie morale au grand séminaire de Viviers; il est aujourd'hui curé d'Aubenas, chéri et vénéré de ses paroissiens comme il le fut de ses élèves, et comme il l'est de tous ses confrères. Aux plus précieuses qualités

---

(1) Il a paru jadis un journal de ce nom, animé du meilleur esprit et rédigé par des hommes de beaucoup de talent; c'est assez dire que la nouvelle *Union* ne ressemble en rien à la première.

de cœur et de caractère, cet ecclésiastique joint les avantages d'une science étendue et d'une grande piété. Homme supérieur sous tous les rapports, le premier sujet du diocèse sans contredit, c'est un bonheur et une gloire pour MM. Allignol de vivre dans son intimité. On a dit que M. Thouez était en grande partie l'auteur de l'*Etat actuel du Clergé*; on s'est trompé.

Or, le *Coup-d'œil* de M. Boyer fut disséqué et dépecé par M. Thouez, qui eut l'extrême bon sens de ne pas s'occuper des autres.

M. Thouez, outre les garanties qu'il offrait d'ailleurs, ne pouvait être récusé pour cause d'impuissance théologique, puisque des Sulpiciens l'avaient jugé digne d'enseigner la théologie aux autres. *Habemus confitentem reum.*

Ce qu'il y a de remarquable avant tout, c'est la franchise et l'adresse de l'écrivain. S'il use de tous ses moyens, il avoue aussi toutes les difficultés. Il se résigne de la meilleure grâce du monde à une concession; il veut bien même supposer de la bonne foi chez les grecs bien bottés ευκνημίδες c'est-à-dire M. Boyer et compagnie; symptôme de force. Il prend leurs armes pour les battre : *mutemus clypeos*, etc.

« C'est d'ailleurs un écrit assez étendu, où la question est traitée d'une manière toute nouvelle.

Style incisif, logique nerveuse, érudition vaste et réelle. Il est conforme de tous points au précepte du maître : *Præcipitur primùm ut purè loquamur ; deindè ut planè et dilucidè, tùm ut ornatè* (1). »

Je joins mes vœux à ceux du public pour que M. Thouez ne garde pas trop longtemps en portefeuille une œuvre si importante.

Il nous a provisoirement expliqué les causes de sa réserve dans une lettre qui contient d'ailleurs des particularités fort curieuses.

Je la reproduis intégralement.

« Aubenas, le 12 octobre 1840.

« Monsieur le Curé,

« J'ai fait une réponse au COUP-D'OEIL de M. Boyer, et dans le même écrit j'ai dit mon sentiment sur l'ouvrage de MM. ALLIGNOL. *L'autorité ayant témoigné le désir que cette réfutation ne parût pas, elle est restée inédite.*

« *Cependant je me dois à moi-même, dans les circonstances présentes,* de faire connaître à mes honorables confrères, mon opinion personnelle sur les questions soulevées. Je le ferai en donnant le résumé succinct qui termine le travail que j'avais préparé.

(1) Cic. de orat. lib. 1. 32.

« D'abord je ne dirai pas avec les Conférences d'Angers, revues par M. Gousset, devenu depuis (1) évêque de Périgueux, et aujourd'hui archevêque de Rheims, édition de 1830, à Paris chez les frères Gaume, traité de la hiérarchie : « 1° que dès qu'il
« s'en éloigne (dès que l'évêque s'éloigne des canons
« faits par le corps pastoral) on n'est plus tenu d'o-
« béir à ses ordonnances, et de se soumettre à ses
« décisions. » P. 525 (2); « 2° que l'église a établi
« des moyens pour empêcher l'arbitraire et l'abus
« de la juridiction épiscopale. » P. 531, à la dernière ligne.

« Ces citations et beaucoup d'autres de ce genre, faites isolément, seraient regardées *avec raison* comme un outrage à l'autorité ; tandis qu'à la place d'où elles sont tirées, elles ont un sens *orthodoxe et révérentiel.* Mais je dirai : Les évêques sont les princes de l'église, chargés de la gouverner. On leur doit obéissance et révérence : *Promittis mihi obedientiam et reverentiam. Il est permis à un prêtre de leur faire toutes les observations qu'il croirait utiles*, mais il doit parler *avec le plus pro-*

---

(1) Serait-ce une malice ?
(2) Voir *L'évêque de cour et l'évêque apostolique*, le petit livre que vous savez.

fond respect. Ce respect ne doit pas être dans les choses et dans le sentiment, car c'est d'eux principalement que J.-C. a dit : *Qui vos spernit me spernit.* Un prêtre doit aimer son évêque comme un enfant aime son père ; il doit l'honorer comme son Seigneur et le craindre comme son Maître. Cette crainte respectueuse et pleine d'amour sera le commencement de sa sagesse : *Initium sapientiæ timor Domini.*

« Pénétré de ces vérités, nous osons hasarder nous-même notre avis sur l'état présent des choses. *Nous souhaitons aussi un changement dans la discipline de l'église de France.* Nous le croyons *nécessaire*, et nous supplions très humblement nos Seigneurs les évêques de l'octroyer à ceux qui sont, de cœur et d'âme, leurs enfants soumis. Ce changement est *plus facile, plus opportun* qu'on ne pense. De quoi s'agit-il ? Il s'agit principalement de créer des tribunaux ecclésiastiques pour juger les causes des clercs, et d'accorder l'inamovibilité de position aux succursalistes.

« Expliquons toute notre pensée. L'évêque a seul le pouvoir de gouverner son église : *Posuit episcopos regere Ecclesiam Dei.* Son droit de gouverner embrasse trois chefs principaux, les pouvoirs législatifs, administratifs et judiciaires.

« Aujourd'hui que les synodes sont impossibles en France, et peut-être dangereux, l'évêque ne partage avec personne son pouvoir législatif. Il consulte seulement ses grands-vicaires ; il pourrait consulter aussi son clergé par le moyen des conférences. Le pouvoir administratif est partagé avec les grands-vicaires. L'évêque partage aussi avec eux son pouvoir judiciaire ; et c'est là surtout qu'on désirerait un changement.

« Ceux qui administrent ne sont *guère* propres à juger leurs administrés, parce que souvent ils seraient juges dans leur propre cause. L'évêque pourrait confier son pouvoir judiciaire à des juges choisis parmi son clergé, et étrangers à toute administration. Ce nouveau tribunal ferait la sécurité du clergé du second ordre, sans renouveler le scandale des anciennes officialités, qui jugeaient avec trop d'indépendance (1). L'évêque l'aurait créé, l'évêque pourrait le détruire (2). Un pareil établissement est-il donc si difficile, dans un temps où le gouvernement civil laisse l'église entièrement maîtresse de

---

(1) Je fais sur ce point mes réserves.
(2) Ce n'est pas mon avis, et dans un ouvrage que je prépare, j'espère démontrer de la manière la plus claire que cette condition rendrait de nouveau le *rétablissement* illusoire.

son régime intérieur (1)? Nous ne voulons pas pour les succursalistes une inamovibilité semblable à celle des curés de canton; nous voudrions au contraire réduire l'inamovibilité des curés de canton à celle que nous demandons pour les succursalistes; c'est-à-dire, à une inamovibilité toute canonique et nullement autorisée par les lois civiles (2). Elle consisterait, pour un succursaliste, à ne pouvoir être déplacé sans un jugement préalable du tribunal établi pour juger les causes des clercs. La sentence rendue ne trouverait jamais d'opposition dans la loi civile, puisque, d'après la loi civile, un évêque peut changer un succursaliste même sans cette sentence (3).

« Le temps paraît plus favorable que jamais pour introduire dans le régime de l'Église de France cette amélioration désirable : car ce changement, ne heurtant pas la loi de l'état, n'exigerait aucun concours de sa part. Cette nouvelle espèce d'inamovibilité n'aurait rien de redoutable pour un évêque, puisqu'elle dépendrait d'un tribunal qu'il pourrait toujours réformer ou détruire (4).

(1) Oui, mais on fait semblant de croire autre chose.
(2) Parfait! mais c'est le moyen d'avoir contre vous les curés de canton.
(3) Ceci est trop vrai pour qu'ils veuillent ou puissent comprendre.
(4) Je n'en veux point.

« Puissent nos observations contribuer au bien de l'Église, et rendre plus heureux nos chers confrères dans le ministère pastoral.

« Voilà, M. le curé, un abrégé de mon opinion sur les questions du jour; veuillez en faire part à vos confrères. Je suis, etc.

« THOUEZ, *curé*. »

Cette pièce n'a pas besoin de commentaire. Elle fut adressée à tous les curés du canton d'Aubenas, et même, si je ne me trompe, à tous ceux du diocèse de Viviers et à quelques-uns des autres diocèses de France. C'était montrer à la fois beaucoup de bon sens (1), de conscience et de courage, trois choses mal vues d'ordinaire dans les palais ecclésiastiques.

Revenons aux frères Alliguol. Au mois de février 1841, ils publièrent, de leur plein gré, une déclaration formelle que presque tous les journaux dits *religieux* ont reproduite; ils en avaient adressé d'abord un extrait au souverain Pontife, qui leur fit exprimer sa satisfaction et leur accorda la faveur singulière d'une chapelle domestique (2).

---

(1) « Le bon sens et le génie sont de la même famille. » *Pensée de M. de Bonald*, 197.

(2) Je reviens à dessein sur cette particularité, et j'avoue qu'elle me cause d'étranges préoccupations.

Le même extrait fut adressé à l'administration diocésaine qui ne daigna pas même en accuser réception.

Depuis cette époque, ils n'ont rien publié (1).

En résumé, les frères Allignol sont deux excellents prêtres et deux écrivains que l'église se réjouira d'avoir produits, également remarquables par leur prudente douceur et par leur franchise, par leur savoir et par la simplicité de leur vie, par leur modestie évangélique et par la noble indépendance de leur caractère.

Je n'ai dit et pu dire ici que la millième partie de leurs douleurs.

Toutefois, il y eut quelque répit dans une telle inondation de scandales. M. Bonnel, dont les intentions avaient toujours été bonnes, je le répète, mais dont on avait abusé la vieillesse, ouvrit les yeux enfin. Dans des circonstances récentes, il a hautement rejeté sur quelques hommes méchants tout ce qui s'était passé.

En effet, ceux-là même qui se prosternaient devant lui, la face contre terre et comme éblouis

---

(1) On dit qu'ils travaillent à un ouvrage sur les études cléricales et qu'ils préparent une nouvelle édition de l'*Etat du Clergé*.

des éclairs de son génie, lorsqu'il régnait, ces gens-là ont pris, depuis sa démission, une autre façon de vivre à son égard : ils ont violé les débris de sa fortune, comme ces enfants dénaturés dont parle Horace :

In cineres patrios minxerunt (1).

Ils traitent maintenant le vieil évêque comme une espèce d'idiot (2) auquel il serait dangereux de confier des pouvoirs de grand-vicaire, comme un ambitieux qui ne quitte le pouvoir qu'à regret et devient intrus dans son propre diocèse ; il en est même qui se sont efforcés hypocritement, sous prétexte de le défendre, d'en faire le chef d'un parti.

Alors, comme toujours, les frères Allignol sont restés dignes d'eux-mêmes; ils ont gardé une neutralité parfaite; que dis-je? lorsque M. Bonnel, dont la faiblesse avait causé toutes leurs souffrances, s'est vu outragé par ses créatures et abandonné des autres, ils l'ont visité plusieurs fois dans sa solitude, et leur noble sympathie a consolé son cœur.

Pendant l'affreuse persécution qu'ils ont éprouvée leur conduite n'a été ni moins noble ni moins digne.

(1) Art poet., *in fine*.
(2) J'ai honte d'employer un tel mot.

Le plus ordinairement, ils n'ont répondu que par le silence aux injustes attaques dont ils ont été l'objet.

Jamais ils n'ont manqué aux égards que réclame l'autorité, quoiqu'elle abusât si étrangement de ses moyens pour leur nuire. Jamais ils n'ont gardé rancune à ceux de leurs confrères qui se sont montrés leurs ennemis ; ils n'ont cessé de les accueillir avec cordialité. Ils ont poussé la délicatesse envers leurs amis jusqu'à se priver du plaisir de les voir de crainte de les compromettre!

M. Guibert n'a pas partagé tant d'excès et de bassesses ; MM. Allignol lui ayant fait visite, lors de son arrivée dans le diocèse, il leur parla de rentrer dans le ministère. A Dieu ne plaise que les efforts d'une malveillance sournoise et acharnée parviennent jamais à l'influencer lui-même pernicieusement! Non, un supérieur n'écrira plus à ces admirables frères ou à d'autres : *je vous briserai comme du verre*, espèce d'argot que dédaignerait un dragon mal noté.

C'est assez,
Pœnarum exhaustum satis est.

On comprendra leurs intentions et leur talent, et il deviendra manifeste pour tous que l'intérêt général les a uniquement guidés dans cette courageuse levée de boucliers; on appréciera leur dévouement et la grandeur de l'immolation qu'ils ont subie; que dis-je? on comprendra leur ouvrage, et il sera goûté; et, aussi vite que le permettront les inconséquences des temps, l'inamovibilité prendra sa place dans la pratique comme elle en a une imprescriptible dans le corps des lois canoniques; les jurys ecclésiastiques reparaîtront avec toute la sainte magnificence des sécurités qu'ils nous présentent, jurys bien supérieurs à ceux d'un autre ordre. L'Église sera heureuse. Le diocèse de Viviers qui avait eu l'honneur de prendre l'initiative en ces matières, mais qui a failli d'autre part, ne voudra pas abdiquer à jamais une aussi belle prérogative; il deviendra le premier théâtre des rénovations sincères et complètes. Nous ne sommes plus au temps où l'on disait de ces mots étranges: *Tout ce peuple est à vous!* La puissance du bien se trouve partout, et la vertu n'est pas plus parisienne que provinciale. Il y aura toujours des oppositions, je le sais, car les scandales sont, en un sens, nécessaires ici bas, mais il faut les réduire le plus possible; c'est le travail apostolique: *euntes docete omnes gentes.* Les évêques le savent bien la veille de leur sacre; ils l'ignorent le lendemain; eh, *currebatis benè; quis vos impedivit?*

Dans l'ouvrage qui vient de nous occuper, MM. Alliguol citent à l'appui de leurs doctrines un grand nombre d'auteurs que j'ai moi-même signalés après eux. Je crois devoir joindre à ces indications le catalogue suivant. Il y a deux raisons de l'ignorance qui nous afflige aujourd'hui : la paresse et le défaut de savoir où se trouvent les bonnes sources. La paresse est toujours inexcusable; on trouve quelquefois moyen de justifier par le second motif de grandes fautes et de grands malheurs. Faire bien voir est un bon moyen de faire bien marcher.

Ainsi, mon cher lecteur, je vous renvoie aux *Lois ecclésiastiques* d'Héricourt (1); lisez aussi, avec les réserves nécessaires, l'in-4° de Jean de Coras : *Paraphrasis in universam sacerdotiorum materiam* (2), avec les *Définitions* et les *Maximes du droit canonique* (3). Il y a dans ces diverses pro-

---

(1) Louis de Héricourt, mort le 18 octobre 1752. L'avant-dernière édition, de 1756, est, à mon avis, la meilleure. — L'édition de 1774, de Pierre-Olivier Pinault, avocat au parlement, ne vaut pas la précédente. Les notes de cet avocat sont toutes perdues de fiel et de folies parlementaires. Cependant il a joint à l'ouvrage une table des matières qui peut être d'une très grande utilité.

(2) Jean de Coras, conseiller au parlement de Toulouse, mort en 1572.

(3) *Les Définitions*, par Desmaisons ; *les Maximes*, par Denis Simon.

ductions beaucoup d'érudition d'abord, mais ensuite un mélange d'erreurs et de vérités qui ne saurait nuire à des esprits judicieux et impartiaux, lorsque surtout ils se laisseront guider par d'excellents maîtres comme J. Cabassut, dans sa *Théorie et pratique* (1), Did. Covarruvias (2), et Gusmann : *Examen juris canonici per questiones selectiores, rariores et difficiliores*, auxquels il faut joindre les *Decisiones rotæ romanæ*, les quatre livres de D. Martenne (3) : *De Antiquis ecclesiæ ritibus*, ord. *Praxis episcopalis quoad officium et potestatem episcopi*, par Paul Piasecki (4) 1687.

Le *Traité des droits et des obligations des chapitres des églises cathédrales*, par Du Casse, se range dans la première catégorie des auteurs nommés ci-dessus, ainsi que le petit in-12 de Jac. Boileau : *De Antiquo jure presbyterorum*; *les Pouvoirs légitimes du premier et du second ordre*, par Travers ; *la Défense du droit des évêques contre ce livre* (5), et surtout la *Défense du droit des évê-*

(1) 1758, in-fol. (Voir ci-dessus, p. 218-222.)
(2) Évêque de Civitad-Rodrigo, en Espagne. — *Opera omnia*, 1762.
(3) Bénédictin, mort en 1739.
(4) Archidiacre de Varsovie.
(5) Corgne, 1762.

ques proposée à l'examen de MM. les curés, ou *Dissertation sur l'établissement et l'institution du droit divin des curés*. (Gueret 1759.)

Je ne parle pas de *l'Évêque de cour*, etc., qui vaut à lui seul presque toutes ces immenses masses d'in-folio.

Mais comment lire tant d'ouvrages? quel travail et que de temps exigeraient des études pareilles! Voilà ce que m'objecte la paresse, et je ne réponds pas, ou plutôt je réponds qu'il n'est pas permis de condamner une doctrine sans la connaître, qu'on ne peut connaître celle-ci sans des études bien plus étendues encore, et qu'alors que deux hommes ont consacré leurs veilles à remuer tous les matériaux du procès pour se former une conviction et la mettre au jour, il serait bien triste que le premier muscadin venu pût les taxer d'erreur, de ridicule et d'impiété, sans savoir encore bien répondre à cette question: êtes-vous chrétien?

C'est ce qu'ont éprouvé MM. Allignol.

Eh bien! en dépit de ces prodigieuses critiques, nous aurons un jour, nous aurons même bientôt ce qu'ils ont demandé: le salut de l'église de France est à ce prix.

Déjà nous voyons venir des évêques d'une profonde science, d'une égale sagesse et d'un grand courage, ils marcheront dans leur indépendance (1);

(1) M. Berteaud, dans un mandement que nous aurons lieu d'examiner plus tard, s'exprime de cette *audacieuse* manière :

« Nous prêcherons, N. T. C. F., avec une religieuse ardeur. Nous ne sommes placé roi spirituel sur la montagne de Sion que pour proclamer le précepte de Dieu. Nous ne dirons pas qu'il nous est impossible de gouverner et de prêcher en même temps : nos Pères pouvaient l'un et l'autre, les Grégoire, les Ambroise, les Augustin. Ils régissaient leurs Églises, ils prêchaient, ils écrivaient. Si quelque empêchement nous interdisait ce double travail, sans hésiter nous nous réserverions la charge d'enseigner, laissant l'autre à des délégués. Un concile de Carthage nous l'ordonne, les apôtres nous en ont donné l'exemple : « Il n'est pas juste que nous « quittions la parole, disaient-ils, pour surveiller les distri- « butions des tables. » Que, s'ils ont mis le soin des pauvres et des veuves après la fonction de prêcher, combien plus loin ils auraient rejeté des occupations de moindre valeur ! Un concile de Séville va jusqu'à dire que, l'évêque présent, il n'est pas permis à un prêtre d'élever la voix dans les chaires. Un évêque le cède souvent en éloquence et en doctrine à un simple prêtre, et il a pourtant sur sa lèvre meilleure et plus puissante parole, la parole pastorale. Ainsi le lait de la mère vaut mieux que celui des nourrices. Les évêques doivent écouter le conseil du Madianite, beau-père de Moïse. « Soyez au milieu de ce peuple le chargé des choses qui concernent Dieu, vous rapporterez à Dieu les vœux de la foule, et vous enseignerez à la foule les lois du culte et le chemin où elle doit entrer. Choisissez des hommes craignant le ciel, au cœur desquels soit la vérité, ennemis de l'avarice : vous les établirez juges des petites causes ; les causes majeures seront portées à votre tribunal. » Nous ne consentirons donc jamais, N. T. C. F., qu'on nous arrache aux douceurs des saintes Écritures et des théologiques méditations, pour nous livrer comme des captifs aux débats, aux soucis, aux affaires litigieuses. Nous voulons, à l'exemple de saint Grégoire, rêver toujours de prédication chrétienne ; c'est là le négoce que le Seigneur recommanda à ses disciples jusqu'à son reils briseront, s'il le faut, des digues obstinées; ils sauront qu'à prendre ainsi l'initiative ils couvriraient leur carrière et leur nom d'une gloire impésable : espérons donc.

Mais tout ou rien. Il existe aujourd'hui des simulacres d'officialités ; c'est un malheur; mieux vaudrait encore le bon vouloir épiscopal. L'official, le promoteur, le greffier, etc., etc., outre qu'ils sont perpétuellement révocables, ce qui veut dire à la merci du chef, ce qui veut dire encore d'inutiles machines, ont de plus la faculté de se faire entendre en haut lieu et de mettre à profit la petite importance que leur donne cette étrange position ; si la passion s'en mêle, chose commune, quels malheurs ! si l'ignorance ? songez-y, etc., etc.

O ego, ne possim tales sentire dolores
Quam mallem in gelidis montibus esse lapis (1).

tour. Nous le pratiquerons, ce miraculeux négoce, si par notre vie et nos paroles nous gagnons les ames du prochain; si nous fortifions les faibles dans l'amour surnaturel; si les rebelles et les hautains sont fléchis aux accents terribles par lesquels nous leur annoncerons l'enfer ; si nous n'épargnons personne au détriment de la vérité; si, engagé dans des amitiés divines, nous ne craignons pas les haines terrestres. Le même saint Grégoire compare une Église sans évêque au lit desséché d'un fleuve. Mais quand l'évêque est arrivé, c'est comme le fleuve déroulant ses nappes sur les rocs : il baigne les vallées des rives, il les fertilise; sous les flots de sa langue, les fleurs ont hâte d'éclore et les fruits de mûrir. »

(1) Tib. II, el. 4.

Donc, encore une fois, point de demi-moyens, et non plus d'attermoiements. Ces choses-là n'ont guère réussi qu'à Fabius; elles ont perdu des milliers d'hommes et de choses.

Je sens la vérité du mot de M. le comte de Pradel (1) : « Il n'est point d'exigence logique qui ne cède à un intérêt de conservation»; mais je soutiens qu'ici la logique et les conditions de salut se confondent.

> Di patrii, quorum semper sub numine Troja est
> Non tamen omninò Teucros delere paratis,
> Quum talis animos Juvenum et tam certa tulistis
> Pectora!

Eh mon Dieu! mes yeux tombent sur un passage de l'Écriture-Sainte qui vient achever cette notice : *Rursùm contemplatus sum omnes labores hominum et industrias animadverti patere invidiæ proximi, et in hoc ergo vanitas et cura superflua est!*

(1) *De la Royauté au dix-neuvième siècle.*

1er Novembre 1842.

Paris. — Imp. de A. APPERT, pass. du Caire, 54.

Biographie du Clergé Contemporain.

M. DARCIMOLES

Evêque du Puy.

A. Appert Edit. Passage du Caire.

M. DARCIMOLES,

ÉVÊQUE DU PUY.

> Per hæc... judicat populos.
> Job. 36-31.

Ceci est, autant que possible, une biographie. Tout évêque aujourd'hui vivant doit avoir la sienne, qu'il ait fait beaucoup de choses ou qu'il n'ait rien fait du tout; la place le veut. Mais alors que dirai-je? je m'abandonnerai sans nul souci aux caprices de ma pensée; il en résultera peut-être quelque bien; je l'ai fait pour M. Paravey; heureux malheur, encore une fois! « Croyez-moi, dit Codindo, laissez manger en repos vos poulets, et prononcez sur le sort de mon fils, comme vous fîtes dernièrement sur le rhume de la perruche de ma femme. »

Sans compter l'avantage qu'il a de posséder M. Darcimoles, le diocèse du Puy ne manque pas d'importance.

Je lis dans le *Pouillé général* de 1648 (1), qu'il renfermait jadis cent soixante-dix-huit cures, huit abbayes, soixante-dix prieurés, six chapitres et douze maladreries.

L'évêque (le roy y nomme et présente) a de revenu 28,000 livres. — Faible prérogative et pure misère, puisque son métropolitain, l'archevêque de Bourges, n'en touche pas moins de 80,000; mais, écoutez : Par une bulle de 1105, le souverain Pontife, Pascal II, faisait savoir à Ponce-Maurice, évêque du Puy, ce que ci-dessous : *Mansuro in perpetuum decreto sancimus ut tam tu, quam tui deinceps successores nulli, præter romanum, metropolitano subjecti sint, et ut omnes qui tibi in eadem sede successuri sunt, per manum romani pontificis, tanquam speciales romanæ sedis suffraganei, consecrentur.* — Confirmé par Eugène III en faveur d'un autre évêque du Puy, nommé Pierre, en 1145 (2). — C'est pourquoi j'ai donné assez impro-

---

(1) Pouillé général, contenant les bénéfices de l'archevêché de Bourges et des diocèses d'Alby, de Cahors, de Castres, de Clermont, Limoges, Mende, Le Puy-Notre-Dame, Rodez, Saint-Flour, Tulles, Vabres, et aussi les abbayes, prieurés, doyennés, chapitres, cures, chapelles, maladreries et hôpitaux desdits diocèses, commanderies, leurs dépendances, patrons et collateurs, pris sur les registres...... Ordonné en l'assemblée de Mantes, en 1641.

(2) Je vais faire souvent usage de la formule —, si fort à

prement à l'archevêque de Bourges la qualification de métropolitain du Puy, et c'est encore pourquoi je m'étonne peu de trouver dans un acte de mariage d'un seigneur de Polignac ces énormes paroles : *Nos Stephanum Dei gratiâ aniciensem episcopum, Domini Papæ suffraganeum specialem.*

En ce temps là une cure, qu'elle fût dans l'archiprestré de Solignac, de Saint-Paulien (1), de Monistrol ou de Salempnac, ne donnait guère que 300 livres de revenu ; c'était la moyenne : celle de la Voulte s'élevait à 1000 livres, celle de Belaye atteignait à peine 60 livres. Saint-Vofy, Saint-Agrève, Saint-Georges, Saint-Pierre du Monastère, Saint-Hilaire, Saint-Pierre-de-la-Tour et Saint-Esprit suivaient à peu près les mêmes proportions. — Sur ce point, je n'ai rien à dire qui prouve positivement que le Puy fût un diocèse privilégié, mais voici quelques observations générales dont je fais mon profit, bien qu'elles m'entraînent un peu plus loin de mon maigre sujet :

1° Ces cures suffisaient à la vie et au bien-aise de

---

la mode de nos jours, et si absurde, qui, en tuant la transition et créant à sa place le genre facile, a tué la littérature plus que mille autres causes journellement indiquées. J'en avais besoin pour une fois. Je n'en userai plus.

(1) Avant d'être dans la ville du Puy, le siège était à Saint-Paulien.

leurs titulaires, et n'engendraient pas l'abondance qui amollit, qui engraisse, qui endort et qui déprave; c'était un grand bien. Jésus-Christ n'a pas dit sans intention : *beati pauperes;* et, quoi que fassent nos hypocrites et sophistiques passions, *pauperes* veut dire ceux qui n'étendent l'usage des choses qu'infiniment en-deçà de leur convoitise, et qui, même en observant cette mesure, sont convaincus, non pas qu'ils se conforment à un pieux conseil, mais qu'ils obéissent à un précepte rigoureux.

2° Je me demande si l'assemblée constituante voulait rire, lorsqu'elle comprit les curés parmi les dévorants accapareurs de la fortune publique; et j'admire l'immense ingénuité de Mirabeau, qui daignait lui-même signaler, du haut de son génie, une bêtise pareille; on ne l'entendit point.

3° Quelle était, avec les motifs indiqués précédemment, la compensation de cet état de pauvreté laborieuse? M. de la Tour-d'Auvergne l'a dit d'une manière aussi ravissante que possible, et voilà une leçon qu'il donnait, sans y songer, à ses confrères, comme il se la donnait à lui-même; en refusant divers archevêchés, il répondit : « Nos églises sont nos épouses ; une fois marié, on ne peut répudier la sienne parce qu'elle est pauvre ou pour une plus jolie (1). » Or, ce qui est vrai des évêques l'est aussi des fonctionnaires ecclésiastiques d'un ordre inférieur; et pourquoi non? MM. Allignol ont traité cette question dans l'excellent ouvrage que j'ai recommandé naguère à mes lecteurs : *de l'État actuel du clergé en France*, p. 58 ; ils ont en quelque sorte complété ma pensée, comme je ne saurais le faire moi-même, c'est-à-dire avec une étendue d'érudition et de raison qui est infiniment rare aujourd'hui. Je cite seulement l'intitulé du chapitre V : *Les prêtres à charge d'âmes ont toujours été fixes et inamovibles. Ils n'ont jamais été destituables au gré de l'évêque.*

Il y a de forts esprits qui inventeront l'objection suivante (2) pour ce qui regarde la pauvreté de l'Église d'outre-Constituante : « Mais les abbayes produisaient d'énormes revenus. » Ainsi raisonnaient deux éminents personnages, Camus et Talleyrand.

Eh bien! oui, l'abbaye de Monestier (3), de l'ordre des bénédictins, représentait un revenu de

---

(1) Voir sa notice, page 93 du 1er vol., 2e édit.

(2) Indépendamment de quelques autres que j'attends pour les voir.

(3) L'abbaye (le roi nomme et présente, le saint-siège confère.) Voyez *de la Somme bénéficiale.—Decreta ecclesiæ gallicanæ*, 1609, in-fol. — L'auteur est Laurent Bouchel, mort en 1621.

10,000 livres ; 6,000 étaient affectées à celle des nonnains de Phavive ou Clavas, même ordre. On pourrait encore alléguer les 6,000 du prieuré de Viaye-Conventuel, qui avait pour patron l'abbé de la Chaise-Dieu, et les 8,000 de celui de la Voulte, toujours si favorisée ; que n'ajoute-t-on les 2,000 livres de la Maladrerie du Puy, de fondation royale (1)? Alors je n'ai plus rien à répliquer, si ce n'est que chacune des sommes indiquées, le partage une fois fait entre le destinataire et ses religieux, et ses indigents, et ses malades, et toute la population du lieu, ne formait pas un seul lot qui valût les 300 livres du curé de Belaye.

Mais ces religieux étaient des fainéants? — O mon frère ! homme simple pour lequel j'écris ces dernières lignes, visitez, si jamais vous avez un peu de loisir, visitez la bibliothèque royale, et même celle de la province où vous êtes, et dites-moi vos impressions. Quelles montagnes d'in-folios ! quelle richesse ! quel monde ! et combien sont naturels ces

---

(1) Elle avait pour patron le roi. — V. *Observations sur le droit des patrons et des seigneurs de paroisses*, par Guillot, édit. de Boucher d'Argis, 1751 ; et le *Traité des droits honorifiques*, par Mareschal, 1762. — J'indique, autant que possible, tous les ouvrages que j'aurais voulu examiner, si la place ne manquait.

deux vers que Régnier, si je ne me trompe, a mis dans la bouche d'un enfant :

> Voilà bien du papier sans doute, mais enfin
> Je ne croirai jamais que tout cela soit plein.

Cela est tout plein cependant, et ceux qui ont rempli *cela* sont les fainéants dont on vous a si souvent parlé, ce sont les *moines* (puisqu'on fait des *moines* de toutes choses) que nos grandes assemblées *nationales* n'ont pas voulu payer 300 livres et moins par an. Que dis je ? elles ont compris, ces assemblées, que les bénédictins, au moyen de 300 livres par an, nous suçaient la substance et la moelle, et on les a renvoyés tout nus comme des vers de terre, à la grâce de Dieu (1) ; et ce serait une infâme malice de prétendre que les *assemblées nationales* confisquèrent au profit des constituants ou autres tous ces 300 fr. réunis, attendu que nul constituant ou autre, depuis lors, n'a été millionnaire et dix fois millionnaire.

Mais les abus ?

Ah ! les abus, il y en avait, et il fallait les dé-

---

(1) On sait que M. Guéranger vient de tenter parmi nous une restauration de l'ordre de Saint-Benoît. Avec sa maison de Solesme, déjà connue depuis plusieurs années, il a même fondé une maison nouvelle, rue de Monsieur, N° 13 bis, à Paris.

truire autant que possible (1). — Mais ils étaient si nombreux! — Conte de vieille. — Mais c'était difficile. — Ah!... qui vous l'a dit? vous n'avez pas fait d'essai. — Mais nous avons pris le parti le plus infaillible et le plus simple, qui était de couper la corde pour délier le nœud. — Ah!.. du moins deviez-vous remplacer le mal par le bien; n'avez-vous pas été au contraire *in pejus?* — Mais vous parlez comme un enfant. — Ah!... — Mais, pour faire la biographie de M. Darcimoles, vous nous parlez *de Castor et de Pollux?*... — Ah! ah! à la bonne heure!

Toujours est-il que le diocèse du Puy (2) était alors un beau diocèse, protégé par toutes les vertus de ceux qui l'habitaient, vertus réelles, efficaces, innombrables; c'était une terre chérie de Dieu et de

---

(1) Les parlements mettaient aux communications des évêques avec le saint-siège des entraves violentes, et opprimaient l'Eglise de France peut-être plus qu'on ne fait aujourd'hui; mais quelle loi écrite et reconnue les y autorisait? C'était une usurpation, le fait d'une force brutale, sans droit ni autorisation légale; aussi les évêques manquaient rarement de protester. A présent, ils ne le pourraient plus. Leur asservissement à l'autorité civile et leur isolement de leur chef sont écrits dans la loi organique. Cela constitue une immense différence entre les deux régimes.   (*Allignol.*)

(2) *Puy, Pui* ou *Pech* qui, en langue gauloise, signifie montagne. On dit en latin *Podium*; et le nom du diocèse est *Aniciencis*, du Mont-Cenis.

sa bienheureuse mère, comme l'atteste l'inscription qui se lisait (si elle ne se lit encore) sur une colonne de la cathédrale :

> Civitas hæc non vincitur,
> Nec vincetur, sic legitur :
> Per Mariam protegitur
> Hæc privilegiata.

La ville du Puy l'avait bien mérité, et le diocèse tout entier s'en est ressenti. On a remarqué que, dans les guerres dites de religion, pas un hérétique, qu'il fût vaincu ou victorieux, n'avait pu parvenir à y poser le pied ; fanatisme cruel d'une part, il faut l'avouer, si nous en jugeons sur le fait, mais fermeté magnifique et sublime dans l'intention, et il n'y a que notre pauvre humanité qui s'en tienne aux apparences.

Le chapitre de l'église cathédrale de Notre-Dame-du-Puy était ordinairement en grande réputation de savoir et de vertus ecclésiastiques, toujours organisé suivant les plus rigoureuses lois et en harmonie parfaite avec son chef. C'est incroyable !

Ce chapitre du Puy se composait d'un doyen (1), d'un prévost (2), d'un chantre (3), d'un trésorier (4),

---

(1) Le chapitre l'élit et l'évêque le confirme.
(2) Nommé par le chapitre. V. le Traité de David Blondel *de Jure plebis in regimine ecclesiastico*, 1648.
(3) *Ibid.*
(4) *Ibid.*

d'un sacristain (1) et de vingt-quatre prébendes.

Remarque essentielle. Il y avait dix chanoines appelés *pauperes*, encore *pauperes!*

Pauperes est une qualification qu'on n'envie plus guère ; mais, entre vêpres et complies, les chanoines d'à-présent pourraient bien y songer pour nous dire au juste ce que cela signifie.

Observons toutefois que les *pauvres* (*canonici pauperes*) avaient le droit de porter la mître comme les évêques, durant toute la semaine de Pâques : *Caveant ut non soli, sed cum honestâ societate, incedant, quùm mitras, ornamentum scilicet episcopale, deferunt.* — Autre sujet de réflexion, et qui sait ? de réclamation peut-être.

Il est bon de consulter l'ouvrage déjà indiqué : *De canonicorum ordine disquisitiones.*

N. B. Je déclare qu'en renvoyant mon lecteur à un ouvrage, quel qu'il soit, je n'entends rien préjuger sur le plus ou le moins d'orthodoxie de cet ouvrage ; j'en parle à titre de renseignements. Je ne veux rien de plus. — Entendez-vous ? RIEN DE PLUS.

Or, à la tête d'un si brillant chapitre, l'évêque devait se distinguer par quelque point. Baronius rapporte qu'en 1050 le pape Léon IX donna le

---

(1) David Blondel, *ut suprà*.

Pallium à Étienne de Mercœur, et aussi en sa personne à tous ceux qui lui succéderaient (1).

L'évêque du Puy et l'évêque d'Autun sont les deux seuls évêques qui aient le droit de porter le *Pallium*. — Voyez pag. 282 *in seq*.

Tel était autrefois ce diocèse, où vient d'entrer en 1840 M. Darcimoles. La révolution, en y passant, fit ce que tout le monde sait ; nous allons voir ce qu'on peut y faire aujourd'hui, et quelles garanties présente pour réparer tant de ruines le jeune successeur des Georges, des Fulcodi, des Bégo ou Bégon et des Grammont. Mais il est bon de savoir auparavant quelque chose de son enfance et des années qui l'ont suivie jusqu'à son élévation ; s'il en résulte une notice, tant mieux.

Pierre-Joseph-Marie Darcimoles est né le 8 décembre 1802, à Eneyres, dans le département du Lot ; donc, lorsqu'il fut appelé au siége qu'il occupe par ordonnance royale du 26 mai 1840, il n'avait encore que trente-sept ans et quelques mois ; début précoce dans une carrière difficile et périlleuse.

C'a été le sujet de beaucoup de plaintes. On a dit de M. Darcimoles comme du Solitaire... pardon...

(1) Annal. tom. X, p. 167.

Si parva licet componere......

On a dit : A son âge, il n'est pas permis de s'établir juge en Israël...

M. Darcimoles pouvait répondre, s'il ne l'a fait, que

> Dans les âmes bien nées,
> La vertu n'attend pas le nombre des années.

et que parfois les talents ne l'attendent pas non plus.

— Le Solitaire avait bien envie d'alléguer, non pas des vertus et des talents dont il se reconnaît médiocrement pourvu, mais du moins des études longues, opiniâtres, perpétuelles, spéciales surtout; il eût revendiqué ensuite la liberté commune à tout homme de contrôler certains actes de l'autorité, droit salutaire, droit essentiel; en tous cas, il eût conjuré ses vertueux détracteurs de méditer le passage de l'Imitation: *Non quæras quis hoc dixerit, sed quid dicatur attende ;* il eût surtout demandé à ces dévotes âmes si, en admettant même la question d'âge, elles ont bien compté toutes ses années, jusqu'à la dernière ; il eût enfin désiré savoir pourquoi huit ou dix évêques en France, plus jeunes ou du même âge que lui, pourquoi une foule de vicaires-généraux qui n'étudiaient encore que *rosa, la rose,* lorsque déjà le Solitaire consacrait ses jours et ses veilles à la recherche des purs enseignements ecclésiastiques ; mais il sent bien que, sur tous ces points divers, on lui fermerait aisément et victorieusement la bouche d'un seul mot : *Ils ont la grace d'état, mon cher, et vous ne l'avez pas* (1). C'est très beau ; je continuerai.

Puisque M. Darcimoles avait *la grâce d'état*, les réclamations s'apaisèrent bientôt. Qu'il n'en soit plus parlé.

Sa famille le combla d'abord de toutes les caresses d'usage, et donna tête baissée dans les pronostications, trouvant très naturel, par exemple, qu'on distinguât dans les traits informes de l'enfant ce qu'il serait un jour (2) ; *venerande puer!*

Je ne trouve dans cette famille qu'un M. Lachèze-Murel, ancien constituant, puis député du Lot, en 1815, personnage d'une noblesse parfaitement avérée, d'autant que ses Lettres sont toutes neuves et très lisibles, et que l'homme de plume qui les a écrites vit encore (3). M. Lachèze était l'aïeul maternel de M. Darcimoles.

Celui-ci fit ses premières études à Figeac, petite

---

(1) Cette réflexion m'a été faite comme je la reproduis.
(2) Virg. *Æn.*
(3) Sa devise : *Deo et Regi fides impavida.*

3

ville du Quercy et sous-préfecture, à deux lieues de Cahors.

Le *Gallia Christiana* rapporte que Gustave de Brissac, évêque du Puy, cultivait amoureusement la Vertu et les Muses, dès ses plus tendres ans: *Virtutem et Musas à teneris unguiculis excoluit;* M. Darcimoles en fit autant. « Grâces à ses heureuses dispositions, il n'ignora rien de ce qu'un jeune monsieur a coutume d'apprendre dans les quinze premières années de sa vie, et sut, à l'âge de huit ans, boire, manger et dormir aussi parfaitement qu'aucun prince du monde. Mangogul avait à peine quatre ans qu'il avait fourni la matière d'un *Mangogulana.* »

Ses succès furent si éclatants, suivant un biographe (1), que M. le préfet du département crut devoir les consigner dans un numéro du bulletin administratif, et les signala au grand-maître de l'Université. — Il est vrai que M. Lachèze-Murel était alors député et dans les faveurs de S. M. Louis XVIII.

De Figeac, le jeune homme passa au collège de Cahors, pour les *humanités*, et c'est de là qu'il vint parmi les élèves de M. Liautard, au collège Stanislas; c'était un beau collège.

(1) Car M. Darcimoles a déjà eu son biographe.

Ayant terminé ses études classiques, il fit savoir à ses parents que son désir était d'entrer dans un séminaire.

Or, en ce temps-là comme aujourd'hui, les grands seigneurs ne voyaient pas volontiers que leurs fils prissent du service pour l'Église, et quiconque portait par droit héréditaire et par hasard un *de* devant son nom, ou possédait le moindre morceau de terre, s'estimait grand seigneur ; on a continué. — Pourquoi cette répugnance ? C'était une mode d'abord ; et vous savez s'il est rien d'aussi brutal que les modes. Bien qu'elle eût frappé trop fort et trop loin, la révolution, en étouffant des abus de plus d'une sorte, avait réduit les hauts personnages de l'Église à la *portion congrue*, et la naissance ou la richesse avaient un peu perdu l'exclusive propriété des honneurs ecclésiastiques (1) ; la capacité commençait à compter pour quelque chose ; ces fils d'ouvriers ou de laboureurs, pour peu qu'on eût daigné se mesurer avec eux sur les bancs des lycées ou des séminaires, avaient bien l'effronterie de laisser derrière eux tous les *fils de famille,* comme on parlait, et de les dominer à tous égards. Au lieu de

---

(1) Qu'on veuille bien lire avec attention le passage ci-dessus, qui semble un peu contredire celui-ci, et l'on verra que la contradiction n'est qu'apparente en effet.

l'autel, quelle *carrière* suivirent-ils donc? les armes, car celle-là présentait les mêmes avantages qu'autrefois, ou à peu près; la magistrature, qui est la plus héréditaire des charges, et en conséquence, la plus féconde en abus de toutes sortes (1); la fainéantise, surtout, cette chère et aristocratique fainéantise, qu'on appellera, si l'on veut, la chasse, l'art de mettre sa cravatte et de faire gentiment toutes sortes de sottises en société, ou la vie de salon, et quelque chose que je n'ose dire.

N'allons pas croire cependant que le privilège en matière ecclésiastique n'ait pas survécu à la révolution de 1789 (2). Les complaisances de la restauration sont trop connues; et, aujourd'hui même, le gouvernement mitoyen de Juillet se cacherait en vain de ses tendresses pour tout homme un peu *né* qui voudrait lui faire un petit sourire.

Donc, les parents de M. Darcimoles se crurent en position de jouer le rôle accrédité. Ils résistèrent

(1) Dieu sait quel livre on pourrait faire sur la réforme de l'administration judiciaire en France. Je crois l'avoir déjà dit, et on ne saurait assez le redire. Lisez, dans le *Dictionnaire politique,* un excellent article de M. Corne, député : *Appel.*

(2) J'ai entendu de mes oreilles un pair de France, interrogé sur ce que deviendrait son cinquième fils, alors âgé de huit ans, répondre avec calme : « Je crois qu'il a de la vocation pour être évêque. »

d'abord aux désirs du jeune homme; mais celui-ci, sans sortir des bornes d'une respectueuse soumission, insista; et ils cédèrent enfin; et *la famille perdit un général, ou un président de chambre, ou un sous-préfet, pour avoir un prêtre; que dis-je? pour avoir un évêque.* J'admets qu'elle ne prévoyait pas cette dernière compensation.

Ayant obtenu le consentement nécessaire, M. Darcimoles entra au séminaire de Saint-Sulpice (1), et s'y distingua bientôt par sa simplicité et sa piété, autant que par sa douce modestie.

Il fut vraiment, en 1826, chef des catéchismes de Saint-Sulpice, avec MM. Noget et Lacordaire; car, on peut lire dans l'*Histoire des catéchismes de Saint-Sulpice :* « Le 1er janvier 1826, M. Dupuch (2) eut pour successeur M. Boniver, dont le départ, occasionné deux mois après par des circonstances impérieuses, fit succéder les regrets aux espérances que son administration avait fait naître. M. Darcimoles, qui lui succéda, se fit aimer par sa douceur et sa charité. Il eut lui même pour successeur M. Chalandon, qui contribua à la rédaction du *Manuel des Catéchistes* (3). »

(1) De Paris.
(2) Evêque d'Alger.
(3) Qui n'est pas assez connu en province.

Le 23 décembre de la même année, il reçut la prêtrise et fut aussitôt nommé vicaire de la cathédrale de Meaux, par M. de Cosnac, AMI ET ALLIÉ DE SA FAMILLE.

En 1828, M. Darcimoles devint secrétaire particulier de ce prélat; et il le suivit à Sens, en 1830, avec le même titre. Il y a pour les hommes d'esprit de ces avantages-là: Auguste, selon Suétone, offrit à Horace la place de secrétaire du cabinet impérial; mais Horace refusa; et M. de Cosnac s'appelle, au lieu d'Auguste, Jean-Joseph-Marie-Victoire.

De 1830 à 1835, il fut chanoine titulaire et vicaire-général d'honneur, puis vicaire-général officiel. Quel mérite!

C'est de 1835 que date cette dernière nomination. Il prenait la place de M. de Villecourt, appelé au siège de La Rochelle que quittait M. Bernet pour l'archevêché d'Aix en Provence (1).

Voilà tout ce qu'avait été M. Darcimoles à trente-trois ans.

Je sais un homme qui fut jadis à l'Institut de l'oratoire, c'est-à-dire, dans l'une des plus considé-

---

(1) M. Bernet (Joseph), officier de la Légion-d'Honneur, né en 1770, sacré en 1827, fut autrefois curé de Saint-Vincent-de-Paul, et auparavant vicaire de la paroisse Saint-Paterne, à Orléans.

rables sociétés que le zèle de Dieu et de la science ait fait naître, professeur et directeur distingué, ayant consacré à l'étude des matières ecclésiastiques une longue suite d'années, plein d'expérience et de vertu, doué d'une rare prudence et d'une égale douceur de caractère, et surtout de cette probité réelle dont le nom paraît avoir tué la chose parmi nous; — eh bien ! cet homme, que nul ne connaît aujourd'hui, est depuis quarante-six ans desservant de Saint-Pierre d'Autils, l'une des plus obscures succursales du diocèse d'Évreux. Je livre le fait aux méditations de M. Olivier, du gouvernement et de tous autres, sans expliquer pourquoi j'en fais ici mention, ou si l'on veut, quel est ici son à-propos.

Lorsqu'on eut pour la première fois la pensée de de le faire évêque, M. Darcimoles n'avait encore que trente-sept ans; c'était au mois de décembre 1839; il s'agissait de M. Devie (1) pour l'archevêché de Reims. Mais M. Devie n'ayant point accepté, M. Darcimoles dut attendre la succession d'un autre.

Il n'attendit pas longtemps, si toutefois il attendit, car la charité me force à penser qu'il eût voulu éternellement éviter l'heure fatale; et la vérité l'exige sans doute comme la charité.

(1) Évêque de Belley.

Quoi qu'il en soit, le 26 mai de l'année 1840 (1), une ordonnance du roi nomma M. Darcimoles à l'évêché du Puy, en remplacement de M. Maurice de Bonald, appelé au siége métropolitain de Lyon.

Ce fut, dit-on, le noble prélat lui-même qui demanda M. Darcimoles pour son successeur, faveur précieuse, titre puissant, gage de vocation, et je ne crains pas que l'on m'accuse d'exagérer.

Ainsi préparé et muni, M. Darcimoles pouvait aborder de pied ferme les difficultés d'une administration diocésaine, ayant de plus *la grâce d'état* dont nous avons dit quelques mots au début de ce cahier.

Le 13 juillet de la même année 1840, il fut préconisé à Rome, et, le 23 août suivant, sacré dans la cathédrale de Sens par M. de Cosnac, assisté de MM. les évêques de Nevers (2) et de Meaux (3).

On lit dans le *Journal de la Haute-Loire :*

« *Diocèse du Puy.* — M. Darcimoles a fait son entrée au Puy jeudi dernier, à trois heures du soir. Le prélat était attendu près l'église de Saint-Laurent par un nombreux clergé, impatient de voir

---

(1) Ainsi que je l'ai dit en commençant.
(2) M. Naudo, récemment promu à l'archevêché d'Avignon.
(3) M. Allou, successeur de M. Gallard.

le pontife auquel il a déjà voué l'affection la plus entière. Monseigneur a reçu le compliment de M. Doutre, premier vicaire capitulaire. Il a ensuite pris place sous le dais, et le cortège s'est dirigé vers l'église cathédrale, précédé d'une musique composée des amateurs de la ville. La foule, qui avant son arrivée remplissait les avenues du Pont-Neuf, s'est portée avec empressement sur son passage. A son entrée, M. le doyen du chapitre lui a fait un compliment.

« Monseigneur a fini par la consécration spéciale et bien attendrissante de sa personne et de son peuple à la Vierge sainte, qui est la protectrice particulière de ces contrées.

« Le prélat a donné sa bénédiction aux fidèles et s'est rendu immédiatement après à l'évêché, où il a été complimenté par M. Léon La Batie, faisant les fonctions de maire. »

On n'a pas dit que des loges fussent louées pour le sacre. Au fait, arrêtons-nous, et qu'il me soit permis d'utiliser l'espace qui me reste, en soumettant au lecteur quelques observations sérieuses et surtout pratiques.

Certes, je suis plus que personne éloigné de croire que saint Paul ait failli, lorsqu'il disait qu'il est juste que le prêtre vive de l'autel. Ceux qui dénoncent les curés de Paris et autres comme infâmes parce qu'ils autorisent la taxe des chaises, les ennemis déclarés des tarifs d'enterrements, de mariages, etc., etc., les gens délicats et nerveux qui se pâment à la vue d'un homme en surplis ou d'une dame de la charité (notez la sublime expression), qui tend une *bourse* aux assistants durant les offices, tous ceux-là, qu'ils agissent par suite d'une fourberie malicieuse ou de je ne sais quelle bonne foi, sont des ignorants; et c'est pourquoi l'on peut, en quelques mots, leur expliquer ce qui est d'ailleurs plus évident que l'évidence même.

Pourquoi donc la taxe des chaises? Parce qu'il a fallu les acheter et qu'il faut remplacer celles qui s'usent, parce que le temple est une maison qui exige de l'entretien, ayant des livres, des chandeliers et des cierges, des vêtements et des tabernacles, des vitraux que le vent brise quelquefois, des nappes d'autel et des calices; que dirai-je? Demandez aux commerçants qui débitent ces objets s'ils s'en dessaisissent gratuitement au profit de Dieu.

Pourquoi la taxe des chaises? parce qu'il y a dans ce temple des chantres, des bedeaux et des suisses, des administrateurs, des vicaires et un curé.

Mais voilà qu'une objection s'élève : — Nous payons des contributions. — Sans doute; et savez-vous en combien de fuites secrètes et sinueuses se divise ce fleuve immense qu'on nomme le budget? à qui les petites et les grosses parts? les motifs de telles et telles allocations, l'illégalité de telles rétributions ou munificences? Hormis quelques exceptions qui vous sont concédées et que nous allons voir, comparez les traitements du clergé aux traitements des fonctionnaires civils, et prononcez. Je n'entame pas même une question souveraine, celle de savoir si les premiers ne sont pas tout simplement une restitution mesquine et presque insultante des biens ecclésiastiques volés jadis au grand jour.

Deuxième objection : Mais s'il est juste qu'il se forme entre les bons fidèles une sorte de cotisations plus ou moins spontanées pour les frais du culte, au moins faut-il reconnaître que ces cotisations se multiplient démesurément. Qu'était-ce donc que le crime de simonie?

Sans doute, j'avoue la difficulté. Il y a, je le veux bien, des taxes pour baptêmes et mariages, et des tarifs pour enterrements. La question est de savoir ce que deviennent les produits pécuniaires de toutes ces choses.

Et d'abord ce ne sont pas les prêtres, notez-le bien, c'est le grand Napoléon votre ami qui a dressé lui-même les tarifs et les taxes moyennant le concordat.

Les tarifs sont un règlement officiel ayant force de loi.

Ils sont du ressort des fabriques, et si bien que s'il prenait envie au vicaire de semaine d'y ajouter ou retrancher, il se mettrait, comme justiciable de tribunaux civils, dans le cas d'une accusation singulièrement grave que pourraient lui intenter toutes les parties intéressées, jusqu'au bedeau inclusivement.

Inutile d'ajouter que ces tarifs sont imprimés, légalisés et présentés en cette forme à qui de droit ; ils sont même, si je ne me trompe, affichés aux portes des sacristies.

Mais enfin que devient l'argent ? — Et moi je répliquerai : Qui vous en fait un mystère ? mot à mot, centimes par centimes, cela est écrit en gros caractères sur les tarifs.

Mais voilà précisément le mal : tant pour le curé, tant pour les vicaires, les administrateurs, etc., etc.; dès-lors à quoi bon le budget ecclésiastique ? — A quoi bon ? à faire vivre, pour qu'ils puissent vous baptiser, etc., etc., vous marier et vous enterrer, M. le curé, MM. les vicaires, et autres.

Tout simplement par cette raison, le curé d'une succursale touche 800 livres de traitement par année ; une cure de deuxième classe donne 1200 fr., et de première classe 1500. Vous êtes fort surpris, et vous doutez? rien de plus vrai pourtant; et Paris n'est point excepté de la règle, pas même Saint-Thomas-d'Aquin, Bonne-Nouvelle et Saint-Roch!

Entendez-vous bien?

Quant aux vicaires et administrateurs ou *hommes de peine*, il n'est pas question d'eux au département de M. Martin (du Nord); c'est-à-dire qu'ils ne coûtent pas une obole au gouvernement; leur budget est la paie des fabriques, et une quote-part dans le casuel.

Allons, allons, n'enviez pas à ces malheureux prêtres leur pain de chaque jour; et vous, si avides dans vos spéculations ou si absolus sur le chapitre des salaires, n'ayez pas l'injustice et la niaiserie de vouloir qu'une classe d'hommes tout entière se consacre à vos besoins, et se fasse l'esclave empressée de vos désirs, à toute heure de jour et de nuit, en toute rencontre, en tout lieu, que vous soyez opulents ou pauvres, et cela gratuitement, ou, en d'autres termes, sans avoir elle-même un gîte où s'abriter, et la moindre des choses nécessaires à l'existence. Silence donc sur ce point, car vous tirez sur des ombres; les Carthaginois sont à dix pieds de là.

On insiste. — Soit pour les vicaires; mais le casuel des curés s'élève quelquefois jusqu'à 20,000 livres et plus.

Ceci est fondé en raison, si l'on fait abstraction des circonstances; sinon, non. Donnez-moi un *riche* curé qui ne dépense pas pour le bien de son église une bonne partie de son revenu, que n'assiègent pas continuellement des armées de mendiants et de pauvres honteux, et qui étale de l'opulence, alors je souscris à vos réclamations; si au contraire, par suite de leurs aumônes et de toutes leurs bonnes œuvres, ces riches curés n'ont définitivement en partage qu'une demi-aisance plus voisine du dénuement que du bien-être, si je puis citer, par exemple, M. Collin, curé de Saint-Sulpice, dont un pâle vendeur de bouquins ascétiques me disait hier encore : *Je ne m'arrangerais pas de son ordinaire;* si vous connaissez M. le curé de Saint-Roch, évêque actuel d'Orléans, si cupide de donner, je veux employer ce mot, qu'il faudrait presque le garder de ce penchant comme d'une passion funeste, en ces derniers cas, dites-moi ce que devient l'objection.

Mais il y a des abus incontestables chez certains individus; mais ceci ne regarde pas les évêques que le vulgaire ne peut aborder, et qui palpent des émoluments énormes?

Bien, bien, très bien. Les riches curés qui ne

sont pas des curés pauvres méritent le blâme, et c'est ce que je leur accorde volontiers, sans concéder simultanément que ces exceptions partielles détruisent une thèse générale. En ce qui touche les évêques, je nie qu'il leur soit difficile de faire l'aumône sans que ceux qui la reçoivent voient la main qui la donne ; et je distingue : ou ils consomment à cet usage la partie de leur traitement qui n'est pas indispensable à leurs besoins, ou ils croient devoir en prélever des frais de représentation, ou...

Je suis convaincu, pour ma part, que les évêques qui ont beaucoup donnent beaucoup, mais il est juste de dire toute la vérité sur le sujet qui suit :

Non, la représentation n'est pas nécessaire ; non, l'homme de Dieu n'est jamais obligé, sous peine de se compromettre, d'offrir ou de recevoir des dîners d'apparat ; non, l'or et les pierreries et les souliers en satin de toutes couleurs et bien d'autres choses ne sont pas la condition *sine quâ non* du succès et de la considération ; non, il n'est pas selon le droit et la nature qu'un desservant de campagne reçoive du budget 800 francs, hors d'état qu'il est de faire fructifier ses services autrement que pour la gloire de Dieu, et qu'un prélat se trouve nanti d'une rente annuelle de 10,000 à 50,000 livres, plus les centimes additionnels des conseils généraux, plus les revenant-bons du secrétariat ; non, je ne saurais m'édifier de voir que, pour utiliser un sacre, les entrepreneurs d'églises se permettent de changer en un mauvais *bouge* théatral la maison de Dieu, et la plus auguste des cérémonies en une *représentation à bénéfice* de banquistes.

Si les prélats n'ont pas trop, les desservants n'ont pas assez. (*Allignol, ouvr. cité.*)

Les prélats ont-ils trop ? Singulière question; mais il importe qu'elle ait une solution précise.

Pour procéder toujours méthodiquement, disons d'abord quels sont les profits secondaires d'un évêché : dispenses, prix des lettres d'ordre, et, dans la majorité des diocèses, cote proportionnelle des droits d'intronisation imposée à tout fonctionnaire ecclésiastique.

Eh bien ! outre les différentes sortes d'emplois que nous avons signalées et approuvées ou blâmées, il y a l'entretien des séminaires où l'on admet un grand nombre de jeunes gens incapables de payer pension. Telle est la destination du surplus des coûts de poste et de traite (1), des droits de la daterie, etc., etc. : ce surplus comble la lacune des pensions non payées; les prix des lettres d'ordination et les taxes susdites

---

(1) On connaît le banquier Torlonia, et on sait quelle est l'origine de la fortune qu'il a faite.

reçoivent sans doute une distribution pareille... Mais voici que je m'empêtre dans les textes du concile de Trente : *Quoniam*, dit-il, *ab ecclesiastico ordine omnis avaritiæ suspicio abesse debet,* NIHIL (1) *pro collatione quorumcumque ordinum, etiam clericalis tonsuræ,* NEC PRO LITTERIS DIMISSORIIS AUT TESTIMONIALIBUS (2), *nec pro sigillo nec aliâ quâcumque de causâ* (3), *etiam sponté oblatum* (4), *episcopi et alii ordinum collatores, aut eorum ministri* (5), *quovis prætextu, accipiant* (6). Et le concile appelle cela de la simonie : *corruptelæ simoniacæ faventes;* et il ajoute : *tam dantes quam accipientes, ultrà divinam ultionem, pœnas à jure inflictas ipso facto incurrant.*

(1) *Nihil* signifie RIEN.
(2) C'est le sujet.
(3) Aucune excuse, aucune; bonne ou mauvaise, le saint concile la réprouve.
(4) Ceci est effrayant.
(5) En français les secrétaires d'évêchés.
(6) C. 1. sess. 24. conc. trid. — Traduction : «Comme il faut éloigner du Clergé jusqu'au soupçon d'avarice, que les évêques ou leurs officiers ne reçoivent rien pour la collation des ordres, même pour la tonsure, ou pour l'apposition du sceau, ou pour un motif quelconque, alors même qu'on leur offrirait spontanément quelque chose..... favorisant les honteuses spéculations de la simonie... Autant ceux qui donneront que ceux qui recevront encourent, par le fait, les peines portées par le droit, indépendamment de la vengeance divine. »

Je n'ai plus la force de continuer ma digression; revenons au sujet pour ne le plus quitter, s'il ne se rencontre quelque chose de mieux.

J'aurais pu, par une transition plus ou moins bien ménagée et facile du reste, ramener insensiblement l'attention sur M. Darcimoles, mais on m'en dispense.

Nous avons laissé le jeune évêque du Puy à son début, et au moment de placer ses pieds sur la trace des pas de son prédécesseur pour ne plus s'en éloigner désormais, s'il était possible.

C'est dans la ville de Nevers qu'il reçut le *Pallium* des mains de M. Naudo, maintenant archevêque d'Avignon.

J'ai appris à ceux de mes lecteurs qui ne le savent pas, ce que c'est que le *Pallium*. Pour plus ample information, je leur signale un article de la *Revue ecclésiastique,* n° de mai 1840.

Voici, dit cette *Revue,* en quels termes le pontifical romain parle du *pallium* : « Quand l'élu au patriarchat ou à l'archiépiscopat est consacré, la forme précédemment indiquée (pour la consécration d'un évêque) est observée en tous points. Mais, par la vertu de cette consécration, il n'acquiert pas le nom de patriarche ou d'archevêque ; ce nom ne lui est attribué seulement qu'au moyen de la remise du *pallium*, jusqu'à laquelle il est dit élu.

« Le pontifical représente ensuite l'élu à genoux devant le consécrateur, la tête nue et sans mitre, prêtant de nouveau le serment de fidélité, après lequel le consécrateur prend le *Pallium* sur l'autel, le met sur les épaules de l'élu, toujours à genoux devant lui, et prononce en même temps ces paroles : « Pour l'honneur de Dieu tout-puissant, de la bienheureuse Marie toujours vierge, des bienheureux apôtres Pierre et Paul, et notre seigneur le Pape N., de la sainte Église romaine et de l'Église N., confiée à vos soins, nous vous remettons ce *Pallium*, pris sur le corps du bienheureux Pierre, dans lequel est renfermé la plénitude des fonctions épiscopales, avec le titre de patriarche ou d'archevêque, afin que vous vous en serviez dans l'intérieur de votre église, à certains jours qui sont exprimés dans le privilège accordé par le siège apostolique, au nom du Père et du Fils et du Saint-Esprit. Amen. » Ainsi revêtu, le nouvel évêque donne au peuple la bénédiction épiscopale, si toutefois il est dans son église ou dans une église de sa province.

« Le pontifical ajoute : Et comme la plénitude des fonctions pontificales (*plenitudo pontificalis officii*) est conférée par le *Pallium*, avant son obtention, celui même qui a été consacré n'acquiert pas le nom de patriarche, de primat ou d'archevêque, et il ne lui est pas permis de consacrer des évêques, ni de convoquer le concile, ni de confectionner le saint chrême, ni de faire la dédicace des églises, ni d'ordonner les clercs, quand bien même il aurait eu le *Pallium* dans une autre église. Il faut qu'il sollicite la remise d'un nouveau *Pallium*. Il peut cependant célébrer, quand il veut, la messe sans *Pallium* ni sandales; il peut aussi, avant la réception du *Pallium*, charger un autre évêque de ces sortes de consécrations, pourvu qu'il ne soit pas en retard de demander le *Pallium*..... Le *Pallium* est personnel; il ne peut être prêté ni laissé à quelqu'un après la mort. Le patriarche doit être enseveli avec lui (1).

Depuis long-temps, dit dom Claude de Vert, le *Pallium* se réduit à une simple bande en forme de collier, large d'environ trois doigts, qui entoure les

---

(1) Le pallium, dit l'*Ami de la Religion*, du 8 février 1845, est d'ailleurs une bande faite avec la laine de deux agneaux que le vicaire-général de Saint-Pierre-aux-Liens bénit vivants, le 21 janvier, fête de Sainte-Agnès, après la messe. On amène ensuite ces agneaux à Sa Sainteté, et ils sont gardés jusques au jeudi-saint. Ces palliums sont exposés devant le tombeau des saints apôtres, la veille et le jour de la fête. — Voir plus au long ce qu'en dit dom Claude de Vert, *Explication des cérémonies de la messe*, tome II, pag. 58 et 157, et le *Dictionnaire du gouvernement, des lois, des usages, et de la discipline de l'Église*, au mot *Pallium*.

épaules comme des bretelles, ayant des pendants longs de huit ou neuf pouces, par devant et par derrière, avec de petites lames de plomb aux extrémités (pour affermir ces deux pendants et les tenir en état) couvertes, pour la propreté, d'étoffe de soie noire, avec six croix de la même couleur, et des épingles d'or pour attacher le *Pallium* à la chasuble.

Ayant donc reçu le *pallium* le 20 septembre 1840, selon les formes et les règles qu'on vient de voir, M. Darcimoles fit son entrée dans la ville du Puy, le 24 du même mois ; nous l'avons vu.

Depuis lors, avec la coopération plus ou moins efficace de MM. Doutre et Montagnac, ses vicaires-généraux, et sans obstacle de la part du supérieur du séminaire (1), non plus que de son secrétaire M. Bonhomme (2), il a fait tout le bien qu'il a pu ; c'est beaucoup plus que ne font certains autres.

J'ai lu quelques mandements de M. Darcimoles, et j'ai lu aussi ces paroles du livre de Tobie : *Forti animo esto filia mea, Dominus cœli det tibi gau-*

---

(1) M. Péala, originaire du diocèse, et bonne nature d'homme. On m'écrit : « Grâce à son esprit de modération, l'établissement qu'il dirige a vu cesser le régime de MM. Rubens, etc., etc. »

(2) L'année dernière, M. Darcimoles voulut nommer M. Bonhomme chanoine titulaire, mais celui-ci s'en excusa par la raison que, n'ayant pas été à la peine, il ne pensait pas être digne de la récompense. C'est du spartiate.

dium pro tœdio quæ perpessa es; j'ai été consolé.

Voici en quels termes s'exprime l'*Ami de la Religion,* tome 107, page 771, sur M. Parisis, évêque de Langres : « Le prélat, en ordonnant une « quête au profit des inondés, dit qu'il compte sur « le denier de la veuve et de l'orphelin. » Pas un mot de moins, pas un mot de plus ; c'est un article. Je ne veux pas faire de M. Darcimoles un éloge si insultant, et je me résume.

Le diocèse du Puy, quoiqu'il lui manque encore beaucoup de choses, n'est pas dans un mauvais état : il sort des mains de M. de Bonald. L'esprit ecclésiastique n'a point abandonné le clergé des montagnes, et il y a toujours de la foi parmi les simples fidèles ; heureuse exception, car voilà que la corruption des campagnes a dépassé presque partout les désordres des grandes cités. Les bons pasteurs sont plus que jamais nécessaires ; les bons évêques, surtout, pleins de l'esprit de sagesse et d'intelligence.

Ce n'est pas à M. Darcimoles que je demanderai de prendre l'initiative en matière de réforme, et d'établir par exemple avant tous les autres des officialités avec l'inamovibilité des cures ; il n'est pas en position de le faire, et l'autorité de son talent et de son âge n'est pas assez grande pour qu'il entraîne ainsi à sa suite tous ses collègues, qui, à quelques exceptions près, lui sont supérieurs.

Mais l'écriture a dit : *Melior est homo qui minuitur sapientiâ et deficiens sensu in timore quam qui abundat sensu et transgreditur legem altissimi ;* il est toujours possible de pratiquer la justice, et M. Darcimoles ne laisse rien à désirer sans doute sous ce rapport; ainsi, sans être en mesure de l'affirmer, je soupçonne qu'il consulte son conseil autrement que pour la forme, appuyant sa jeunesse sur l'expérience des anciens; qu'il monte souvent en chaire et s'efforce de bien prêcher; qu'il est rigide observateur de toutes les règles canoniques, sans réserve pour ce qui le regarde, comme vis-à-vis des autres; qu'il n'a point délaissé, pour de prétendues exigences mondaines, l'étude de la saine théologie et de l'histoire sacrée ; qu'il use sobrement des prérogatives absolues que lui confèrent nos institutions nouvelles, et ne frappe qu'à bon escient ses subordonnés, préférant même en certaines occasions la clémence à l'implacable lettre du droit pénal (1) ; je soupçonne enfin qu'un jour il fournira

---

(1) Scio opera tua et laborem, sed habeo adversùm te quod charitatem tuam reliquisti. (Apoc.) — Homère a dit :

ελκετο δ' ἐκ κολεῶ μεγα ξιφος. ἦλθε δ' Αθηνη ουρανοθεν

matière à une vraie biographie, et qu'il ne dit aucune malice sur son voisin de Saint-Flour, M. Marguerie.

« Je vous entends, reprit Eguebzed, mon fils exécutera les plus belles choses du monde, s'il en a le temps. Mais, morbleu ! ce que je veux savoir, c'est s'il en aura le temps. Que m'importe, à moi, lorsqu'il sera mort, qu'il eût été le plus grand prince du monde s'il eût vécu. Je vous appelle pour avoir l'horoscope de mon fils et vous me faites son oraison funèbre. »

Aliàs la biographie de son diocèse.

Codindo répondit au prince qu'il était fâché de n'en pas savoir davantage, mais qu'il suppliait sa hautesse de considérer que c'en était bien assez pour le peu de temps qu'il était devin.

20 Novembre 1842.

Paris.—Imprimerie de A. APPERT, passage du Caire, 54.

Biographie du Clergé Contemporain.

M. DE MAZENOD,

Évêque de Marseille.

A. Appert Edit. Passage du Caire, 54.

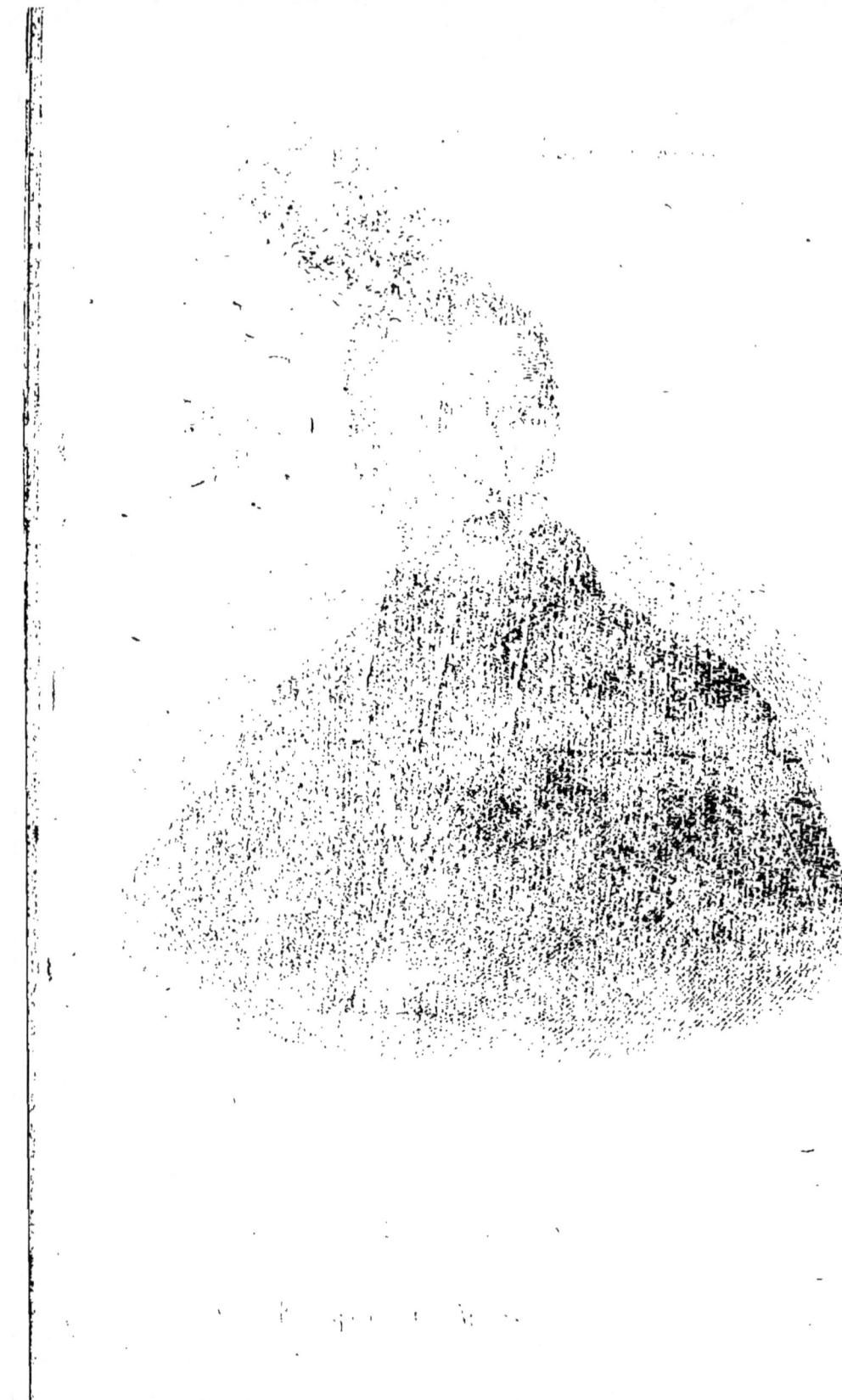

A. Appert Édit. Passage du Caire, 54.

M. DE MAZENOD,

ÉVÊQUE DE MARSEILLE.

Ma foi je suis confus, et n'ai plus lieu de rire.
MOLIÈRE, *Tart*. IV 8.

M. l'abbé Jeancart (1), chanoine et archidiacre de Marseille nous fournira de fort intéressants détails sur la famille de M. de Mazenod.

Charles-Alexandre de Mazenod était né à Marseille, en 1718. Après avoir été quelque temps dans les mousquetaires, il fut forcé de quitter le service pour cause de santé, et d'embrasser une carrière différente. Il devint président en la cour des comptes, aides et finances de Provence, et ensuite président à mortier au parlement. Sa vive

(1) *Oraison funèbre de M. Charles-Fortuné de Mazenod, ancien évêque de Marseille, prononcée dans la cathédrale de Marseille, le 31 mars 1840*, in-8. Œuvre éminemment remarquable par l'élégance et la facilité du style, par la douceur et la richesse des idées, par toutes les qualités enfin qui constituent la saine éloquence si rare de nos jours.

piété, ses lumières et sa douce égalité d'ame le firent vénérer et chérir de tous ceux dont il fut connu: du pauvre peuple qu'il nourrit et protégea plus d'une fois contre d'iniques vexations, des magistrats malgré l'inviolable pureté de sa foi, et des Grands, comme on disait alors, de ceux du moins qui n'avaient pas empoisonné leurs cœurs aux sources fétides de la cour; ainsi fut-il admis dans la société intime du Dauphin, fils de Louis XV (1). Il épousa, en 1741, Félicité-Ursule de Laugier.

De ce mariage : Charles-Fortuné, Charles-Antoine de Mazenod, et un autre.

Né à Aix, le 27 avril 1749, le premier compta parmi ses instituteurs le P. Reyre, auteur du *Mentor des enfants,* etc., etc., et le P. Baudrand, l'un

---

(1) Il avait un frère, Charles-Auguste-André de Mazenod, né à Marseille, en 1719, qui fit ses études à Saint-Sulpice, prit ses grades en Sorbonne, et fut, vers 1752, grand-vicaire de M. de Belzunce. Il assista en qualité de commissaire du roi au chapitre général des Augustins réformés, à Marseille, et rétablit l'ordre parmi ces religieux sans faire usage des lettres de cachet que lui avait provisionnellement confiées le ministre.

Les évêques de la province d'Arles voulaient l'envoyer à l'assemblée générale du clergé, si Monsieur, frère du roi, n'eût demandé la députation pour M. l'abbé de Chabrillant. Il refusa le serment, émigra en Italie et mourut à Venise, en 1795. M. Milesi, curé de la paroisse de Saint-Silvestre (mort depuis patriarche de Venise), lui fit de magnifiques funérailles et l'ensevelit dans le caveau de la confrérie de Saint-Joseph.

de nos écrivains ascétiques les plus justement estimés, jésuites du reste l'un et l'autre, et je n'ajoute rien. Ses études finies, il fut tonsuré par M. de Brancas, archevêque d'Aix. Il entra deux ans après au grand séminaire de Paris, suivit les cours de Sorbonne, y prit ses grades, se consacra spécialement à l'œuvre des catéchismes dans la paroisse de Saint-Séverin, et reçut la consécration sacerdotale des mains de M. de Larochefoucaud, évêque de Beauvais, l'un des martyrs du 2 septembre. Alors, il revint à Aix, avec le titre de grand-vicaire de M. Hachette de la Porte, dernier évêque de Glandèves. Plus tard, son oncle résigna purement et simplement en sa faveur un riche canonicat de la métropole d'Aix. « C'était, dit M. Jeancart, la troisième dignité du chapitre pour la préséance, et la première pour le revenu de la prébende. Dès qu'il devint chanoine, continue le même auteur, rien n'égalait son empressement à se rendre au chœur..... Jamais aucun prétexte, jamais aucune excuse, même plausible, ne venait le retarder dans l'accomplissement de cette obligation (1). » M. de Boisgelin, archevêque d'Aix, et depuis cardinal-archevêque de Tours (2) ; M. de Castellane, évêque de Sénez, et

(1) *Orais. fun.*, p. 18. Ceci est à coup sûr une leçon.
(2) Son neveu, aujourd'hui chef de la famille de Boisgelin, a

M. de Beausset-Roquefort, évêque de Fréjus, l'honorèrent, comme avait fait M. de la Porte, du titre de grand-vicaire. Durant les plus mauvais jours de la révolution, il gouverna constamment et ouvertement le diocèse d'Aix, au nom du titulaire ; ce ne fut qu'après avoir couru d'horribles dangers de toutes sortes et sur les instances de son vieux père, aveugle et malade, qu'il consentit à sauver sa tête. Il émigra en Suisse, de là en Italie, où il assista son oncle à ses derniers moments, et dans la Sicile, où la famille royale de Naples lui offrit une hospitalité généreuse. Au retour des Bourbons, lorsqu'il était encore à Palerme, une lettre lui fit savoir que le roi l'avait désigné pour le siège épiscopal de Marseille ; sa première pensée fut de répondre à cette notification par un refus, mais, ayant pris conseil de plusieurs hommes vénérables, il dut quitter la terre d'exil pour se rendre à Aix, et se conformer aux vues de la Providence.

Dès lors, le concordat *faisait des siennes*, qu'on me permette le mot ; des difficultés survinrent et ajournèrent l'effet de la nomination.

En attendant l'issue de ces scandaleux débats,

épousé mademoiselle de Mazenod, sœur de M. l'évêque actuel de Marseille. M. de Boisgelin était membre de l'Académie française.

il se mit à la disposition de son neveu dans un établissement de charité dont nous parlerons plus tard, et il y passa six ans pour le bonheur et la sanctification de tous. Enfin, l'exécution d'une partie du concordat de 1817 fut résolue, l'érection du siège de Marseille maintenue, et M. de Mazenod définitivement nommé le 13 janvier 1823, selon le mode nouveau, institué le 16 mai, par Pie VII, dans un consistoire secret tenu au Quirinal, et sacré le 6 juillet à Issy, par M. de Latil, évêque de Chartres. Il prit possession, par procureur, le 14 juillet, et fit son entrée processionnellement le 10 août.

Mon but n'est pas de raconter aujourd'hui toutes les merveilles de sa charité ; si ma plume et ma vie ne s'usent pas trop vîte, un jour viendra où ces infinis détails trouveront place dans une biographie plus étendue et complète. En 1837, il offrit sa démission et fut remplacé par son neveu. Il est mort en 1840, dans sa quatre-vingt-douzième année.

Charles-Antoine de Mazenod avait siégé comme président à la cour des comptes en même temps que son père (1). Aussi distingué par son savoir que par l'agrément et la justesse de son esprit, il conti-

(1) En vertu d'une dispense du roi.

nua de point en point ses traditions de famille ; spécialement versé dans l'étude des lois et de la constitution de Provence, il les défendit glorieusement aux états de 1788, dont il faisait partie en sa qualité de noble possédant fief. Contre l'avis de Necker il fut député par les États de Provence aux États-Généraux, avec le duc de Bourbon, le marquis de Sabran, le président d'Arlaton-Lauris, le marquis de Forbin-Janson, le président d'Arbaud-Jouques, le comte de Sade et le marquis de Grimaldi. Necker ayant repoussé cette députation, M. de Mazenod publia un mémoire qui fut regardé comme un chef-d'œuvre décisif en faveur de sa cause. Le ministre proposa de faire admettre les deux députations ; les députés s'opposèrent à cet accommodement, et se retirèrent en protestant contre un acte qu'ils qualifiaient inconstitutionnel ; ce grand mot là était alors une grande chose. La révolution, comme il a été dit précédemment, força le président de quitter la France. Il n'y revint qu'en 1817, et il est mort à Marseille, le 10 octobre 1820, laissant de volumineux manuscrits : *Histoire des contestations entre les parlements et la cour des comptes, depuis l'institution du parlement*, 6 vol. in-folio, avec une préface et une table raisonnée sur le contenu de chaque volume ; *Continuation de l'histoire du parlement, depuis* 1720 *jusqu'en* 1771; *Abrégé des délibérations de la cour des comptes; Précis des délibérations du parlement, recueil suivi de toutes les délibérations des états et assemblées de communautés, avec explication sur chaque matière; Collection de toutes les pièces sur lesquelles ont été rendus les divers règlements du conseil entre la cour des comptes, le parlement, le chapitre, les trésoriers de France et les officiers des sénéchaussées.*

Le troisième frère, M. de Mazenod, chevalier de l'ordre royal de St-Louis, s'engagea de bonne heure dans le service de marine, émigra comme les deux autres, et se fit remarquer par sa bravoure en plus d'une occasion. Il est mort à Marseille contre-amiral en retraite.

Le président, Charles-Antoine de Mazenod, est le père de M. Charles-Joseph-Eugène de Mazenod, dont on va lire la vie.

Celui-ci naquit à Aix, le 1ᵉʳ août 1782. Il avait huit ans lorsque sa famille prit le chemin de l'exil. On l'envoya dans un collège de Turin, dit *Collège des Nobles*, pour commencer ses études. Il y resta trois ans.

C'était le temps de la république. L'armée française passait la frontière du côté des Alpes, comme partout; et, devant elle, on se rangeait ; les émigrés, en gens de bonne compagnie, s'entendaient mieux que personne à cette marque de politesse: ils s'enfuyaient par bataillons ; surpris un par un, pourquoi ne l'auraient-ils pas fait? La famille de Mazenod se réfugia silencieusement à Venise, et en vérité je l'en félicite; car, s'il y eut quelque chose d'un peu comique dans les perpétuelles déconfitures de tant de nobles voltigeurs parfumés, c'est moins leur faiblesse relative contre des masses d'hommes non blasonnés, non musqués, et armés jusqu'aux dents, que cette étourdissante façon de japper qu'ils pratiquèrent depuis lors. Il est bien et parfaitement entendu qu'à l'exception ci-dessus signalée se joignent d'autres exceptions également consolantes et respectables.

A Venise, le jeune de Mazenod fut présenté dans une maison de riches négociants, où il se fit bientôt aimer de tous et particulièrement de deux membres de la famille qui étaient prêtres.

Ses pensées, dès qu'il avait pu les sentir, se nourrissaient d'une espérance bien douce, mais sans qu'il osât s'y arrêter, tant lui semblait élevé l'objet de ses desirs. Quel bonheur de suivre, sur la trace lumineuse de leurs vertus, ces deux oncles vénérés! Il voyait tressaillir sa mère d'allégresse et d'amour, à l'heure où, pour la première fois, il franchirait les dégrés de l'autel!...

Le jeune homme dut recueillir comme une fortune avidement désirée l'affection de ces deux excellents prêtres. Désormais, il ne les quitta plus, et c'est sous leur direction qu'il acheva ses études de latinité. Les exemples de piété qu'il eut constamment sous les yeux, et de leur part et de celle de sa famille, confirmaient de plus en plus sa vocation. Il se passionnait ainsi pour les choses de Dieu, en s'habituant à les contempler sans cesse. « Si seulement je touche le bord de son vêtement, disait-on de Jésus-Christ, je serai sauvé; » que disaient donc les petits enfants qu'il laissait venir à lui pour les combler de ses divines caresses?

Le moment vint de faire un aveu; la famille de Mazenod parut plus surprise qu'elle ne l'était réellement; le grand oncle lui-même répondit, pour l'éprouver, qu'étant l'unique héritier de son nom, il ne pouvait donner suite à des inclinations pareilles, quelque plausibles qu'elles fussent d'ailleurs. *Mon oncle,* dit-il, *ce serait trop honorable pour notre famille de finir par un prêtre.* Cette parole en vaut bien d'autres que les grimauds de collège ont fabriquées pour le compte des Spartiates. On y prêta quelque attention d'abord, et ce fut bien fait; puis on la regarda comme définitive, et on eut complètement raison.

Un des ecclésiastiques dont il était question tout-à-l'heure partit pour Rome, quelque temps après, avec l'intention d'entrer dans la société des Pères de la foi ; M. de Mazenod eût désiré l'y suivre, et peu s'en fallut qu'il ne réalisât ce dessein ; des obstacles se présentèrent, il resta parmi les siens, mais sans abandonner la voie de prédilection où se portaient naturellement ses pas.

Une division de l'armée d'Italie venait d'entrer dans Venise ; le sénat n'était plus ; la république française avait pris sa place. Ordre fut donné à tous les émigrés de quitter cette ville dans le plus bref délai. M. de Mazenod était alors assez malade pour qu'on ne pût, sans exposer sa vie, lui faire endurer les fatigues d'un voyage ; son père obtint de Bonaparte un sursis de quinze jours, après lesquels la famille s'embarqua sur l'Adriatique pour se rendre à Naples.

Peu après Naples tomba au pouvoir du général Championnet ; la famille de Mazenod, après avoir cruellement souffert lors du soulèvement des Lazzaroni, fut obligée de se réfugier à bord d'un vaisseau amiral portugais, et passa en Sicile.

Là, M. de Mazenod, toujours comblé des bontés de la famille royale de Naples, se vit bientôt en rapport avec les hommes les plus distingués des Deux-

Sicile. Ses brillantes qualités d'esprit et la distinction de ses manières justifiaient assez l'estime et l'affection dont il était l'objet. Le duc de Berry, qui se trouvait dans ces contrées, le reçut dans son intimité ; il l'avait connu enfant (1) ; dès lors des relations plus étroites et plus sérieuses s'établirent entre eux ; ils furent amis, et il arrive une fois en un siècle que l'amitié d'un prince vaille quelque chose.

Un autre prince voulait aussi du bien à M. de Mazenod, et celui-là est jugé. En 1801, Bonaparte, premier consul, fit au président et à ses frères des offres séduisantes comme il en faisait à toutes gens d'ancienne noblesse ; le président n'accepta que la permission d'un sauf-conduit pour son fils, et M. de Mazenod vint en France aider sa mère à recueillir les imperceptibles débris d'une fortune considérable.

Il avait vingt ans, et la France présentait à cette époque un singulier spectacle. Si elle était, sur toute l'étendue de sa surface, ravagée, dénaturée, le désordre qui régnait d'autre part surpassait encore ce chaos extérieur ; c'était la lassitude après le carnage et toutes les féroces orgies d'une débauche effrénée. Au commencement, l'anarchie s'embellissait, si je

(1) A Turin.

puis le dire, du prestige de son élan chaleureux, de ses chaînes brisées et des éclats de sa voix bondissante ; pâle désormais, défaillie, ralante et gueusant un talon de botte pour l'étrangler tout-à-fait ou un coup de fouet pour lui piquer le flanc et la mettre debout, ce n'était plus même un corps pourri de vices, de lâcheté et de misères, c'était ce je ne sais quoi sans forme et sans nom qui n'est plus quelque chose et qui n'a pas encore obtenu de n'être rien. Ce qu'étaient devenus les principes religieux, et d'honneur, ne le demandez pas ; si même, aux dernières lueurs d'une société perdue, les sentiments les plus enracinés de la nature se révélaient encore par quelque endroit, il serait trop ridicule de le penser.

Avec une âme pure et des pensées élevées comme les avait M. de Mazenod, le séjour de France n'était pas supportable ; ces douces histoires de la patrie, dont on avait bercé son enfance, il n'en voyait pas une seule trace, et toutes choses autour de lui donnaient un démenti aux paroles de sa mère.

Toutefois une main régénératrice s'étendit sur nous, non pas une main d'homme, mais ce fut celle de Dieu dont l'infinie miséricorde n'était point épuisée. Les ruines s'agitèrent, les ossements se réunirent et se sentirent animés de vie, la corruption s'épura, et peu à peu ce fut comme une création nouvelle. Après l'isolement, il y eut des efforts pour se réunir ; les yeux s'ouvrirent frappés par une miraculeuse lumière ; c'est la foi qui resplendissait aussi vive et majestueuse que jamais, foi religieuse, et, si ces termes n'impliquent pas suffisamment l'idée de ceux qui suivent, foi sociale, foi de chaque individu en lui-même ; les temples renaissaient, l'évangile était compris et aimé ; voilà l'ordre ! pourquoi dites-vous que Bonaparte a fait toutes ces choses ; je vous dis, moi, que, sans Bonaparte, la création s'accomplissait tout entière, que, sans Bonaparte, le cours providentiel des évènements nous eût ramené de lui-même les beaux jours enchantés de la primitive Église ; il me suffirait d'un peu plus de papier pour le démontrer irrésistiblement.

Dans ce travail de reconstruction, la place d'un jeune homme était encore difficile à tenir ; le bien ne se fit jamais sans obstacles. D'un côté les populations couraient au salut, de l'autre l'enfer ne restait point inactif ; il se manifestait sur plusieurs points d'éclatantes ou sombres résistances ; on l'a dit souvent, les âmes foncièrement perverses chérissent la honte comme l'animal immonde se délectent dans la fange qui l'engraisse. M. de Châteaubriand faisait *le Génie du Christianisme*, Dupuis l'*Origine des cultes;* M. de Boulogne prêchait, Volney prouvait que Dieu n'existe pas; les prêtres se multipliaient, il ne tint pas à plusieurs que les martyrs ne se multipliassent concurremment.

Le jeune de Mazenod eut bientôt fait son choix: il continua d'être lui-même; après les agitations horribles des premières heures, qu'il sut noblement supporter, il partagea l'enthousiasme des gens de bien, et sentit toujours s'augmenter en lui la sainte ambition du sacerdoce (1).

Plusieurs années se passèrent ainsi; la guerre ne permettait à M. de Mazenod que des relations assez difficiles et assez rares avec son père, toujours émigré à Palerme. Il avait cependant trouvé moyen de l'entretenir sur sa vocation. Cette vocation s'était manifestée depuis tant d'années et si persévéramment qu'il fallut céder à la fin; il entra, en 1808, au séminaire de Saint-Sulpice de Paris.

M. Emery vivait encore. Il accueillit M. de Mazenod avec une bienveillance toute spéciale, par suite des recommandations de M. de Cicé; la suite lui prouva que les éloges donnés au nouveau sémi-

---

(1) M. de Cicé, ancien archevêque de Bordeaux, était alors archevêque d'Aix. Il connut M. de Mazenod et lui donna, lui aussi, des témoignages éclatants de son estime et de son affection.

nariste, n'étaient pas le produit d'une aveugle complaisance.

M. de Mazenod avait vingt-cinq ans et l'expérience que donne une vie perpétuellement agitée de haut en bas. Sa détermination ne pouvait être suspecte sous aucun rapport.

Il abandonnait un monde séduisant à certains égards et l'avenir le plus flatteur pour l'amour-propre d'un jeune homme; quelque diminution qu'eût éprouvée la fortune de son père, elle lui assurait encore une belle et heureuse vie à parcourir, et ce que l'on nomme de la considération; son nom n'était pas non plus sans importance à cette époque; ses malheurs et ceux des siens exigeaient tout naturellement une brillante compensation qu'ils eussent obtenue sans aucun doute; il était, comme nous l'avons dit, fils unique, et, par là, destiné à continuer sa famille et son nom. La voix de Dieu se fit entendre, il oublia le reste et obéit, c'est-à-dire qu'il accepta les travaux, la pauvreté, la vie modeste et cachée, les douleurs et l'abnégation du prêtre, comme ses joies ineffables, sa vraie gloire et sa royale prérogative, *regale sacerdotium*. Belle et pure vocation, celle là ! et quel bonheur pour l'Église, si chaque jour en voyait poindre une seule du même genre !

Il se montra dès le premier moment aussi régulier que qui que ce fût. Sans outrer les obligations, il les remplissait largement et de bonne foi ; il avait une piété douce et pour ainsi dire humaine, en ce sens qu'elle faisait le bonheur et la joie de ses confrères, et non leur supplice, comme on le voit si souvent. Il n'accusait point ; il ne pratiquait point la calomnie et les délations; son obéissance était raisonnable, *rationabile obsequium;* il adorait moins des lèvres que du cœur, et se déformait infiniment peu l'épine dorsale devant ses supérieurs, bien qu'il se sentît pénétré pour eux d'une juste vénération et d'un dévouement sans bornes. Voilà ce que fut M. de Mazenod dans sa vie intérieure de séminaire.

Sous le rapport des études, je le trouve également remarquable, également digne du noble but qu'il se propose et de lui-même. Il avait compris de bonne heure que le travail est toujours et pour tous l'indispensable condition du succès. Doué d'ailleurs d'une facilité peu commune, il prit rang parmi les premiers sujets : MM. Maurice de Bonald, Forbin-Janson, Affre, Tharin, Fayet, etc., etc., qui sont restés ses amis.

On lit à la page 312 de l'*Histoire des catéchis-*

mes de l'église Saint-Sulpice (1) qu'il fut chargé le 7 novembre 1810, de seconder les deux premiers dans cette œuvre excellente et difficile ; le directeur était alors M. Duclaux, qui devint ensuite supérieur de sa compagnie.

Il y eut un moment où M. Emery, mêlé aux discussions de Bonaparte avec le souverain Pontife (2), fut obligé de quitter le séminaire. (Voyez les Notices de MM. Emery et Boyer.) Plusieurs des anciens élèves invitèrent M. de Mazenod à prendre la parole pour répondre aux adieux du bien-aimé supérieur ; il le fit avec une vive expression de douleur filiale et un à-propos merveilleux.

M. de Mazenod fut ordonné diacre par le cardinal Fesch, à Paris, et prêtre par M. de Demandolx, à Amiens.

M. de Demandolx avait été le collègue de son grand-oncle comme vicaire-général de Marseille. Il se fit réclamer par ce prélat pour échapper à l'ordination du cardinal Maury, qui administrait alors le diocèse de Paris, au nom du chapitre de Notre-Dame, malgré un bref du pape Pie VII.

Quelque temps après, les sulpiciens furent encore une fois renvoyés de tous les séminaires de

---

(1) Édit. de 1831.
(2) Pie VII.

France par ordre du gouvernement. On pria M. de Mazenod de rester dans celui de Paris, pour suppléer les anciens directeurs; il le gouverna pendant deux ans avec MM. Tharin, Gosselin et Jalabert.

Vers cette même époque, il fut en rapport immédiat avec plusieurs cardinaux romains persécutés par Napoléon, et connus sous le nom de cardinaux noirs; chargé de leur remettre les secours d'argent que réclamait leur position, et qui leur étaient envoyés par quelques fidèles de France, il remplissait courageusement ce pieux office en dépit d'une police ombrageuse, et avec la perspective d'une prison d'état. Il se lia surtout d'une très étroite amitié avec le cardinal Mathei, doyen du sacré collège.

Or, c'était chez lui une conviction vraiment inébranlable, que Dieu l'appelait à exercer son ministère en Provence. Vainement M. de Demandolx avait voulu le fixer dans son diocèse, vainement lui fit-on dans Paris les offres les plus avantageuses, il se rendit à Aix.

M. de Cicé avait aussi manifesté l'intention de se l'attacher comme grand-vicaire, mais M. de Cicé ne vivait plus le jour où M. de Mazenod fut fait prêtre. Il n'accepta aucun emploi. Autorisé par l'administration capitulaire qui gouvernait alors le diocèse, il établit dans la plus grande église de la ville une conférence en langue provençale pour les paysans et les gens vulgairement dits du peuple; cette conférence avait lieu tous les dimanches, de grand matin, durant le sommeil de ceux qui ne sont pas du peuple et qui ne digèrent que les périodes académiques.

M. de Mazenod fut donc, à sa manière, le Frayssinous de la ville d'Aix. Même affluence, même avidité pour l'entendre. La vaste nef de l'église devint insuffisante aussi pour contenir la foule; il y a plus, je crois fermement que l'orateur provençal fut compris de son auditoire, et en conséquence, admiré à bon escient; et je n'en dirai pas autant des conférences de Saint-Sulpice, sauf exception; ce qui me paraît certain, c'est qu'on pouvait compter sur les conversions opérées par le premier, et qu'en octroyant à l'autre leurs félicitations vaniteuses, les élégants *chritianophiles* de l'époque n'effleurèrent pas du coin de l'œil un confessionnal.

Ainsi se montrait-il rempli de l'esprit qui fait les saints; cultivant les pauvres, visitant les prisonniers, assistant les malades, multipliant le trésor de ses mérites et sa récompense dans le ciel; il n'y manqua pas même la gloire d'avoir sacrifié sa vie.

On avait enfermé dans une ancienne caserne plusieurs centaines de prisonniers de guerre autrichiens et polonais atteints d'une maladie typhoïde connue sous le nom de *mal des prisons*, mal contagieux et mortel. Un ancien chartreux fut chargé d'abord de leur donner les secours spirituels, mais ayant peu l'habitude du ministère, l'excellent homme se trouvait avec des mourants de cette sorte dans d'étranges embarras. M. de Mazenod en fut informé ; il demanda aux vicaires généraux la grâce de se dévouer, devint l'aumônier *de fait* de la caserne, et affronta tous les périls sans l'apparence d'une hésitation.

Il contracta la maladie et l'on désespéra bientôt de ses jours.

Lorsque le bruit s'en répandit dans la ville, ce furent de toutes parts des témoignages de reconnaissance et de douleur ; lorsqu'on lui porta le saint viatique, une foule immense se pressait dans l'église paroissiale de Saint-Jean, comme aux jours des grandes solennités ; il y eut des messes à toutes les chapelles ; les enfants eux-mêmes priaient pour sa conservation ; et en effet, celui qui allait mourir les aimaient d'un amour de mère. Il avait fondé à Aix une congrégation de plus de deux cent cinquante jeunes gens de familles riches, car les riches sont dignes aussi d'une grande sollicitude et d'une grande pitié ; ces jeunes gens se répandaient dans les divers oratoires, et les vœux de leurs cœurs s'élevaient au ciel avec les gémissements de tous.

Dieu se laissa toucher par tant de regrets et de plaintes ; une crise salutaire fit cesser le danger. M. de Mazenod, après peu de temps, reprit le cours de ses bonnes œuvres.

J'ai dit qu'il visitait les prisonniers ; il s'occupait plus particulièrement des condamnés à mort, et il en accompagna plusieurs jusque sur l'échafaud.

Mais ces résultats heureux, quels qu'ils fussent, ne remplissaient pas entièrement l'idée qu'il s'était faite de sa vocation. Il voulut agrandir ses travaux, se multiplier et se perpétuer en quelque sorte lui-même en s'adjoignant des ouvriers évangéliques, connus par leurs dispositions généreuses, leur talent et leur courage. Conjointement avec eux, il fonda une congrégation de missionnaires dont le siège principal fut encore à Aix.

Les premières missions se firent dans les campagnes, et c'était naturel, car l'institution nouvelle n'avait pour but que de compléter l'idée première et constante de M. de Mazenod : l'instruction des pauvres. Il dirigeait lui-même les travaux ; il encourageait et animait par son exemple ses chers subordonnés. Bientôt les fruits se produisirent en abondance ; de toutes les parties de la Provence, on appela les missionnaires d'Aix : ils évangélisèrent ainsi et à la fois les Bouches-du-Rhône, le Var et les Basses - Alpes, toujours accueillis comme les anges qui portent la nouvelle de la paix et dont les pieds sont beaux : *quam pulchri pedes evangelisantis et annuntiantis pacem!* Dans le mouvement de régénération qui s'effectuait alors, leur part ne fut pas la moindre.

L'évêque de Digne, M. Miollis, les demanda pour son diocèse ; il leur donna, en 1819, l'ancien couvent des Gardistes à Notre-Dame-de-Lans, près Gap. Là, de nouveaux sujets vinrent se réunir aux premiers, et l'œuvre allait toujours croissant. M. de Mazenod donna une dernière forme aux constitutions de sa congrégation (1).

En 1820, les missionnaires de Provence firent simultanément les missions de Marseille et d'Aix avec les missionnaires de France. M. de Mazenod, à la tête des siens, se chargea de trois paroisses dans Marseille, et de deux à Aix; il contribua puissamment au succès général, tellement même que M. de Beausset (2) le pria de fonder dans son diocèse une troisième maison.

(1) Dès le commencement il avait quitté sa famille pour suivre la vie de communauté.
(2) Archevêque d'Aix, dont Marseille dépendait à cette époque.

En 1825, M. de Mazenod, déjà depuis deux ans vicaire-général de Marseille, se rendit à Rome pour soumettre à l'approbation du Saint-Siège les règles et constitutions de sa congrégation, préalablement approuvées par tous les évêques de la province ecclésiastique d'Aix, et par quelques prélats dans les diocèses desquels il avait donné des missions.

Léon XII lui fit l'accueil le plus gracieux, s'entretint plusieurs fois avec lui sur les affaires les plus délicates de l'église de France, et manifesta un vif intérêt pour le succès de sa demande. Il composa la commission des hommes qu'il savait disposés en faveur de l'œuvre, et il leur fit connaître son désir.

Cette commission, composée selon l'usage, de plusieurs cardinaux et d'un archevêque, eut pour préfet M. le cardinal Pacca, et pour secrétaire M. Marchetti, archevêque d'Ancyre, le même qui s'est si fort distingué par ses écrits.

Or, une jurisprudence reçue depuis un certain temps en cour de Rome, s'opposait à ce qu'on approuvât directement aucun institut de nouvelle date; on se bornait, le cas échéant, à des encouragements flatteurs ou à des éloges, mais on évitait de lui donner place au nombre des corporations reconnues canoniquement par l'église.

Toutefois la congrégation des missionnaires de Provence fut approuvée par lettres apostoliques en forme spécifique, le 17 février 1826, sous le titre de *Congrégation des missionnaires oblats de Marie conçue sans péché*; elle entra en participation de tous les privilèges des ordres religieux, et M. de Mazenod fut établi par le Saint-Siège supérieur général.

Adoptée par l'Église, cette congrégation des Oblats s'augmenta de plus en plus. Nous avons vu qu'elle possédait trois établissements, savoir : à Aix, à Notre-Dame de-Lans et à Marseille : elle en fonda un quatrième à Grenoble, un autre dans le diocèse d'Avignon et un autre en Corse. Elle eut aussi la direction des séminaires de Marseille et d'Ajaccio. Elle a formé l'année dernière une nouvelle maison au Canada, dans le diocèse de Montréal; elle a donné bon nombre de missions dans ceux de Nîmes et de Lausanne; ces hommes là marchaient plus vite que ma plume, et, puisqu'il faut le dire encore, aussi vite que M. Dufêtre. Arrêtons-nous un moment vis-à-vis la Corse et nous aborderons d'autres faits pour ne pas finir avant terme.

Le clergé de la Corse ne recevait aucune éducation ecclésiastique; il semblait impossible d'y créer des séminaires; grâce à la protection persévérante de M. l'évêque d'Ajaccio, la Corse possède un séminaire qui offre tous les avantages des nôtres. Les prêtres qu'il produit ne sont point inférieurs en connaissances, et sous le rapport de la régularité, aux membres du clergé de Paris; c'est une garantie de bonheur pour ces populations ardentes de foi comme de vengeance, auxquelles des instructions saines et substantielles, de bons exemples surtout, feront bientôt voir la religion de Jésus-Christ sous son véritable jour, religion de paix et d'amour, de patience et de pardon (1).

Reportons-nous à l'époque de 1819. M. de Mazenod fit alors un voyage à Paris. Ayant appris que plusieurs personnes influentes songeaient à lui pour l'épiscopat, il ne répondit à de gracieuses avances qu'en rappelant à leur souvenir M. de Mazenod, son oncle, ancien vicaire-général d'Aix, resté en Sicile. Effectivement, ce souvenir fut droit au cœur du cardinal de Périgord et de M. de Latil, évêque d'Amyclée *in partibus*, et aumônier de Monsieur, frère du roi; il fut résolu que le vénérable abbé occuperait le siège de Marseille.

Toutefois, comme il a été dit plus haut, le con-

---

(1) M. Guibert, évêque actuel de Viviers, a été, comme Oblat, le premier supérieur du séminaire d'Ajaccio.

cordat de 1817 souffrait des difficultés dans son exécution, l'ordonnance ne fut point publiée.

L'évêque désigné revint en France avec ses frères, le président et le contre-amiral ; il descendit dans la communauté des Oblats, et en attendant les dispositions de la Providence, il s'associa comme l'un d'entre eux à leur zèle apostolique, nous l'avons dit encore.

Dès-lors on abandonna, provisoirement du moins, la pensée d'élever M. de Mazenod à l'épiscopat. On n'osait supposer chez le vieillard une vigueur suffisante pour porter le poids d'un diocèse à faire, on crut nécessaire de lui conserver la coopération de son neveu.

D'un autre côté, M. de Latil, récemment nommé à Chartres, pressait M. de Mazenod de s'attacher à lui comme grand-vicaire, et de lui prêter un concours aussi indispensable au moins.

Il dut se consacrer à son oncle, sans abandonner toutefois la direction de l'institut qu'il avait créé. Désormais, ses sollicitudes et ses travaux se partagèrent sans s'amoindrir entre les missions et le diocèse.

En 1829, M. de Mazenod tomba grièvement malade à Aix, dans la maison même de ses missionnaires; on crut devoir lui donner l'extrême-onction.

Le bruit de sa mort se répandit, et cette nouvelle fut annoncée par *l'Ami de la Religion, la Gazette de France, la Quotidienne* et quelques autres journaux avec une expression de douleur qui ne prouve rien, mais que je signale comme fait (1).

La révolution de juillet avait joué son rôle. M. de Mazenod, entièrement occupé de sa congrégation et des charges de son grand-vicariat, laissait passer les fantaisies de la politique, et ne sortait pas de son caractère élevé, réfléchi, essentiellement pacifique. Il était loin de s'attendre aux évènements qui vont suivre.

Un jour il reçut une lettre de Rome ; le souverain Pontife le faisait appeler. Il partit. « Je veux vous faire évêque, lui dit Grégoire XVI. » Et en effet, en octobre 1832, M. de Mazenod fut sacré à Rome évêque d'Icosie *in partibus infidelium* par le cardinal Odescalchi.

Or, les trois conseils d'arrondissements du département et de la ville avaient manifesté le vœu que le siège épiscopal de Marseille fût supprimé. On craignait qu'à la mort de l'évêque, qui avait plus de quatre-vingts ans, le vœu ne reçût son exécution. En conférant le titre épiscopal à M. de Mazenod, on crut, au moyen

(1) Voir *l'Ami de la Religion* du 18 juillet 1829.

de pouvoirs capitulaires ou apostoliques, prévenir un coup fatal. M. de Mazenod ne faisait aucun mystère de sa consécration ; il s'était montré comme évêque dans toutes les occasions, et principalement à l'époque du choléra, qui fit à Marseille d'atroces ravages.

Mais tout-à-coup l'alarme se répandit dans les régions ministérielles ; le gouvernement se laissa dire qu'il y avait là une affaire de parti ; il voulait empêcher l'évêque d'Icosie de suppléer son oncle dans l'administration du siège.

On n'en tint pas compte.

Alors le ministre des cultes fit l'application du décret impérial de 1811, par lequel tout ecclésiastique qui a reçu sans autorisation du gouvernement un titre d'évêché *in partibus*, est privé de ses droits de français.

Cette question fut agitée alors dans tous les journaux, qui, comme de juste, l'embrouillaient pour la résoudre.

M. de Mazenod cessa d'être reconnu légalement comme grand-vicaire ; il fut rayé de la liste des électeurs, etc., etc.

Appel à la cour royale d'Aix ; consultation rédigée par les plus célèbres avocats de France ; M. Berryer, si je ne me trompe, défendra. Les évêques eux-

mêmes, au nombre de près de soixante (les autres n'avaient pas été consultés), consacrent par une adhésion formelle et écrite les principes théologiques d'après lesquels M. de Mazenod a dû obéir au pape :
« Le pape, suivant ces évêques, use de son droit en
« conférant l'évêché *in partibus*, droit spirituel,
« disent-ils, et indépendant du *saint*-concordat. »
—Quel courage et quelle indépendance et quel miracle!—« Donc le décret est nul de soi comme contraire à la liberté religieuse. » Il était nul comme tous ces décrets et tous ces concordats devraient l'être, iniques *factums*, brutalement oppressifs et absurdité sans bornes.

Déjà la cour était saisie du procès; on était à la veille des débats, lorsque M. de Mazenod reçut du Saint-Père une lettre qui l'engageait à se désister; il s'était soumis à l'honneur, il se soumit au sacrifice; l'obéissance a des charmes de plus d'une sorte pour les âmes d'élite.

Dès-lors la question se traite diplomatiquement ; bien des négociations ont lieu sans résultat entre le Saint-Siège et la France.

Enfin, Louis-Philippe intervient personnellement à la demande du vieil évêque de Marseille, qui l'avait connu en Sicile, et il est conclu que M. de Mazenod prêtera serment au roi des Français, et que les bulles de l'évêque d'Icosie seront enregistrées au conseil d'État.

Cette grande querelle dura plus d'un an.

Or, M. de Mazenod continuait à seconder son oncle dans l'administration du diocèse, mais seulement comme vicaire capitulaire, lorsque celui-ci conçut l'idée de donner sa démission, moyennant qu'on lui donnât son neveu pour successeur.

Donc, à l'insu de M. de Mazenod, il s'adressa au roi et au ministre; sa proposition fut agréée, et un jour, le bon vieillard, tout rayonnant de joie, remit au nouvel évêque de Marseille l'ordonnance royale de nomination. Si ce fut une surprise, on le pense bien; des larmes coulèrent en abondance, mais sans grimace de commande, et on ne lut point, à quelques jours de là, dans un mandement improvisé à coups de dictionnaire, ces grandes paroles effrontées : « Nous avons à regret, et malgré notre indignité, incliné la tête sous le joug de l'épiscopat, forcé que nous avons été d'obéir aux ordres des supérieurs ecclésiastiques. » La sincérité est bien plus modeste que tout cela.

M. de Mazenod, dispensé d'aller auprès du nonce pour ses informations en vertu d'une délégation accordée à l'évêque démissionnaire, prit possession du siège par procureur (1) la veille de Noël 1837 (2).

Ainsi furent dissipées les craintes de tous les hommes de bien sur la suppression du siège de Marseille.

Entre la nouvelle officielle ou quasi-officielle de la préconisation et la prise de possession, il y eut un intervalle rempli par une administration capitulaire. Le chapitre avait confirmé purement et simplement les anciens vicaires généraux ; il présenta à l'ancien évêque une adresse qui fut lue en chaire dans toutes les paroisses du diocèse et publiée par les journaux. Je la trouve sur mes *épreuves* et suis obligé de la supprimer pour ne pas excéder ma tâche.

Il arrive par hazard qu'un évêque ait raison de chercher un successeur dans sa famille.

M. de Mazenod est un homme selon le cœur de Dieu, n'ayant affaire au monde que pour la conversion des pécheurs ou le soulagement matériel des pauvres. Le luxe et les politesses brillantées de salons l'ennuient ; il aime par goût le naturel, la simplicité et une solitude occupée. Il est le père et le

---

(1) M. de Mazenod fit nommer son oncle chanoine de premier ordre au chapitre royal de Saint-Denis. Ce dernier vécut encore trois ans. Voir ci-dessus, page 293.

(2) Ce fut son oncle qui le représenta.

frère de ses prêtres, doux et indulgent avec dignité, sévère avec mesure et clémence; rarement il fait sentir la supériorité de sa position, si ce n'est par l'exquise aménité de ses manières et sa sagesse supérieure dans le conseil. Quand la nécessité le conduit chez les personnes notables de son diocèse, il y fait chérir son esprit de persuasion et son exigente charité; ceux qui ont faim et soif s'en aperçoivent aussitôt, il vient à eux comme à ses enfants préférés, et leur porte avec empressement la joie de l'aumône et le bonheur.

Ce sont là des bienfaits imprévus et en quelque sorte conditionnels. Il est des secours distribués à jours fixes : quatre cents pauvres qui lui ont été légués par son oncle, reçoivent du secrétariat de petites pensions mensuelles; sujet d'oraison pour beaucoup d'autres.

Il donne chaque année la confirmation dans toutes les paroisses du diocèse, et il prêche!

Il prêche, cet évêque-là!!!

Si c'est à la campagne, il prêche en langue provençale (1), et il parle cette langue d'une manière ravissante. Dans les villes comme dans les campagnes, en provençal comme en français, il improvise, et

(1) Langue très riche et très belle, que Pétrarque appelait la sœur aînée de la langue italienne.

sans rien perdre de cette noble simplicité qu'il aime et qui est le comble du beau, il s'élève quelquefois jusqu'aux plus purs mouvements de l'éloquence chrétienne.

Cette observation s'applique de même aux mandements de M. de Mazenod : le style en est élégant et facile, la méthode excellente ; le plus ordinairement c'est par la grâce et l'onction qu'ils se distinguent ; celui qu'il publia en avril dernier sur l'église d'Espagne a été reproduit par plusieurs organes de la presse religieuse (vieux style), mais il est admirable.

On a remarqué aussi, pour la dignité du langage, la force de la logique et la justesse des vues, la lettre que M. de Mazenod écrivit au garde-des-sceaux sur la liberté d'enseignement (1).

M. de Mazenod s'occupe de fortes études et travaille de tout son pouvoir à la propagation des bons ouvrages en matière théologique. L'un des premiers, il a introduit en France la théologie de Liguori ; il l'avait fait précédemment adopter par ses missionnaires, qui publièrent dans le temps une vie de ce saint évêque (2).

(1) Voir *l'Univers*, *l'Ami de la Religion* et *la Gazette de France*, mars 1841.
(2) Voir *le Mémorial catholique* de 1829. — Il a été aussi avec son oncle, l'un des premiers qui aient établi sa fête en France, lorsqu'il n'avait encore que le titre de bienheureux.

Ainsi, par le moyen de ses longues et constantes études, M. de Mazenod s'est acquis un trésor de connaissances variées et profondes; par le fait de la nature, il est doué d'un esprit facile et brillant; sa conversation, bien qu'il ne vise en aucune sorte à l'effet, dénote un homme de grand sens et de belle compagnie. Il écrit avec une étonnante facilité des lettres pleines d'à-propos et de charme.

A ces qualités d'esprit se joignent les plus éminentes qualités du caractère; il sait, en présence d'une ruse ou d'une opposition découverte, montrer cette fermeté qui brise ou cette mâle franchise et ces ressources d'expédients qui déconcertent.

Il fréquente peu les rois, et lorsqu'en 1840 les autorités de Marseille l'engageaient à visiter la reine Christine, il refusa sous le prétexte que *cette femme ayant troublé par son ambition un grand royaume, et favorisé le schisme, il ne pouvait, lui évêque catholique, la complimenter ;* ou M. de Mazenod fut trop sévère en cette circonstance, ou il a d'un mot diffamé toutes les félicitations épiscopales par devers nos majestés courantes, siégeantes et en activité de service; car enfin, trouvez-moi quelque prince ou roi qu'on ne puisse, soit d'ici, soit de là, qualifier fauteur de schisme politique ou religieux...... Les évêques, toujours si chatouilleux en fait de personnalités, firent preuve d'une incommensurable abnégation en tendant les épaules, sans mot dire, au *procédé* de M. de Mazenod ; pur héroïsme.

M. de Mazenod est aussi entreprenant que M. Du Pont (1), et c'est avec le même courage, avec les mêmes fantaisies aventureuses qu'il se jette à travers les difficultés, trop persévérant pour désespérer jamais, trop heureux pour qu'on ose l'appeler téméraire ; c'est une grande vertu que de réussir, c'en est une plus grande que d'échouer avec grâce et magnanimité : si par hasard M. de Mazenod manque la fortune, sa dignité ne lui fait jamais défaut.

Lorsqu'il n'était qu'évêque d'Icosie, en butte aux tracasseries que nous avons dites, et chargé néanmoins d'une vaste administration, il osa se charger de faire bâtir à Marseille deux grandes églises paroissiales, prenant sur lui la responsabilité d'une dépense de huit cent mille francs. Rien alors ne présageait qu'il deviendrait un jour évêque de cette ville ; il avait contre lui le conseil municipal et la loi, puisqu'il s'agissait de paroisses qui n'étaient pas légalement érigées ; eh bien, les deux paroisses furent érigées par ordonnance royale, la

---

(1) Archevêque de Bourges.

ville adopta les deux édifices, et elle paiera une partie des frais de leur construction ; et ceci n'est qu'un fait entre plusieurs autres d'une moindre importance que j'aurais cités dans une notice non étranglée.

En résumé ; je n'ai pu dire le moindre mal de M. de Mazenod, et ce n'est pas faute de bonne volonté, comme chacun sait. Six ou sept ecclésiastiques de Provence m'ont écrit à son sujet, sans m'insinuer autre chose que des éloges et des témoignages énergiques ou naïfs de la plus vive affection comme de l'estime la mieux justifiée ; j'ai lu ses mandements avec le désir de les lire encore ; c'est là un homme excellent, un excellent et courageux missionnaire, un habile écrivain, un modèle d'évêque, mais.... mais il n'a pas d'ennemis.

1ᵉʳ Décembre 1842.

Paris. — Imprim. de A. APPERT, pass. du Caire, 54.

Biographie du Clergé Contemporain.

M. DE FOLLEAU

Curé de Notre-Dame de Lorette.

M. DE ROLLEAU,

CURÉ DE NOTRE-DAME-DE-LORETTE, A PARIS.

> Genus ergo quum simus Dei, non debemus æstimare auro, aut argento, aut lapidi, sculpturæ artis et cogitationis hominis, Divinum esse simile.
> *Act. Ap.* 17-29.

> On prêche contre tant de péchés ! lui dis-je, je ne sache point qu'on se soit occupé en chaire de l'humeur. — Il y a un excellent sermon de Lavater sur ce sujet. (Serm. liv. de Jonas.)
> GOETHE, *Werther.*

> Et moi, pauvre diable, je n'aurai pour tout gîte qu'une chambre mesquine au quatrième, dans un hôtel garni, à mes frais et dépens !
> M. PAGANEL, *partout.*

DE LA PROSPÉRITÉ ET AVIS SUR ICELLE.

« La prospérité qui nous arrive doucement par le commun cours et train ordinaire du monde, ou par notre prudence et sage conduite, est bien plus ferme et assurée, et moins enviée que celle qui vient comme du ciel avec éclat, outre et contre l'opinion de tous, et l'espérance de celui qui en est étrenné.

« La prospérité est très dangereuse : tout ce qu'il y a de vain et léger en l'âme, se soulève au premier vent favorable. Il n'y a chose qui tant perde et fasse oublier les hommes, que la grande prospérité, comme les bleds se couchent par trop grande abondance, et les branches trop chargées se rompent, dont il est bien requis comme en un pas glissant de se bien tenir et garder, et sur tout de l'insolence, de la fierté et présomption. Il y en a qui se noyent à deux doigts d'eau, et à la moindre faveur de la fortune s'enflent, se méconnaissent, deviennent insupportables, qui est la vraie peinture de folie.

« De là il vient qu'il n'y a chose plus caduque et qui soit de moindre durée que la prospérité mal conseillée, laquelle ordinairement change les choses grandes et joyeuses en tristes et calamiteuses, et la fortune d'amoureuse mère se change en cruelle marâtre.

« Or, le meilleur avis pour s'y bien porter, est de n'estimer guère toutes sortes de prospérité et bonnes fortunes, et par ainsi ne la désirer aucunement; si elles arrivent de leur bonne grace, les recevoir tout doucement et allégrement, mais comme choses étrangères nullement nécessaires, desquelles l'on se fût bien passé, dont il ne faut faire mise ni recette, ne s'en hausser ni baisser. »

Je lisais, par hasard, un fort in-8° de M. l'abbé Paganel (1), et je me disais : c'est un homme très fin que ce monsieur-là ; pour prouver les *crimes* de M. de Quélen, et son désintéressement personnel dans l'accusation, n'attendez pas qu'il articule des faits généraux intéressant l'Église, la Société, le Gouvernement, etc., etc. ; tactique puérile et commune. Mais ce qui est neuf et profond, le voici : Monsieur danse sur la corde raide, exécute des grimaces savantes, figure enfarinée, reins brisés ; et, dans les entr'actes, il descend parmi l'assistance : « *Je m'adresse à la générosité d'un chacun, ce sont les seuls profits de l'artiste.* » ou autrement : « *M. de Quélen mérite qu'on le dépose.* — Pourquoi ? — *a, e, i, o, u,* c'est qu'il n'a pas fait de moi un grand-vicaire, etc., etc. ; *ba, be, bi, bo, bu,* c'est qu'il me laisse sans le moindre million ; *ca, ce, ci, co, cu,* c'est qu'il habite un palais quand j'habite un hôtel garni, à mes frais et dépens ; *da, de, di, do, du,* à mes frais et dépens ; à mes frais, vous dis-je ; à mes frais et dépens ; et toujours...... donc, etc. (Pages 32, 35, 39, 46, 67, 71, 73, 110,

(1) *Mémoires secrets sur M. l'archevêque de Paris,* in-8. M. de Quélen, soit dit en passant, a pu lire ce pamphlet, comme un homme d'esprit infiniment connu s'aventure souvent sous le dôme des halles de Paris, pour goûter les douceurs des plus inexprimables apostrophes.

149, etc., etc.)—Assurément M. de Quélen, de cette manière, ne pouvait manquer d'être un janséniste, le *bon Tresvaux* (1) un ... ; il fallait... une déposition... les galères, etc., etc.—Je lisais donc ces choses, et puis mes yeux se portèrent sur mon vieux Charron, *parisien, docteur ès droits,* dont la *Sagesse,* en son livre troisième, chapitre trente-septième, suivant la vraie copie de Bourdeaux, me donna l'idée de la notice ci-dessous. Ainsi je l'écrivis avec les préoccupations assez bizarres de ma première lecture ; on s'en apercevra bien.

Il est, au centre de la Chaussée d'Antin, parmi les insolents hôtels de *notre* aristocratie financière et les plus voluptueux repaires des hautes damoiselles mal écussonnées, un tas de pierres de taille.

Lorsqu'on m'a dit pour la première fois : « ceci est une église, » j'ai ri, et j'ai dit : « ceci n'est point une église, c'est moi qui suis de mon village, et MM. les parisiens s'en amusent. »

Effectivement, Louis XVIII, comme chacun sait, a donné la recette d'un excellent civet de lièvre : « Prenez un lièvre, d'abord ; » tel était mon avis : Pour bâtir une église, faites une église.

(1) Page 113. On sait de quelles accusations furibondes M. Paganel poursuit MM. Tresvaux et Quentin depuis dix ans.

S'il plaisait aux architectes de Rome, d'Éléphantopolis ou de Delphes de loger ainsi leurs dieux, les marguilliers de Sologne ne s'en occupent guère et M. Victor Hugo s'en moque grandement.

Mais « payens et chrétiens sont deux, » observe la Sologne.

« Malédiction ! reprend l'écrivain, *par san Iago,* à quoi bon l'influence civilisatrice de l'Évangile et ce vaste épanouissement de l'art au moyen âge, puisqu'à l'instar des écrevisses, l'humanité actuelle ne progresse qu'en sens inverse, délaissant ma Notre-Dame, pour s'acculer piteusement sur le *biscuit de Savoie* du Panthéon, etc. ? Les maçons de l'époque bâtissent avec ce génie-là : *arte pistoriá* (1) ! Le *Temple* donc, je n'en veux point ; ce qu'il me faut, c'est l'Église, l'Église avec sa tour sublime où se réjouit et soupire, où pleure et chante tour à tour la grosse cloche entendue par ma mère et par tous mes aïeux, où caquettent des milliers de petits oiseaux éveillés par l'aurore, et dont l'hirondelle effleure en se précipitant les murailles noueuses, l'Église, reine et surveillante des habitations des hommes qui se pressent autour d'elle, portant jusqu'aux nues sa tête majestueuse, si belle et si douce aux yeux du voya-

---

(1) Gen. 40-17.

geur fatigué qui la devine à de longues distances dans un horizon blanchâtre et indécis, bonne amie des enfants qui font leurs jeux à ses pieds, et, que dirai-je? de la vieille pauvresse même, cette primitive rentière de la charité, domiciliée sous les frises de sa façade hospitalière. Le *Temple* est lourd, symétrique, plat comme un égoût, serré par des grilles comme un prétoire, étouffé comme les remords d'un athée solitaire, blafard comme un insensé qui dort; c'est un assemblage sans union, un corps sans âme, une harmonie négative; le *Temple* n'est pas du tout l'Église, et TEMPLUM *non vidi in* EA (1). »

Entrons, s'il vous plaît, dans *Notre-Dame-de-Lorette :*

Personne à qui donner son obole, sinon un bel homme, chasseur ou suisse, large, haut, carré, décoré et modeste; Quasimodo, lui aussi, est mort tout entier. Point de pavé, ni par conséquent de tombes historiées, d'échos frémissants qui répètent avec mystère le bruit des pas ou d'une chaise renversée derrière le grand autel; on marche sur des tapis ou des paillassons! Ne cherchez plus la simple chaise de bois blanc marquée au fer chaud du chiffre de la paroisse et du nom de son locataire: voici de fluettes *pliantes* en acajou bourrées d'ouate

(1) Apoc. 21-22.

et doublées de satin de Gênes, où se mêle et serpente en capricieuses fantaisies un filet de velours de Venise. — Le siècle a inventé des divans pour ses estaminets et ses TEMPLES.

Où est Dieu ? *Qu'il est* peu *terrible ce lieu-là !*

Au moelleux reflet de ces tentures flottantes et rouges, l'âme s'allanguit, le cœur déraisonne étrangement, le corps même se fond, j'ai peur de mes yeux, *oculos averti ut ne cogitarem quidem de virgine :* une belle jeune fille qui prie à genoux avec ses deux blanches petites mains jointes, c'est-à-dire ce qu'il y a au monde de plus pur et de plus céleste, devient alors une affreuse Circé, ou l'hypocrite fantôme d'un démon travesti ; *malæ artis excogitatio* (1), dit encore l'Écriture.

Mais M. Devéria mérite considération ; ses tableaux font les délices des amateurs ; il a poussé bien loin la perfection dans le genre de la mythologie évangélique ? d'accord ; j'aimerais voir à l'exposition du Louvre ces merveilleux salmis qu'au nom du goût comme de la foi je trouve ici détestables.

Non, mille fois non, *Notre-Dame-de-Lorette* n'est pas une église. L'autel principal, aux jours de grandes fêtes, me rappelle trop les *fantasmagories* de

(1) Sap. 15. 4.

M. Philippe et cette clinquante machine d'empyrique où chacun, pour dix centimes, se peut faire électriser près la place de la Concorde ; les chapelles latérales ont trop l'air de ces petits coins obscurs où l'on se dit quelque chose à l'oreille, et les saints de ces *tigres* de commande que lancent les tailleurs dans le jardin des Tuileries pour déterminer une mode ; la croix enfin fait trop la *croix d'honneur*, et, bien que Rabelais veuille qu'on évite *les mots épaues en pareille diligence que les patrons de nauuire éuitent les rochiers de mer*, j'ose le dire : le père éternel y soigne trop ses moustaches.

C'est dans un si triste Pandæmonium, à travers une foule d'inscriptions arrachées de la Bible, meurtries et illicitement défigurées que se voit une personne au visage terne et mélancolique, à la taille commune et raide, aux façons de prince délicat et poitrinaire. Sa chevelure d'ébène, gracieusement arrondie en arrière par la puissance d'une pommade souveraine (1), resplendit sous un voile de fine poudre sur-odorante qui la dissimule sans la cacher. S'il ne laisse s'affaisser de langueur ses molles paupières, voyez quels yeux bleus d'une ineffable nuance ; ce n'est pas de l'insignifiance et non

(1) *Fragrantia unguentis optimis*, comme l'épouse des cantiques.

plus de l'expression. Ses lèvres ne s'épanouissent guère, accablées qu'elles seraient du poids d'un sourire, et jamais poète ne pourra dire de lui que « ses sourcils froncés se rapprochaient comme deux taureaux qui vont lutter (1) »; mais, par une coquette façon d'ennui diplomatique, ses lèvres se disjoignent quelquefois, *inquietudinem,* dit le livre de Judith, *arte moliebatur* (2), et révèlent à l'attention qu'elles convoitent l'émail d'un ratelier difficile à décrire. Il a, comme plusieurs grands hommes et comme toutes les femmes, la *religion* des mains, si bien même que pour les dérober au contact indiscret de l'air, il les tient presque toujours enfermées dans deux jolies prisons de soie noire, et qu'on ne voit qu'à l'autel ces deux charmantes captives; tel Byron mit des gants pour traverser un détroit infranchissable. Les évêques d'aujourd'hui portent des bas charmants? il en porte aussi: des valets viennent, qui s'agenouillent devant cette vaporeuse stature de .... millimètres, soulèvent insensiblement ses pieds tendres pour en faire la toilette, et les introduisent de même dans d'élégantes chaussures où rayonnent deux boucles de l'argent le plus pur. « Ils en pren-

---

(1) V. Hugo, *N.-D. de Paris,* p. 375, éd. de 1836.
(2) Judith, 14-9.

nent souci et soin comme de quelque chose de très fragile et de très recommandé (1). »

Angels were painted fair to look like you.

Ici me vient une idée bien sombre. Le cœur est une si belle et si sublime chose quand il s'adonne de toute sa puissance à l'amour de Dieu, mais un si dangereux fou dès qu'il s'incline vers la terre! malheur à qui ne s'en défie pas! En combinant devant un miroir des effets de toilette, n'est-ce pas, Monsieur, qu'à voix basse, hypocritement, et en toutes langues, cette cauteleuse de vanité vous a dit :

עַל־כֵּן עֲלָמוֹת אֲהֵבוּךָ :

Au chœur, au salon, même goût et même langueur; rien à dire de la table qui n'est pas souvent somptueuse, chose étonnante, car « la mélancolie est friande, » dit Montaigne. — Raison de fraîcheur et de santé.

On cite M. Eugène Sue et M. Jules Janin; il faut citer leur maître en décors, gravures, lithographies, peintures de haut prix, curiosités antiques et modernes, etc., etc.... Suivez-moi.

(1) Même ouvrage, p. 336. Alcibiade offrait un jour à Socrate un terrain d'une étendue considérable pour qu'il s'y bâtit une maison. Socrate remercia et répondit que, s'il avait besoin de chaussures, il se soucierait fort peu qu'on lui donnât du cuir pour en faire, parce qu'il n'était pas en état de payer les frais de la mise en œuvre. — Il y a quelque moralité à tirer de là.

Ici *saint François d'Assises, qui s'extasie devant un Christ:* c'est magnifique! ici une grande *Annonciation* que beaucoup d'Anglais sans doute eussent voulu payer avec tous les louis d'or capables d'en couvrir la surface; là une éblouissante pendule de porcelaine chinoise et deux candelabres dorés à trois branches; là encore deux ravissantes petites corbeilles et une jolie statuette de saint Étienne, offerte par de pieuses congréganistes... « tandis que moi, pauvre diable, je n'aurai pour tout gîte qu'une chambre mesquine au quatrième, dans un hôtel garni, à mes frais et dépens! » dit M. Paganel (p. 39).

Que sais-je? des murs tapissés avec des glaces, de doux sophas, d'élastiques causeuses, des tapis bouillonnants, mais de livres, point; je me trompe, il y a une gracieuse étagère toute fardée de reliures continuellement neuves, et, dans la partie la plus apparente de ce salon magique, un *piano!* car le seigneur de céans aime passionnément la musique, et daigne parfois solliciter de ses doigts de neige le mélodieux clavier; on dit même qu'une Muse en personne dirige ses premiers essais, et qu'il excelle à dire une romance.

Toutefois je l'aime encore mieux dans sa stalle de chœur et dehors.

   Monachus in claustro
   Non valet ova duo,

Sed quandò est extra
Benè valet triginta.

Du reste, sa nature n'est point expansive : il reçoit son monde avec un mot, en dépense un autre pour le compte de la conversation, puis un dernier lorsqu'on prend congé de lui ; M. Madrolle y verrait une preuve de la Trinité.

L'esprit dont il est ici question, consiste dans un je ne sais quoi qui, pour n'avoir de nom dans aucune langue, n'en est pas moins quelque chose. Produire de grands effets avec de petites causes, quoi de plus merveilleux ! Une moue légère, un hochement de tête, un clignottement, une imperceptible contraction du galbe, une ride au front, un grain de poudre qui s'échappe de cette frisure mollement émue et roule égaré parmi les ondes vagues et brillantes de cette rotonde de moire, tous ces gentils riens ont leur importance ; on a vu des mondes en révolution pour un nez retroussé.

Ce qu'en pensent les enfants du siècle? je l'ignore absolument; mais je sais que les gens d'église en jugent fort méchamment. Son clergé le voit peu dans l'intimité, mais s'étudie à pratiquer tout haut du dévoûment et un silence filial, par conscience et ménagement sans doute, non par politique et par intérêt. Les prédicateurs étrangers à la paroisse ne s'accommodent point de ces grâces qu'ils trouvent froides et sèches, pour ne rien dire de plus ; ils s'insurgent même quelquefois et s'ingénient d'une sainte fureur, lui infligeant de ces coups de lanières qui crèveraient un épiderme aguerri. « C'est, soupire-t-il, que j'ai des ennemis » ; et quel mérite n'en a pas ?

Il soupire donc... puis il tend les bras lentement pour attirer sur ses genoux sa blonde *Gazette de France* et s'abandonner aux doux vertiges d'un demi sommeil sans rêve, simple méthode pour abréger ces douze siècles qu'on nomme un jour ; tout homme n'a pas assez de l'éternité pour se reposer.

S'il s'éveille au séditieux bourdonnement d'un infiniment petit insecte qui vole et pourrait ternir chemin faisant l'éclat de ses rideaux ou de ses miroirs, s'il lui semble qu'au moyen d'un bon microscope un œil exercé parvint à soupçonner sur son léger chaperon la pointe d'un poil rebroussé, soudain se manifeste un pénible tiraillement de nerfs, suivi de vapeurs élégantes, et, dit-on toujours, d'évanouissements distingués ; deux valets se précipitent, puis la cuisinière ;... ce sont des flots d'éther ou d'essence de fleurs d'oranger, etc., etc.

N'importe : l'active ménagère et les deux fidèles valets ont bientôt *leur compte ;* il faut à sa santé de fréquentes variétés de personnes comme de foulards des Indes.

« Ne considérons plus un corps comme une charogne infecte, car la nature trompeuse nous le représente de la sorte; » c'est vrai, malheureusement Pascal ajoute : «mais considérons-le comme le temple inviolable et éternel du Saint-Esprit, comme la foi l'apprend (1); » ce qui donne encore à réfléchir.

Il soupire.... et, de l'expérience que sans doute il a faite des choses humaines, il conclut que :

La méfiance
Est mère de la sûreté.

Et, en effet, les prêtres, si sottement calomniés sur d'autres points, ne sauraient décliner complètement le proverbe languedocien :

Bouletz abé un' soullier pla sémélat ?
Mettetz-y dé ranqûno dé Capéla.

On m'écrit :

« Si, au lieu du poste qu'il occupe, l'autorité l'avait appelé à la cure de la Villette (2) ou des Batignoles, on le laisserait passer avec les singularités d'habitudes qui lui sont imputées; plusieurs le blâment qui, étant ce qu'il est, eussent fait mille fois pis; en con-

---

(1) *Pensées*, vol. II, art. 8-1.
(2) Où se trouve du reste un ecclésiastique de mérite, M. Savornin.

cédant qu'il n'est pas très utile, on doit du moins reconnaître qu'il n'est pas nuisible non plus ; ce qui a son prix. »

Observations d'une justesse incontestable, si ce n'est la dernière, que saint Bernard lui-même réfute par ces mots : *C'est reculer que de ne point avancer* (1). Rousseau a dit, il est vrai : « Vous me répéterez que c'est n'être bon à rien que de n'être bon que pour soi, mais peut-on être vraiment bon pour soi sans être, par quelque côté, bon pour les autres (2) ? » Reste à prononcer sur ces deux avis.

En supposant que les griefs des *pieux critiques* fussent justifiés par le fait, leurs torts présumés et possibles deviendraient une bien faible excuse pour l'objet de leur médisante convoitise, je suis aussi forcé d'en convenir.

Or, il y a d'ordinaire un moyen d'expliquer certaines existences délicates et splendides. Les précédents d'un homme, sous plusieurs rapports, sont parfois des engagements pris avec le présent ; j'en dirai quelque chose à M. Fayet (3). Il est difficile, par exemple, que l'enfant allaité dans un berceau fleuri

---

(1) *Non progredi regredi est.*
(2) Lettre à M. le marquis de Mirabeau, 736ᵉ. Wootton, le 31 janvier 1767.
(3) En lui citant ses écrits sur les officialités.

au son d'une musique ravissante, comme Michel de Montaigne, prenne jamais les rudes formes d'un jeune homme du peuple, ses habitudes toutes rondes et ses goûts de tour de France; cela s'est vu cependant chez des religieux, et alors on criait au prodige, car il arrivait ce qui arrive constamment, qu'une fois sortis de la voie de nature, ceux-ci, pour atteindre le but, le dépassaient; mais c'est la religion qui fait cela, et il s'agit d'autre chose.

Qu'avons-nous donc vu, *sed quid existis videre?* —*hominem mollibus vestitum.*—Oui, certes, mais.. *sed... qui mollibus vestiuntur in domibus regum sunt.*— Pas toujours.

Eh! Quelles ont donc été les quarante premières années du héros de cette histoire?

Il naquit à Verdun (Tarn-et-Garonne) en 1799.

M. l'abbé Laffaurie le tint sur les fonts baptismaux et le nomma Etienne-Théodore (1).

Il y en a qui contestent ce fait; j'y consens.

Son père, en lui léguant la noble particule, ne put lui donner la fortune qui en est aujourd'hui l'indispensable passeport. A défaut de mieux, on le disait propriétaire; c'était en réalité le plus excel-

(1) M. l'abbé Laffaurie, de la compagnie de Saint-Sulpice, directeur et professeur au séminaire de Toulouse, est mort, il y a dix-huit mois, *fort homme de bien, sage et plaisant,* comme il est dit de maître Arnoul, astrologien du roi.

lent homme du monde, résigné dans les privations, et prêt à sacrifier pour le bien de sa famille jusqu'à ses dernières ressources. Il mourut durant l'hiver de 1841, entouré des soins de son fils Théodore, qui n'avait cessé de lui venir en aide. *Qui timet Dominum honorat parentes, et quasi dominis serviet his qui se genuerunt* (1).

Pour faire de sa mère l'éloge qu'elle mérite, il me faudrait copier toutes les plus belles paroles que j'ai pu extraire jusqu'ici des livres saints et vider mon cœur. Grétry disait : « Le cœur d'une mère est le chef-d'œuvre de la nature (2). » Il ne disait pas trop.

Son frère a servi comme officier de la garde royale ; sa sœur, qui n'existe plus (3), avait épousé un riche couvreur de Toulouse, nommé M. Bousignac et non *de* Bousignac, comme on l'a fait dire par erreur, ou pour l'euphonie peut-être, dans les salons du presbytère (4).

Il avait un oncle, prédicateur de quelque mérite,

---

(1) Eccli. 3-8.
(2) Essai sur la musique.
(3) Depuis trois ans.
(4) Un fils de madame Bousignac a épousé mademoiselle de Pauléon, fille de madame la marquise de Pauléon, jeune personne sans fortune, mais riche par les qualités de l'esprit et du cœur; elle a aimé l'honnête roture des Bousignac comme ceux-ci avaient recherché le petit blason de sa belle-mère.

qui prononça le panégyrique de saint Louis devant l'Académie française, en je ne sais quelle année, et reçut à ce propos les félicitations de madame la duchesse d'Angoulême (1). Ce vénérable ecclésiastique est mort à la même époque que son frère, plein de mérites et d'espérances.

Théodore fut destiné, dès l'enfance, à l'état ecclésiastique, mais « on ne lui apprit pas à lire avant l'âge, il ne fut pas élevé à baisser les yeux et à parler bas ; et s'il grandit sur le Missel et le Lexicon, nous allons voir comment.

« Ce n'était pas non plus un enfant grave, sérieux, qui étudiait ardemment et apprenait vîte ; il savait ce que c'était que *dare alapas et capillos laniare*(2).

Effectivement, étant entré vers 1811 au petit séminaire de Toulouse, l'enfant s'y fit remarquer presque aussitôt par son antipathie pour tout ce qui avait forme de livre, et aussi par son esprit d'à-propos, et, remarquez-le bien, de franchise et de conciliation et d'espièglerie.

(1) Il prononça de même un panégyrique de Bonaparte, le 15 août 1807. C'est-à-dire qu'il fit de cet homme une apothéose boursoufflée, le plaçant d'emblée, comme avaient fait M. de Fontanes et tant d'autres, à la tête de tous les plus grands capitaines et chefs d'empires de tous les temps, prouvant même par *a* plus *b* qu'il convenait de substituer la fête du *Dieu Mars* à celle de la Sainte-Vierge...... c'était l'erreur des circonstances.

(2) Même ouvrage.

Rarement il pouvait présenter au maître un thême achevé ou prouver qu'il avait appris une leçon.

Dans un cas des plus graves, c'est-à-dire un jour qu'il avait plus que de coutume négligé ses cahiers ou sa mémoire, on dit qu'il usa de l'expédient que voici : Le professeur entrait en classe ; il aborde solennellement le professeur, le salue vite, et lui débite un compliment improvisé. « Vous vous trompez, » fait le brave homme; l'éloge continue. « Ce n'est pas aujourd'hui... » « *Vivat !* » s'écrient tous les marmots. « Ce n'est pas ma fête. » « *Vivat !* » Impossible d'appaiser l'enthousiasme ; il fallut se désister forcément des leçons et des *pensums*. Cet évènement fait preuve sans doute d'une finesse réelle, bien que j'aie peine à l'y découvrir, et c'est un grand épisode dans la présente histoire.

Du reste, cet épisode nous prouve aussi qu'il avait la sympathie de ses condisciples; et de fait, il était excellent ami : s'il l'est encore, très peu d'hommes le pourraient dire et ne le disent pas... Le plâtre que vous voyez maintenant et dont la blême transparence comme les linéaments tirés au cordeau vous fatiguent, ce fut jadis une figure ayant des jeux de physionomie, du naturel, de l'abandon et de la vie. Il y eut dans cette complication quintessenciée d'organes mats une âme et de vrais mouvements ; cela sentit des affections extérieures, de l'admiration, de la pitié, du dévouement, de l'ardeur, des jambes qui marchaient, des mains capables de se mouvoir toutes seules sans pâte d'amande ; il s'avouait fils d'Adam, comme ceux d'entre nous, dormait sur un matelas rocailleux, faisait son lit l'hiver et l'été à cinq heures du matin, et priait, genoux en terre, le Dieu cloué sur la croix ; ainsi l'on gagne des sympathies, et le ciel, et même quelquefois l'honneur d'être mis hors d'un séminaire.

C'est ce qui lui arriva.

Le supérieur lui dit en toutes lettres : « Vous « n'avez pas la vocation ecclésiastique ; le Saint-« Esprit me l'a suggéré dans mon oraison. » Le mot n'est pas rare, mais il mérite de rester. Voici cependant une parole qui m'embarrasse un peu : « Si l'on veut dire que l'homme est trop peu pour mériter la communication avec Dieu, il faut être bien grand pour en juger. » Et c'est Pascal, toujours Pascal qui parle ainsi !

Du reste, le pauvre écolier n'avait pas encore eu le temps de sentir la place de son cœur.

Du séminaire, il passa au collège de Toulouse.

Eut-il une révélation d'en haut, lui aussi ? c'est possible, bien qu'il n'appartînt pas à la congrégation de Saint-Sulpice. Donc, persuadé que Dieu l'appelait au sacerdoce, il souhaita de nouveau le séminaire et obtint d'y rentrer.

Encore le Saint-Esprit, encore un congé ; on a dit pourquoi : Le jeune homme aimait *sans mesure* la musique. « Vous faites un calembour, M. le supérieur ; » ainsi répondit-il. « Peut-être, mon cher, répartit celui-ci ; ce n'est pas moi ; dans mon oraison..... — Alors, c'est... — Non, vous recherchez la société des chanteurs et les concerts !!!.. — Quel mal ?... — *Laudetur Jesus Christus,* » reprend le digne oracle, en lui fermant la porte au nez ; — et l'on entend sous les plafonds du corridor ces sons que murmure l'écho : « J'irai à Paris. » *Et non post multos dies... adolescentior filius profectus est in regionem longinquam.*

M. Laffaurie voulait s'interposer, calmer l'âme du proscrit, paraphraser l'oraison du supérieur ; peine inutile !

A Paris, M. de Quélen lui tendit les bras ; ce sont les préliminaires de sa fortune. Il le mit d'instinct à la tête d'une petite communauté d'enfants de chœur, à Saint-Louis en l'île, poste délicat et infiniment épineux. « Il n'y fut guère, comme dit certain auteur, qu'un *à peu près ;* et il ne s'y maintint pas, soit qu'il fût impatient d'achever ses études cléricales, soit autre chose.

M. de Quélen, qui se mêle désormais à sa destinée, l'introduisit sous son aile archiépiscopale au séminaire Saint-Sulpice ; mais un mois à peine s'était écoulé qu'il en sortit par les motifs sus-exprimés d'une subite découverte dans le monde de l'oraison.

Il y a, page 430 du 4ᵉ volume de ces biographies, un extrait de lettre ainsi conçue : « Notre ville vient « d'être honorée de la courte visite de l'un de « Messieurs les curés de Paris ; il n'a pas quarante « ans et se fait chausser et déchausser par ses do- « mestiques, défaire et attacher ses boucles de jar- « retières, etc., etc. Ce besoin de se faire servir « m'aurait complètement édifié, si l'oraison eût « précédé ou suivi cette ÉPISCOPALE toilette (1). »

La première partie de cette citation confirme, et au-delà, ce que j'ai dit en commençant ; la dernière partie me fait songer que le curé de Paris dont il s'agit n'a pas si fort à se louer de l'oraison qu'on puisse s'étonner de ses rares familiarités avec elle.

Il fut ensuite admis au collège Stanislas. *Quietis impatiens*, dit le *livre des Proverbes*, *nec valens in domo consistere pedibus suis, nunc foris, nunc in plateis.* Quel changement depuis !... Il y fit une halte légère et disparut.

M. de Quélen souffrait sans doute de ces perpé-

(1) Lettre de M. Liautard qui vient de mourir. 31 août 1833.

tuelles révolutions d'existence ; il est indubitable aussi que son autorité eût voulu servir ses désirs ; qui l'en empêchait? un mot eût suffi; le diocèse était à ses pieds; pas un évêque ou un supérieur de séminaire qui n'eût impétueusement accueilli un sujet protégé par Monseigneur l'archevêque. Qu'il en devait coûter au cœur des hommes qui avaient frappé le malheureux séminariste! Habitués à vénérer jusqu'aux fantaisies à venir de Sa Grandeur ou celles qu'il eût pu avoir, comme ils devaient frémir à l'idée de lui toucher à la prunelle de l'œil en affligeant ce cher objet de ses complaisances!

Néanmoins ils sévirent, et M. de Quélen ne parut jamais s'en offenser ; c'est assurément qu'il lui réservait une copieuse indemnité.

Sorti du collège Stanislas, il resta quelque temps libre *foris*, et finit partout son cours de théologie qu'il avait je ne sais où commencé *in plateis*, peu guéri de sa primitive antipathie pour la lecture et l'écriture, étranger, comme Rousseau dit qu'il aurait voulu l'être, à bien des littératures, y compris la française, ne s'occupant guère plus de la scolastique ergoteuse que de savoir si Paris tiendrait dans une bouteille avec l'esprit de M. Henrion,.... adorateur enfin du *far niente*, et bon enfant ; entendez-vous? *bon enfant!*—Aujourd'hui... «Mon Dieu!...

s'écrie toujours Rousseau, je me roule par terre, et je gémis d'être homme (1). »

Qui lui conféra les ordinations? Je ne crois pas qu'il fût facile de le dire; il les reçut probablement à Meaux et à Paris (2), puis M. de Quélen le nomma prêtre administrateur à Bonne-Nouvelle; c'est-à-dire qu'il le mit au nombre de ces modestes serviteurs de Dieu qui font le bien dans les paroisses pour le compte des gros curés, et, comme dit le proverbe anglais, souvent chargent la pipe pour que d'autres la fument : *to fill their pipe, and leave others to enjoy it.* « Et moi aussi, dit M. Paganel (page 67), si je n'avais écouté que mes intérêts pécuniaires, j'aurais accepté les places que Sa Grandeur m'offrait, au lieu de passer tout ce temps dans des hôtels garnis à mes frais et dépens ! »

Il exerça durant six grandes années son rude métier. Une révolution s'était faite en lui. Le croiriez-vous? il aimait la peine, il la cherchait et la demandait même comme une aumône ! *Descende, sede in pulvere, virgo filia Babylon, sede in terrâ...*

---

(1) Lettre au marquis de Mirabeau, 781ᵉ. 1767. Trye, le 26 juillet.
(2) Je crois qu'il prit aussi une part de séminaire dans la ville de Meaux. — On m'assure que M. de Quélen lui faisait subir ses examens à Paris et l'envoyait autre part pour se faire ordonner.

quia ultrà non vocaberis mollis et tenera ; tolle molam, et mole farinam... discooperi humerum, revela crura... (1). Une plume ne pesait plus à sa main du poids d'un obélisque, il regardait en face et sans frémir une feuille de papier, il n'avait plus peur de se noyer en approchant d'une écritoire ; il prêchait !

Il ne prêchait point assez au gré de ses désirs ; il s'en allait d'église en église, suppliant et conjurant les orateurs en renom de lui laisser leurs rebuts de stations ; oui, Monsieur, leurs rebuts de station, et c'est à jamais votre gloire .. S'il fut bien accueilli par eux, il leur devrait aujourd'hui de la reconnaissance et d'aimables procédés au moins ; sinon, voilà pourquoi *la mine qu'il leur fait,* ses autocratiques exigences, son grand ton serré, ses dédains renommés, et, par suite, les tuiles qui lui tombent journellement sur la tête. Il y a dans le *Voyage* de Sterne un croquis délicieux dont je veux bientôt faire mon profit.

L'homme de peine de Bonne-Nouvelle devint second vicaire à Saint-Etienne-du-Mont. M. Olivier le vit venir d'un œil stoïque, et, pour employer un mot très admiré, fut *content de lui.* « Et moi, dit M. Paganel (page 71), par une de ces fatalités qui faillit

(1) Is. 47-20, pardon pour l'abondance des textes.

réduire mon âme au désespoir, je me vis contraint de me retirer dans un hôtel garni à mes frais et dépens ! »

Le plus heureux jeune homme du monde, c'est le vicaire d'un homme d'esprit. Il est à l'école d'abord : ce qu'il ignore, il l'apprend par les leçons orales et par l'exemple; ce qu'il sait, il le saura mieux encore. Moyennant l'assistance paternelle et loyale du curé, il évite les faux pas et suit courageusement sa voie; il partage avec lui l'estime et l'affection de tous, car la supériorité de l'un doit exclure tout esprit de rivalité jalouse envers l'autre, et celui-ci se fait gloire d'abord de son intelligente soumission qui le rendra lui-même supérieur à son tour. Voyant qu'en temps opportun, M. le curé le blâme avec une miséricorde infinie, ou le félicite de même, et que chacune de ses paroles procède d'une conviction sérieuse et réelle, il y attache un grand prix et s'étudie à régler sur ces observations ses travaux et ses goûts. Ne parlez pas de dénonciation, il n'est ici qu'un juge en dernier ressort, c'est la vérité du cœur. Voilà le bon curé ou autrement l'homme d'esprit, ou le vrai philosophe φιλόσοφος καθαρτικος (1), dont le vicaire est

(1) C'est ainsi qu'Eusèbe appelle Socrate; car, dit Plutar-

souverainement heureux, mais s'il connaît son bonheur,

Sua si bona norint.

Assurément M. Olivier fut un homme d'esprit, et il a continué de l'être; le second vicaire devait s'en apercevoir : il fit d'étranges progrès dans l'amour du travail et se distingua même, à l'époque du choléra, par son zèle de toutes les minutes et son dévouement, dit-on.

On dit aussi qu'à cette époque l'archevêque de Toulouse voulut le rappeler dans son diocèse, pour des raisons qui me sont inconnues, mais l'idée n'eut pas de suite; ceci réveille encore M. Paganel : « Et moi aussi, s'écrie cet homme pâle, croit-il donc (M. de Quélen) qu'après m'avoir fait passer huit ans dans des hôtels garnis (page 110), à mes frais et dépens, je m'en irais maintenant dans mon diocèse, comme un imbécille? »

Tout-à-coup, l'Église de Paris se sentit tressaillir; Voici en campagne des bataillons d'ecclésiastiques solliciteurs, et l'archevêché en état de siège: A qui la cure? — « A moi! à moi! à moi! » Tous à la fois: « A moi! » Cure vacante en effet: succursale unique de Saint-Roch, Notre-Dame-de-Lorette!! Le choix

que (première quest. Plat.), son discours était propre à réfuter, toucher et convaincre, comme une drogue laxative pour purger.

fut bientôt fixé: coup de foudre; murmures, fureurs, je le répète et défie qu'on me démente, fureurs! Après les cris et les plaintes, les interprétations circulent. « On sait bien pourquoi cette préfé- « rence, mais on n'en veut rien dire »; cela est fort profond, mais cela ne défait pas ce qui est fait; et, sans demander autre permission, nonobstant clameur de haro, charte normande et lettres à ce contraires, le nouveau titulaire eut désormais à toucher 20,000 livres de rentes, car tel est notre plaisir.

My money is no fool, if I am, says a swep a Duke.

On a ignoré jusqu'aujourd'hui la cause de cette nomination.

Que dirai-je donc?

Un jour, M. Groin de la Romagère prêchait, quoiqu'évêque, et Dieu sait comment s'y prenait le digne homme; j'ai oublié le sujet de son discours. Fort imprudemment, à l'unanimité, les simples fidèles riaient aux éclats; les assistants ecclésiastiques faisaient de même, après mille et mille efforts pour se dominer. Dans ce concert général d'épanouissements, une seule personne restait impassible, l'oreille tendue, l'œil fixe et l'air pénétré. Qu'arriva-t-il? A la descente de chaire, M. Groin fit appeler le clergé tout entier dans la sacristie, et, d'un air

magnifique : « Messieurs, dit-il, voici la seule ven-
« geance que je veuille me permettre : je nomme
« M. Cornillet chanoine titulaire de Saint-Brieuc. »
M. Cornillet, vicaire de Lamballe, était cette personne qui n'avait pas ri. Mais ceci ne répond pas
à ma question.

Dans une ville voisine de Paris, deux mûres et
jolies femmes faisaient naguère la conversation suivante : « Je vous offre mes compliments, madame,
d'avoir si bien et si vîte réussi à placer M. B... votre
protégé, à la cure de Saint-P.... — Eh, le vôtre,
vous l'avez placé à Saint-J... de B. — Sans doute,
mais il m'a fallu des allées et des venues infinies à
l'évêché... — Ah bien, moi, c'a été l'affaire d'une
partie d'échecs. » Seconde réponse qui n'en est pas
une.

Quelle est donc enfin la cause de cette nomination
si miraculeuse? C'est le hasard, peut-être. « Et, dit
le prince de Ligne, il y a des hasards qui ont de
l'esprit. » M. de Rolleau le veut bien.

D'ailleurs, M. de Quélen n'agissait pas toujours
par lui-même; tant s'en faut qu'au contraire. Je
trouve ici moyen d'appliquer avec une justesse quelconque certaines paroles de J.-J. Rousseau : «Toutes
les personnes, écrit-il au duc de Choiseul, N'IM-
PORTE LE SEXE, qui se sont mêlées de l'administra-

tion, n'ont eu, selon moi, que de petites vues, des demi talents, des passions basses et de l'avarice, plutôt que de l'ambition; » ce qui gâte un peu l'esprit du hasard. Au reste, l'élu ne manquait pas de ces avantages physiques si fort à considérer par eux-mêmes dans la personne d'un curé de Paris en la Chaussée d'Antin, et dont on faisait alors un cas tout particulier. « Comment donc aurais-je pu être des préférés, dit M. Paganel, moi qui n'ai qu'une physionomie exténuée par etc., etc., et qui habite dans un hôtel, etc. etc. » (P. 46.)

Une fois à Notre-Dame-de-Lorette, il laissa façonner le carré de pierre que nous avons examiné sans y trouver d'église, se livra corps et âme aux œuvres susdites, ayant derrière lui, pour prendre souci des choses trop fortes et s'assurer l'influence pastorale dans la paroisse, M. l'abbé Dancel, premier vicaire ou ministre-régent, si l'on veut.

Donc, M. Dancel administre cette paroisse, et, sous sa force motrice ou compressive, fonctionnent ou s'endorment MM. Locatelli, doux et inoffensif parent du vénérable abbé Déjardins, Bossuet, avec son nom qui lui traîne sur les talons, Mariotti qui a souscrit d'avance, je le suppose, à mes réflexions,

Tardy, Van-Blottaque, Almarza que je ne connais point, et Pichon si plein de souvenirs (1).

Quelle que soit l'activité plus ou moins heureuse de ceux-ci, nul ne prendra désormais au sérieux Notre-Dame-de-Lorette... et... où est Dieu?

« Dieu n'y est pas, » disait M. de Rougemont, avec une exagération dont il avait bien le sens ; et en effet, je défie qu'on me dise, dévôt ou incrédule ou poète ou banquier : ma première pensée en y entrant fut celle-ci : *Dieu est là!* Dieu est à Notre-Dame, à Saint-Eustache, à Saint-Sulpice, et dans toutes les églises où, pour parler le langage de Silvio Pellico, on sent Dieu, *sentir Dio ;* et Dieu n'est point à Notre-Dame-de-Lorette, qu'on a moqueusement appelée *Lorette* tout court, ainsi qu'une race d'abjectes créatures, honte vivante de notre bon sens dorée par nos débauches.

Certes, ce n'est pas dans une région pourrie de luxe qu'il était bon de traiter Dieu comme une grisette de choix.

Telle est pourtant la conclusion de toutes les sophistiques fourberies qui veulent justifier certains

---

(1) M. Pichon, trésorier de Notre-Dame de Lorette, fit, si je ne me trompe, une partie de son éducation théologique au séminaire d'Orléans. Est-ce une erreur de ma part ? elle n'a pas grande importance.

étalages ecclésiastiques. *Ipsi quoque contra sanguinem suum insidiantur et moliuntur fraudes contra animas suas* (1) : on procède de la convenance à la nécessité, de la nécessité à des excès damnables. Parce qu'il y eut des briseurs d'images, et qu'en général le protestantisme répudie les signes extérieurs, à cause de ces sottises, on se précipite dans des absurdités opposées et mille fois pires, et l'on devient idolâtre, j'ose même dire qu'on devient immoral par le fait.

Jeunes gens qui cherchez un abri pour échapper à l'œil vigilant de vos mères et contrister pour jamais les entrailles qui vous ont portés, un excellent rendez-vous, c'est Notre-Dame-de-Lorette : on y trouve moins longs les ennuis de l'attente ; on s'amuse aux bagatelles de la porte ; on y dort fort commodément au sermon, etc., etc.

On y dort... « Mais Gargantua ne pouvait dormir en quelque façon qu'il se mist ; dont luy dist le moyne : Je ne dors iamais à mon ayse, sinon quand ie suis au sermon, ou quand ie prie Dieu. » Est-ce que *Lorette* daterait de ce temps-là ? ou s'il y en eut une autre ? — « *Pagole d'honneug !* on y est comme chez soi ; » disent avec cet incroyable grasseyment

---

(1) Prov. 1-18. — Pardon.

qu'on leur connaît, les gros Adonis hébétés de la Chaussée-d'Antin.

Et de fait, avant l'heure des Opéras, les voyez-vous, flanqués du lorgnon d'usage, se diriger vers Lorette, et là, séduire, par des contorsions malpropres, les beautés à vendre qui exploitent le lieu? L'Apocalypse a dit : *Non intrabit in eam, aliquod coinquinatum aut abominationem faciens* (1).

S'il est une mère encore qui n'ait point peur d'y conduire sa fille, j'admire son courage; s'il est un homme assez intérieur pour avoir jamais fait une bonne prière dans ce bazar, tant mieux; si, à des heures violentes et prochaines, la populace effrayée s'emporte follement et ravage comme elle l'a déjà fait, les édifices sacrés, quelle sera la première victime de ses furies? Notre-Dame-de-Lorette! Je dis: *Notre-Dame-de-Lorette!*

O M. Paganel, consolez-vous, les *hôtels garnis* sont plus sûrs en nos temps de révolution; vous êtes à couvert de tous les révolutionnaires possibles; ces gens-là pillent les maisons d'or et respectent *les frais et dépens*. — M. Paganel m'écoute.

« M. de Quélen, dit M. Paganel (page 73), a cru me faire un grand mal en me faisant passer près de

_____
(1) Ap. 21-27.

huit ans dans des hôtels garnis, à mes frais et dépens, et il m'a rendu le plus grand service qu'on puisse rendre à un homme! » Très bien.

Vient le chapitre des excuses : « Les autorités civiles et autres nous approuvent, » disent-ils ; — ou plutôt elles vous tolèrent. Eh ! l'on trouve aussi en tête des *OEuvres* de Piron, ces superbes paroles :

« APPROBATION,

« J'ai lu, par ordre de monseigneur le Chancelier, les *OEuvres d'Alexis Piron*, dans lesquelles je n'ai rien trouvé qui m'ait paru devoir en empêcher l'impression.

« Fait à Paris, ce 16 novembre 1757.

« SAURIN. »

Et l'on insiste : ceci ne vous regarde pas.

Et je réplique, muni de mon droit de chrétien : ἔγνων, ἀνέγνων, κατέγνων; j'ai vu, j'ai compris, j'ai condamné. « Le moindre mouvement importe à toute la nature; la mer entière change pour une pierre. Donc tout est important (1) ». « *In omnium fertur injuria*, dit le droit romain, *quod in religionem divinam committitur.* »

On entend dire de toutes les églises de Paris, à des intervalles quelconques : *la foule s'y précipite,*

---

(1) Pascal, *Pensées*, 2ᵉ partie. 96.

pour entendre tel ou tel grand orateur; de Lorette, jamais; et je prie qu'on m'en indique la cause.

La Chaussée-d'Antin est, je le répète, la partie la plus irréligieuse de Paris, pourquoi encore? Alléguer la soif de l'or et les brutales préoccupations de l'industrie commerçante, c'est reculer la difficulté sans la résoudre; l'évangile en a bien vaincu d'autres.

Que produisent là les quêtes pour les pauvres, pour les inondés, pour toutes les calamités publiques ou privées? Nul ne répond. Où sont enfin ces prodiges de charité chrétienne qui se manifestent journellement et à chaque pas dans d'autres paroisses? Celui qui est mal vêtu ne va point à la messe, puisqu'il faut des bottes vernies pour fouler ces tapis opulents et un *habit habillé* pour y demander à Dieu le pain quotidien; les riches qui ne le voient pas, comment le vêtiraient-ils? qui leur dira que, dans son grenier, ce malheureux se meurt, qu'il est mort de froid et de faim (1), durant qu'ils convoquaient des assemblées de médecins célèbres pour la santé d'un chien de poche sans appétit.

(1) Les millionnaires disent souvent, après boire : On ne meurt pas de faim. Sur la foi de pareilles gens, il est des bonnes âmes qui répètent de la meilleure foi du monde: On ne meurt pas de faim.

Qu'entends-je?

Une nouvelle crise de M. Paganel. « Vous m'avez fait passer des années dans des hôtels garnis, à mes f... (page 149). Si vous vouliez à la fin me retirer de mes hôtels! » dit M. Paganel (p. 128). Infortuné, ô mon ami, homme exténué, eh bien! vous voulez rire? Franchement, vous êtes effrayant quand vous êtes si gai!

A Dieu ne plaise que j'ose incriminer ici les intentions de qui que ce soit. Citer la vie édifiante des ecclésiastiques nommés précédemment, c'est dire une chose évidente et que nul ne conteste; et je les estime d'autant plus que rien autour d'eux ne saurait leur inspirer une bonne pensée.

Mais c'est aux curés que s'adresse le Dieu terrible et bon lorsqu'il dit : *Neque in vineâ tuâ racemos et grana decidentia congregabis, sed pauperibus et peregrinis carpenda dimittes; ego Deus vester.*

EGO, et non vous-mêmes.

20 Décembre 1842.

Biographie du Clergé Contemporain.

M. DE BOULOGNE,

ARCHEVÊQUE-ÉVÊQUE DE TROYES.

> Il faut voir si celui-ci fera plus que les autres.
> MOLIÈRE, *l'Amour méd.*, act. III sc. 4.

Etienne-Antoine Boulogne naquit à Avignon, le 26 décembre 1747, de parents peu fortunés et religieux.

En acceptant la particule que le public, on ne sait comment, prit l'habitude d'ajouter à son simple nom de famille, il fit comme plusieurs nobles récemment éclos, et mieux que beaucoup d'autres qui l'ont usurpée sans avoir même cette raison. Du reste, il n'en usa, pour son compte, que depuis sa promotion à l'épiscopat, et ceci n'augmente pas d'une obole son importance biographique.

Après une première éducation plus ou moins insignifiante, il fut mis à l'école chez les frères des Écoles chrétiennes.

Les grands prennent à leurs gages des précepteurs, ou, ce qui est d'infiniment meilleure maison, des gouverneurs; la classe moyenne, formée des petits électeurs et gardes nationaux, tient pour l'école normale et les pensions; le pauvre a son cher frère; — et voici ce qui en résulte :

1° Une race d'êtres blancs, fluets, froids, stagnants, d'une terne insolence à l'égard de tous, poison lent du malheureux qui, pour gagner du pain, se suppose capable de les humaniser, délices de leurs familles qui enchâssent comme des reliques leurs souillures quelconques et les imposent à l'adoration vulgaire, tyrans stupides et féroces du chat de leur mère et d'un peuple de valets qui, en vingt ans, n'aura pu leur montrer comment on met tout seul sa culotte, et, par conséquent, saintes et uniques colonnes des états contemporains, dispensateurs nés de la fortune publique.

2° Une race mille fois pire d'amphibiolithes, moralement *diminués de tête* à tous les degrés, n'ayant d'idées qu'en fausse monnaie, et de sentiments qu'en loques rapiécées, scrofuleux et blafards, les mains et l'âme d'une propreté douteuse; mis en montre, eux aussi, par leurs pères, comme d'incroyables prodiges d'idolâtrie prématurée pour les gros sous, bêtes de tout l'esprit qu'ils n'ont pas, et plus encore des semblants d'instruction qu'ils auraient pris au vol, philosophes à l'avenant et, dès la mamelle, désabusés de Dieu qu'ils plaisantent à la grande satisfaction de leurs mères tendres, pépinière de commis voyageurs, de chanteurs de romances et de clercs d'avoués.

3° Une race d'hommes bruns, trapus, durs à la peine, d'un sang fort, d'une large et musculeuse structure, d'une tête ardente et franchement épanouie, vertueux par soubresauts, sujets de même à quelques vices, mais sans jamais être vicieux au fond, généreux, simples, naïfs en toutes rencontres, disant *le bon Dieu,* fiers de saluer un prêtre qui passe, passionnés pour un prédicateur qui parle *deux heures sans s'arrêter,* et pour les offices de fêtes *annuel-majeur,* où les voilà debout, à l'angle du chœur, immobiles, tenant des deux mains leurs modestes casquettes de loutre, l'œil fixé sur l'officiant ou sur les chantres qu'ils accompagnent et dont ils vous diront au besoin les noms et prénoms d'un air de se glorifier. Ceux-là ne ricanent point, ils rient d'un vaste et franc rire, indice des bons cœurs. A la vue d'un homme éclairé, ils se taisent et prient qu'on leur permette d'écouter : « c'est bien beau, s'écrient-ils, qu'on est heureux de savoir tant de choses ! mais, à chacun son genre... » et gaîment ils reviennent à leurs travaux quotidiens qui les font vivre avec leurs vieux parents en servant la société générale. Ainsi s'élèvent les dignes fils, les bons pères de famille, les citoyens utiles, les vrais hommes du peuple, et souvent aussi les grands hommes.

Telles sont en aperçu, ou je me trompe fort, les nécessités relatives des trois modes d'éducation que j'indiquais tout-à-l'heure.

M. de Boulogne professa toute sa vie pour les frères des écoles chrétiennes une sincère estime et un attachement inviolable; et de fait, avec les sublimes sœurs hospitalières, cette humble association d'instituteurs est, sans nul doute, le chef-d'œuvre de la charité. La notice de leur supérieur-général doit faire partie de mon ouvrage et me donnera lieu d'entrer à ce sujet dans des considérations étendues.

Donc, à peine M. de Boulogne se trouvait-il entre leurs mains que les bons frères furent frappés de ses heureuses dispositions et surtout de son goût pour les choses religieuses. Ils réfléchirent quelque temps afin de s'assurer que leur première impression ne les avait pas trompés, et, grâces à eux, le jeune écolier commença son cours de latin. Il l'avait achevé au bout d'un an.

Peu soucieux de s'*ensataner*, comme disait Luther, avec la rhétorique, il n'en fit cas et se mit en philosophie chez les Sulpiciens, au séminaire Saint-Charles d'Avignon. Il y resta jusqu'en 1769, époque de son sous-diaconat. Il avouait lui-même la modicité de son goût pour les méthodes en usage, et, puisqu'il m'évite ici la phrase sacramentelle : *ses succès furent nombreux ou immenses,* j'en suis content.

Les dispositions oratoires se développaient chez lui en sens inverse ; elles entraient mieux dans la nature de son esprit. Sans être ennemi plus que de raison des formules scholastiques qui ont leur importance, il se sentait mal à l'aise sous ces gluantes et filandreuses inutilités dont on a enveloppé la théologie. Bref, M. Manzi, archevêque d'Avignon, qui avait su l'apprécier, l'autorisa bientôt à prêcher dans une église de la ville ; il prononça un *discours sur l'immortalité,* qu'on a retrouvé dans ses manuscrits ; le 1er avril 1771, étant diacre, il en prononça un second *sur la Religion chrétienne,* devant ce qu'on appelait la congrégation des hommes, etc., etc.

Il fut ordonné prêtre, avec dispense de six jours,

aux Quatre-temps de décembre, la même année.

Dès lors il se livra tout entier à cette carrière de prédilection qu'il a si glorieusement parcourue jusqu'au bout. Il se fit entendre dans les différentes églises d'Avignon, à Tarascon, à Villeneuve et aux environs, toujours encouragé par les suffrages les plus flatteurs, et toujours opérant des fruits nombreux de salut. Telle est la date de ses discours *sur l'Amour de Dieu, sur la Foi*, etc., etc., et de son *Panégyrique de Saint-Louis*.

C'est aussi en ce temps-là que l'académie de Montauban mit au concours le sujet : *Il n'y a pas de meilleur garant de la probité que la religion* (1); le prix fut vivement et valeureusement disputé, mais enfin l'abbé de Boulogne, après un examen minutieux, en fut trouvé digne. Il a fait depuis un sermon de cette thèse.

Or, le père de Ligny et l'abbé Poulle, sans le flatter hypocritement, lui témoignèrent un genre d'estime qui avait bien son importance, et, sur leur avis, il quitta sa ville natale, le 21 septembre 1774, pour se rendre à Paris. Les anciens de 1843 ne comprendront guère cette façon d'agir à l'égard d'un jeune homme : ou des cheveux gris ou rien ; n'est-ce pas, M. Potel ? — Qu'est-ce que M. Potel ?

(1) 1773.

M. de Boulogne était arrivé à Paris le 2 octobre. Il se mit aussitôt sur la trace des prédicateurs en renom ; il vit le P. Élisée qu'il trouva médiocre, et M. de Beauvais, qu'il admira tout juste assez pour lui consacrer dans la suite une remarquable notice, mais moins que beaucoup d'autres ; c'était, indépendamment de ses désirs, une raison d'aborder plus intrépidement la chaire.

Il débuta dans les communautés, et s'en trouva bien. Il parut ensuite dans quelques paroisses qui voulurent l'entendre encore ; sa réputation s'étendit rapidement ; on le réclamait de toutes parts.

Alors il rêva le bonheur de prêcher à Versailles, et ses vœux furent satisfaits.

M. de Guernes, évêque d'Aléria (1) et député de la Corse, avant d'être présenté au roi, à la reine et à toute la famille royale, pria M. de Boulogne de composer des harangues pour la circonstance, et en retour lui fit donner le sermon des Récollets, fondé par Marie Leczinska. Ainsi, le 16 septembre 1777, il prononça l'éloge de saint Jean Népomucène, devant mesdames Adélaïde, Victoire et Sophie, tantes de Louis XVI.

Le 29 septembre de la même année, il présida

(1) En Corse.

la *fête des bonnes gens*, fondée par Elie de Beaumont, son ami, sur le modèle de l'institution de saint Médard. Après une touchante et gracieuse allocution, il couronna le plus vertueux vieillard et la plus vertueuse jeune fille des trois paroisses de Canon, Vieux-Fumé et Muzidon, au diocèse de Lisieux. De même, le 20 septembre 1778, et le 29 septembre 1779. Si j'en crois un vaudeville de MM. Cogniard frères, Paris en 1942 aura sa fête des bonnes gens et sa rosière.

M. de Boulogne d'ailleurs était, ainsi que le fut l'abbé Maury, Porte-Dieu à Sainte-Marguerite du faubourg Saint-Antoine. M. Badiche, en passant par là, deviendra-t-il archevêque-évêque ou cardinal? *sub judice lis est*. On dit qu'il a manqué la cure de Notre-Dame d'un point : « bon choix fut-il observé, mais si nous voulions faire de céans une paroisse de capucins. » C'est beau !

Sainte-Marguerite est plus loin que le bout du monde; mes jambes s'en plaignent quelquefois; celles de M. de Boulogne ne s'en arrangeaient guère; point de bibliothèques, point de bruit, *gelida silentia*, des amis........ il accepta les offres obligeantes du curé de Saint-Germain-l'Auxerrois, et, pour être à Paris, s'attacha tout bonnement à son église en qualité de confesseur.

Mais M. le curé avait nom l'abbé Chapeau, brave homme, pieux, dévoué, irréprochable à tous égards, s'il n'eût fait aux exigences du Parlement de petites concessions indirectes, peu goûtées de M. de Beaumont, archevêque de Paris en ce temps là ; celui-ci, comme on sait, n'était pas de nature transigeante : il vit d'un mauvais œil M. Chapeau et son clergé, et, par suite, M. de Boulogne. La calomnie vint seconder ces dispositions fâcheuses ; un ami.....

M. de Boulogne avait des amis, c'est-à-dire qu'il était affligé, sauf toujours les exceptions de droit, d'une mortelle vermine. Parmi eux se trouvait un homme qu'il avait accueilli par pitié, au risque de s'aliéner les personnes les plus anciennement chères à son cœur et de perdre même son avenir. Une physionomie simple et ouverte, une certaine insouciance de certaines choses d'ici-bas, un excessif laisser-aller dans les relations intérieures et même dans la vie publique, des actes répétés à distance d'une bonhomie fanfaronne mais qu'on eût dite naïve, des paroles orgueilleuses jusqu'à devenir modestes, cet homme réunissait tous les sauf-conduits possibles d'une infernale perversité ; ainsi avait-il séduit M. de Boulogne, dont l'âme généreuse et franche n'acceptait à son égard aucunes révélations étrangères ; loin de là, s'il y prêtait l'oreille quelquefois, c'était pour les répudier plus énergiquement ou trouver l'occasion de les réfuter, et son affection s'augmentait de toute l'étendue de cette difficulté vaincue. Bien qu'il n'eût au fond qu'une très mince estime de son intelligence, on sent que son cœur devait se prêter complaisamment à l'exagération des louanges ; peu de gens sont capables d'une si sublime diplomatie. Le misérable, au contraire, fondait sur le crédit que lui faisaient obtenir de tels procédés, l'espoir de perdre plus infailliblement celui qu'il appelait son ami ; il jouissait ainsi d'une confiance plus grande, et chaque parole que prononçait M. de Boulogne en sa faveur, aiguisait le poignard dont il fut frappé.

Un jour, le 3 février 1778, M. de Beaumont lança un interdit contre lui. Pourquoi? on l'ignorait, et c'est envain que M. Chapeau s'efforça de parer le coup par une attestation des plus honorables. « Cette disgrace, dit M. de Boulogne, fut pour moi un coup de foudre, et sans doute un des plus grands chagrins de ma vie. Je me voyais arrêté au commencement de ma carrière, flétri, du moins aux yeux de bien des gens, perdant à la fois mes ressources pour le présent, et mon espoir pour l'avenir, ma désolation fut extrême. »

Il sut plus tard, de manière certaine, que M. l'archevêque avait été trompé par d'atroces délations, et que le délateur était l'ami dont nous parlions tout-à-l'heure. « On ne me connaît pas, disait celui-ci, je suis bien bon, mais ma conscience m'y obligeait. »
— Le pauvre homme !

Néanmoins le pauvre abbé ne perdit pas courage. Libre désormais de toute occupation matérielle, il s'adonna sans réserve à l'étude de l'Écriture, des Pères, des anciens sermonnaires, et de tous les maîtres de l'éloquence; il retoucha ses anciens discours et en composa de nouveaux. Une société de gens de lettres, formée des abbés Pey, Duvoisin, Guénée, de Crillon, Gérard, etc., etc., avait proposé, en ladite année 1778, un prix de 1200 livres pour l'*Éloge du Dauphin;* il se mit sur les rangs, mais en substituant à son nom, dans le pli cacheté, celui d'un de ses amis qui était garde-marine : il remporta le prix. Alors le garde-marine s'empressa de déclarer qu'il n'était qu'un prête-nom; et les honneurs furent décernés à qui de droit. Présenté au Roi et à la famille royale, recherché et fêté par quelques seigneurs de la cour, entre lesquels se distinguaient MM. de Noailles et le maréchal de Mouchy, M. de Boulogne vit s'ouvrir définitivement devant lui une carrière aussi vaste et aussi brillante qu'il avait jamais pu la désirer.

Toutefois, il restait un obstacle. Malgré toutes les sollicitations et les prières, M. de Beaumont ne voulait ni lever l'interdit, ni s'expliquer. On comptait sur la dernière victoire du jeune ecclésiastique, d'autant que le prélat avait contribué pour le quart à fournir les fonds du prix; inutiles espérances : M. de Boulogne fut relégué, pour épreuve, dans la communauté de MM. de Saint-Lazare, vers la fin du Carême de 1781.

Le 12 décembre suivant, M. de Beaumont mourut. M. de Juigné lui succéda et rendit des pouvoirs à M. de Boulogne. Depuis lors jusqu'à l'affaire de Vincennes, rien ne gêne sa marche; suivons-le vivement et pas à pas, s'il est possible.

M. de Clermont-Tonnerre, appelé au siége de Châlons (1), le prit pour grand-vicaire, avec promesse du premier canonicat vacant dans sa cathédrale. Il fut désigné par le duc de Nivernois, alors directeur de l'Académie française, pour prêcher le panégyrique de saint Louis: « cette nomination ne put avoir lieu, dit-il lui-même, il est inutile d'en rendre compte; » mais il prononça ce

(1) Il fut sacré le 14 avril 1782.

discours dans l'église de l'Oratoire, devant les Académies réunies des sciences et des belles-lettres, et produisit un tel effet, que le cardinal de Rohan, grand-aumônier, lui demanda de prêcher la Cène à la Cour, en 1783 (1), ce qui lui valut une pension de 2000 livres sur l'archevêché d'Auch, et l'honneur de prêcher encore en 1787 un Carême devant le Roi.

Ayant obtenu, en 1784, le canonicat promis par M. de Clermont-Tonnerre, plus une place d'archidiacre, il se trouva dans une position presque brillante et plus à l'aise, quoi qu'on dise des inspirations de la pauvreté, pour composer sa station. En 1785, M. de Dillon, archevêque de Narbonne, le chargea de prononcer le panégyrique de saint Augustin à l'assemblée générale du clergé de France, dont il était président. A l'assemblée provinciale de Châlons, en 1788, il fut également chargé du discours d'ouverture; son travail fut si fort goûté de M. de Talleyrand, archevêque de Reims et président de l'assemblée, que le prélat écrivit en sa faveur à l'évêque d'Autun, M. de Marbeuf, ministre de la feuille; M. de Boulogne, un mois après, était nommé à l'abbaye de Tonnay-Cha-

(1) Il prêcha sur la charité chrétienne.

rente, au diocèse de Saintes (4000 liv. de rente). Selon l'usage, il prêcha le Carême aux Quinze-Vingts en 1786, avant celui de la cour, et, le 9 avril 1789, le sermon de la Cène devant la reine.

La Révolution venait à grands pas. Nommé député ecclésiastique de la paroisse Saint-Sulpice à l'assemblée baillagère de Paris, il défendit avec une ardeur extrême les privilèges du clergé; M. de Juigné lui-même s'effrayait de cette vivacité généreuse.

A la même époque, M. de Boulogne faisait, comme bien des grands-vicaires d'à présent, mais un peu mieux, les mandements de son digne évêque. Celui qu'il composa pour ordonner des prières à l'occasion des États-généraux, produisit une grande sensation, et mérita d'être dénoncé par Mirabeau dans un journal. Il publia également sous le nom et en faveur de M. de Clermont-Tonnerre, une *Lettre pastorale* pour réclamer ses droits et ceux de son église, lorsque la constitution civile eut supprimé le siège de Châlons; on cite encore une *Instruction pastorale et ordonnance* datée du 28 juillet 1791, qui porte le caractère de son style.

M. de Clermont-Tonnerre fut bientôt obligé de sortir de France; il pria M. de Boulogne de l'accompagner, mais celui-ci, pour des raisons quelconques, crut devoir s'en excuser ; peut-être avait-il envisagé les choses sous un aspect différent ; qui sait ? les apôtres de Jésus-Christ comprennent aussi la valeur de ces mots : *aut vincere aut mori ;* sans blâmer ceux qui trouvaient le martyre inutile, je me sens un peu de l'avis des autres.

L'occasion de souffrir ne se fit pas attendre. Dans la journée du 10 août 1792, le bruit du canon l'ayant averti des mouvements qui se préparaient, il en prévit les suites, dit M. Picot (1), et quitta son logement de la rue des Quatre-Vents, pour se réfugier chez un ami. Bien lui en prit, car la nuit suivante on vint pour l'arrêter. Son premier asile était peu sûr, il s'enfuit à Gentilly, et entra comme malade dans une maison de santé, sur l'offre que lui en fit le médecin de la maison. Il y resta peu de temps. Après le massacre des Carmes, de l'Abbaye, et de Saint-Firmin, la populace se portait sur Bicêtre, c'est-à-dire sur la route où se trouvait la maison de santé dont il s'agit ; il se réfugia dans une autre maison du même genre, à Montrouge, avec la qualité d'aliéné, condition *sine quâ non* de l'admission, et le nom de Martin, nom propre à tout. Au bout de

---

(1) Dans une Notice qui se trouve en tête des Œuvres de M. de Boulogne, édition de 1826, et qui m'a été d'une grande utilité.

deux mois, la tranquillité parut se rétablir, et, le malade se portant bien, il revint chez lui, pour faire lever par le juge de paix les scellés qu'on avait eu le génie d'y poser.

En 1793, les choses n'étaient plus les mêmes. M. de Boulogne fut arrêté et conduit au séminaire Saint-Sulpice, où la Section du quartier tenait ses séances. Il trouva moyen de s'évader, se retira sur la section voisine, dite des Thermes, et obtint la protection des chefs contre ceux de Saint-Sulpice. Malheureusement ces braves fonctionnaires furent remplacés par des comités de révolution chargés de poursuivre les nobles, les prêtres et autres ennemis de *cette* République. Alors M. de Boulogne fut arrêté de nouveau, enfermé durant trois jours, jugé ensuite *comme prédicateur du tyran*, et, sur ses explications, absous, muni d'un certificat de civisme, assuré de la protection du comité, puis renvoyé à son domicile, rue Saint-Jacques, près le collège Louis-le-Grand.

Nouvel accident de fortune : le 26 juillet 1794, il trouva à sa porte des commissaires et des soldats ayant ordre de l'arrêter *comme conspirateur;* il fut conduit vers minuit à la prison des Carmes et jeté là en compagnie de deux brigands qui mangeaient avec lui à la gamelle. Le lendemain, Robespierre tombait, et un décret de la Convention mettait en liberté tous les détenus. Mais, à ces horribles époques, il y avait encore des protégés, et ceux-ci furent les premiers relâchés ; M. de Boulogne qui n'était dans les bonnes grâces de personne, sortit seulement le 7 novembre, après trois mois et trois semaines de prison. S'il y fût entré deux jours plus tôt, c'était fait de lui.

En 1796, parurent les *Réflexions adressées aux soi-disant évêques signataires de la deuxième encyclique.* Les constitutionnels, voyant la Convention revenir à des idées de modération, publièrent des encycliques pour essayer de relever leur Église ; la deuxième contenait un nouveau code au moyen duquel ils voulaient remplacer la constitution civile ; c'est ce qui donna lieu aux *Réflexions* suivies d'une *Réponse au citoyen Lecoz, évêque, s'il le veut, d'Ile-et-Vilaine, sur la rétractation de son confrère Panisset.*

L'abbé Sicard et l'abbé Jauffret rédigeaient depuis quelque temps les *Annales religieuses, politiques et littéraires ;* ils furent heureux de s'adjoindre un homme si remarquable par la solidité de ses principes et sa verve d'écrivain. Après avoir donné quelques articles, M. de Boulogne, à partir du n° 19, devint seul rédacteur du journal, dont il changea le nom en celui d'*Annales catholiques*, pour le distinguer nettement de celui de Desbois (1). Ce recueil eut un grand succès; on distinguait surtout dans le n° 41°, tom. 4, l'analyse d'un discours que Lareveillère-Lépaux avait prononcé devant l'Institut, et c'est de cette analyse que le doux théophilanthrope lui garda rancune, si bien qu'après les journées du 18 fructidor, l'auteur et l'imprimeur furent condamnés à la déportation.

M. de Boulogne, dans les moments de répit, avait saisi autant que possible les occasions de prêcher; il donna ainsi, le 29 juillet 1797, son sermon sur la Providence, dans l'église des Minimes, et je conçois très bien l'effet que dut produire une si vive et si courageuse éloquence au milieu de tant de ruines et de désolation.

Durant tout le règne du Directoire, il garda le silence, si ce n'est à l'occasion de la fameuse lettre pastorale du métropolitain Royer. Il y répondit victorieusement par une *lettre d'un paroissien de St-Roch à J.-B. Royer, se disant évêque métropolitain de Paris*, chef-d'œuvre de dialectique et d'exquise malice.

---

(1) Il signait d'abord Dracis, anagramme de Sicard, puis Boulogne et Sicard, mais il était seul l'auteur des articles.

Le journal reparut dans les premiers jours de janvier 1800, sous le titre d'*Annales philosophiques, morales et religieuses*, et puis avec des titres différents, selon que l'exigeaient les tracasseries du pouvoir; M. de Boulogne avait pour collaborateurs principaux MM. l'abbé Bourlet de Vauxcelles, le baron de Sainte-Croix, Emery, Guillon (1), etc. Bonaparte, après le concordat, supprima tout-à-coup les *Annales*, comme œuvre de parti fatale au repos public, mais en laissant subsister les *Annales* constitutionnelles, bien entendu.

M. de Boulogne, indépendamment de ses travaux dans les *Annales*, fournissait des articles à la *Quotidienne*, à la *Gazette de France*, au *Journal des Débats* et à l'*Europe littéraire;* ceux du *Journal des Débats* sont particulièrement remarquables, il les signait : X., et M. Fabry en a placé la plus grande partie dans le *Spectateur français au XIXe siècle*(2).

On s'étonna de voir que le nom de M. de Boulogne ne figurait pas dans les promotions de 1801 :

---

(1) Qui avait travaillé aussi aux *Annales catholiques* et est mort depuis chanoine d'Agen, selon M. Picot.

(2) Qui parut de 1805 à 1812. 12 vol. grand in-8°. M. Picot prétend que l'éditeur attribue à M. de Boulogne certains articles dont il n'est pas l'auteur, et il indique ceux du tom. VIII. p. 31, et du tom. IX p. 8.

Qui avait plus de titres que M. de Boulogne? Rien ne prouve qu'il ait refusé alors la dignité de chanoine honoraire de Paris. L'évêque de Versailles l'ayant trouvé sans place, le nomma chanoine en titre et bientôt vicaire-général. Il reparut dans les chaires. En 1803, il reprit son journal, qu'il nomma les *Annales littéraires et morales*; obligé plusieurs fois de l'interrompre, gêné perpétuellement par les susceptibilités du maître, il se débattit encore dans une série de titres : *Annales critiques de littérature et de morale* (1), *Mélanges de philosophie, de morale et de littérature*, etc., etc., et laissa finalement son œuvre entre les mains de M. Picot.

M. de Fontanes l'avait recommandé à Bonaparte, M. Emery au cardinal Fesch : on lui offrit la place de chapelain de l'empereur. Il hésita d'abord; s'attacher à un homme qu'il n'aimait et n'estimait point, c'était une impossibilité pour lui; mais sur les instances de plusieurs personnages élevés et de ses supérieurs ecclésiastiques, dans l'espoir de faire beaucoup de bien en empêchant beaucoup de mal, il se résigna.

Un discours sur la morale chrétienne qu'il prononça pour l'ouverture de l'Eglise des dames de

---

(1) Cette partie de la collection forme quatre volumes.

Saint-Michel devant plusieurs évêques et le ministre des cultes Portalis, fit enfin songer à lui pour l'épiscopat. Au mois de mars 1807, un décret daté du camp d'Osterode, l'appela au siége d'Acqui en Piémont (30,000 liv. de rente); mais il refusa sous divers prétextes qu'on me dispense de rapporter; Bonaparte fut obligé d'accepter son refus, et Paris ne perdit pas le plus illustre orateur qu'il eût alors.

On entendit encore M. de Boulogne au chapître général des sœurs de la Charité et autres filles vouées au service des pauvres, le 27 Novembre 1807. Il est curieux de voir les résultats écrits de cette assemblée, dans une note rédigée par M. de Boulogne, orateur-secrétaire: ces pieuses filles insistent sur les vexations des administrateurs des hospices et sur les abus des comités de bienfaisance, elles réclament l'entière liberté de suivre leurs règles.

J'ai parlé de résultats écrits; il n'y en eut point d'autres qu'un décret du 5 février 1808, qui accorde des secours aux différentes congrégations d'hospitalières.

En 1807, le 28 novembre, M. de la Tour-du-Pin (1) était mort, laissant le siège de Troyes vacant. Le 8 mars de l'année suivante, Napoléon nom-

---

(1) Ancien archevêque d'Auch.

ma M. de Boulogne à sa place. Il se rendit chez le cardinal Caprara pour le serment et les informations, fut préconisé dans le consistoire du 11 juillet, et, ses bulles étant enregistrées (1), reçut la consécration épiscopale, le 2 février 1809, du cardinal Fesch assisté de MM. Charrier de la Roche et de Broglie (1); le 29, il fut installé dans sa cathédrale.

Les beaux mandements sont rares comme les vrais amis. Sa lettre pastorale du 20 mars à l'occasion de son entrée dans le diocèse est un monument; le discours qu'il fit à son installation en est un autre. O temps! ô mœurs!

Presque aussitôt, dès le mois de juin, il commença sa visite pastorale, et parcourut les départements de l'Aube et de l'Yonne (1), administrant la confirmation, adressant aux fidèles des exhortations comme il les savait faire, encourageant les pauvres curés des campagnes, attentif aux moindres détails, heureux de ses propres émotions et du bonheur qu'il causait autour de lui, etc..... Je me sens suffoqué ici par une odeur d'encens que je n'aimerai

---

(1) Bien qu'elles portassent le *motu proprio* non reçu en France, et qu'elles ne fussent point accompagnées d'une lettre pour l'empereur.

(1) L'un évêque de Gand, l'autre de Versailles.

(1) Alors enclavés dans le diocèse de Troyes.

jamais. Comme tant d'autres, mais avec moins d'abjectes contorsions, M. de Boulogne apothéosa l'empereur victorieux; il lui fit entendre pourtant, c'est à sa décharge que j'en témoigne, et plus d'une fois, le *memento quia pulvis est*, mais hélas! en pure perte. Appelé pour prêcher à Notre-Dame l'anniversaire d'Austerlitz, obligé de montrer son discours à un personnage en crédit : « Je conçus, dit-il, sur les observations qui me furent faites, combien ma position était critique, et quels risques je courais, ou pour ma réputation si j'étais faible, ou pour ma tranquillité si j'étais fort; et j'achetai par quelques adoucissements le droit de dire ce que je voulais. » La cérémonie du 3 décembre fut pompeuse; avec Napoléon, il y avait là une foule de rois, de princes, de grands seigneurs, que dirai-je? d'évêques. Son discours dura une heure, et produisit des effets divers. Napoléon n'en fut point mécontent; les courtisans s'offensèrent, pour le compte du maître, d'une foule d'allusions prétendues à la captivité du Pape dans Savone, à mille autres choses encore. Bigot de Préameneu lui écrivait le 8 : « Monsieur l'évêque, veuillez m'envoyer le plus promptement qu'il vous sera possible des réponses aux questions suivantes, concernant le discours prononcé dans l'Église métropolitaine, le 3 décembre courant.

« Qu'entendait l'orateur, lorsqu'il a dit qu'il fallait que la devise, *une seule foi*, fût placée sur le bouclier de l'empereur? Entendait-il qu'il fallait que Dieu convertît les protestants et les calvinistes? mais alors qu'avait-il besoin de s'adresser à l'empereur, puisque le changement des consciences dépend de Dieu? Si tel était l'esprit de l'orateur, c'était à lui de prier Dieu pour la conversion des protestants et des calvinistes.

« Si telle n'était pas sa pensée, entendait-il donc qu'on employât la violence et la persécution, et qu'on en vînt à une nouvelle Saint-Barthélemy?

« On désire que l'orateur s'explique sur ce point.

« Qu'entendait-il par ces mots : *obéir par nécessité?* N'a-t-il pas craint qu'on en induisît qu'il était d'avis que si la nécessité n'y était pas, il faudrait désobéir?

« On désire aussi que l'orateur s'explique sur ce point.

« Entendait-il que l'unité de la Religion était en danger, qu'elle était attaquée? comment et par qui? Entendait-il par *unité* la souveraineté du Pape?

« Ce dernier point demande explication comme les deux autres. »

M. de Boulogne répondit, et sa Majesté fut satisfaite. Je ne sais s'il en fut de même du souverain Pontife dans les circonstances qui vont suivre.

Comme, depuis sa captivité à Savone, Pie VII refusait des bulles aux sujets nommés par Napoléon, plusieurs évêques lui écrivirent pour le supplier de pourvoir aux besoins des églises. Le 25 mars 1810, dix-neuf évêques, rassemblés à Paris, formulèrent une demande commune de pouvoirs extraordinaires pour les dispenses de mariage; la rédaction en fut confiée à M. de Boulogne, qui, cette fois, se montra infiniment peu digne de lui-même. Un langage inconvenant, des menaces même, voilà ce qu'on trouve à chaque ligne de sa rédaction : « Cette Église, dit-il, voudrez-vous l'abandonner à elle-même, en refusant de lui donner les évêques qu'elle réclame (pour vous en tenir à des formes NON ESSENTIELLES dont l'omission temporaire ne peut nullement compromettre ni les vrais intérêts du Saint-Siège, ni les principes de la Religion), et la réduire ainsi à la stricte nécessité et à l'extrêmité fâcheuse de (POURVOIR ELLE-MÊME aux besoins des fidèles et à sa propre conservation). » L'empereur vit cette lettre et l'approuva; elle n'a été rendue publique qu'en 1814, et c'est une tache à voiler sur la personne d'un homme si pur et si plein de bon sens. Autre erreur passagère.

Le 16 juin, M. de Boulogne retourna dans son diocèse, fit une ordination, et rédigea un cours d'instructions pastorales, spécialement appliquées aux fidèles qu'il gouvernait. C'était encore pour lui la veille du martyre. Un jour Napoléon lui demanda s'il était de la théologie de l'évêque de Nantes (1). « Je suis, répondit-il, de la théologie de l'Église *de France.* » Je n'aime pas le dernier mot. Une autre fois l'empereur lui dit : « Il est temps que les évêques soient réellement des princes de l'Église. — Hélas! dit M. de Boulogne à ses collègues, quand l'empereur fut parti, nous sommes perdus; il veut nous faire princes, et il empêche le pape de l'être ; il ne cherche qu'à faire de nous ses valets. »

C'est à cet effet que fut convoqué le *Concile* de 1811, composé, comme il a été dit ailleurs, de quatre-vingt-quinze prélats, dont six cardinaux, neuf archevêques et quatre-vingts évêques, plus de neuf évêques nommés. M. de Boulogne prononça le discours d'ouverture, selon sa coutume; ce fut sa perte. Il y fit preuve d'une franchise qui parut à plusieurs voisine de l'imprudence; les évêques pensaient autrement: ils le nommèrent l'un des quatre secrétaires du Concile, et dans les nombreuses délibérations qui eurent lieu chez le cardinal

---

(1) Duvoisin (Jean-Baptiste).

Fesch, son opinion prévalut constamment. « L'évêque de Nantes, dit-il lui-même, nous menaça formellement de la disgrace de l'empereur, si nous rejetions son projet; ces menaces n'empêchèrent pas que le projet ne fût repoussé à la majorité de huit voix contre trois. » L'évêque de Tournai, M. Hirn, chargé de faire le rapport, pria M. de Boulogne de le revoir. Napoléon se mit en colère, n'accepta point d'adresse, et dissipa le Concile; il fit mieux : dans la nuit du 11 au 12 juillet, trois évêques furent arrêtés; c'étaient ceux de Gand, de Tournai et de Troyes; on les enferma au donjon de Vincennes, où étaient déjà les cardinaux Gabrielli et di Pietro, et on les mit au secret, sans encre et sans papier. M. de Boulogne subit le lendemain un long et minutieux interrogatoire de Desmarets, chef de division de la police, et ses papiers furent saisis dans son évêché.

Néanmoins les prisonniers obtinrent presque aussitôt une demi-heure de promenade sur la plate-forme, et même du papier et de l'encre. M. de Boulogne écrivit à Desmarets : « Si en émettant loyalement mon opinion sur un objet qui était soumis à ma discussion, j'ai pu déplaire à S. M., c'est un malheur sans doute, mais ce n'est point un crime, et cependant comment me traiterait-on, si j'étais criminel? n'est-ce donc pas assez de la détention et de toutes les calamités qui en sont la suite?.., » L'empereur à qui la lettre fut communiquée, écrivit de sa main sur la première feuille : « *Mettre ensemble les trois évêques dans une même chambre,* » date du 11 novembre. Quinze jours après, on fit donner aux trois évêques leur démission. « Il y aurait eu peut-être, dit naïvement M. de Boulogne (1), plus de gloire à refuser, mais le peu de temps que j'avais pour me déterminer, la crainte de ne plus voir de terme à ma captivité, et surtout la conviction où j'étais que l'empereur ne permettrait jamais mon retour à Troyes, me déterminèrent à céder. Je fis pourtant l'écrit de manière qu'il pouvait être lui-même une preuve de la violence qui me l'avait extorqué : *Moi, Etienne-Antoine, évêque de Troyes, donne ma démission ; fait au donjon de Vincennes, le 26 novembre* 1811. »

Huit jours après, les trois évêques furent autorisés à choisir une résidence dans la ville qu'ils voudraient indiquer, pourvu que cette ville fût à quarante lieues au moins de Paris. Ils n'avaient pas fixé leur choix, que déjà un agent de police leur signifiait de se diriger : M. de Broglie sur Beaune,

---

(1) *Naïvement* .. C'est M. Picot qui l'observe!

M. Hirn à Gien, M. de Boulogne à Falaise, avec engagement pris de rester totalement étrangers aux affaires de leurs diocèses respectifs. « Il fallait obéir, dit M. de Boulogne, sous peine de toujours rester en prison. Je crus que cette promesse ne blessait point ma conscience ; je supposais que mes grands-vicaires gouverneraient à ma place ; et, promesse ou non, je prévoyais qu'il ne me serait plus permis de gouverner directement par moi-même. » Ils sortirent de Vincennes le 13 décembre à six heures du matin.

M. de Boulogne arriva le 14 au soir à Falaise, où il fut reçu avec une sorte d'enthousiasme. L'évêque voulut qu'on lui rendît tous les honneurs dus à son rang. D'un autre côté, Bigot de Préameneu écrivait aux chapitres de Gand, de Tournai et de Troyes, pour leur annoncer la démission de leurs évêques, et les autoriser à prendre en mains la juridiction. De là une longue et fort pénible scission qui ferait aisément la matière d'un gros volume, pour peu qu'on essayât de la traiter à fond. MM. d'Andigné et de Pazzis, grands-vicaires de M. de Boulogne, cessèrent tout exercice de leurs pouvoirs, et revinrent à Paris. Le chapitre nomma MM. Arvisenet et Tresfort, auparavant grands-vicaires honoraires, qui furent agréés du gouvernement. Par l'entremise d'un jeune diacre, M. l'abbé Bourdeille, on transmit des pouvoirs extraordinaires à M. de la Tour, archiprêtre, à M. Lucot, principal du collège, et à M. Viart, curé d'Auxerre ; ces derniers agissaient secrètement comme munis des pouvoirs de M. de Boulogne, et presque tout le clergé continua de reconnaître sa juridiction, bien qu'on admît pour les mandements cette clause peu régulière : *Le Siège épiscopal vacant.* Mais tout-à-coup, en avril 1813, M. de Cussy fut nommé à l'évêché de Troyes, et le chapître sommé de lui donner les pouvoirs d'administrateur capitulaire. Sur huit chanoines, cinq étaient d'avis d'obéir. M. de Cussy vint le 11 mai s'établir dans l'évêché. Le souverain Pontife consulté par un curé, M. Henri, et par M. l'abbé de Bourdeille, répondit que les droits de M. de Boulogne étaient entiers, et le chapître sans juridiction ; M. de Boulogne, consulté par M. l'abbé Godot, déclara que dans la situation rigoureuse où il se trouvait, il ne pouvait rien répondre. Le 6 août 1813, M. Arvisenet, qui était l'un des cinq, publia une rétractation précise (1). Il y eut des manifestes de part et

(1) Pour : MM. Tresfort, Huillier, Leduc et Lefevre ; contre : MM. Arvisenet, de Latour, Migneaux et Duhamel.

d'autre ; la majorité du diocèse se déclara pour l'évêque ; le séminaire resta vide. Afin de mettre un terme à ces discussions, le ministre voulut forcer M. de Boulogne à reconnaître par écrit M. de Cussy pour son véritable successeur ; il s'y refusa, et c'est pourquoi le 27 novembre on l'arrêta de nouveau, et de nouveau on le conduisit à Vincennes.

Mais la chute de Napoléon n'était pas éloignée. Le 31 mars, les alliés entraient dans la capitale. L'empereur de Russie ordonna l'élargissement des prisonniers. La captivité de M. de Boulogne durait depuis trois ans. Il écrivit immédiatement à Troyes pour reprendre l'exercice de son autorité. Il prêcha le jour de la Pentecôte devant Louis XVIII; et le souverain Pontife lui ayant confié d'importantes missions auprès du gouvernement restauré, il s'en acquitta avec une présence d'esprit, une prudence et une sagesse qui lui méritèrent les félicitations du nonce extraordinaire, le cardinal della Genga, depuis pape sous le nom de Léon XII ; ainsi parvint-il à faire modifier sur plusieurs points le plan de constitution primitivement adopté par le sénat, à affranchir les petits séminaires du joug de l'Université, et à placer du moins entre les mains du grand-aumônier le droit de présentation pour les évêchés. Ces bonnes et belles œuvres lui furent communes d'ailleurs avec les membres de la commission ecclésiastique dont il fit partie à certaine époque : c'étaient MM. de Beausset, de Pressigny, de Talleyrand, Latil, du Bréau, Brelucque, d'Astros et Perreau.

Les séances terminées, il se rendit à Troyes le 15 juillet.

Les vicaires-généraux du ministère et M. Huillier, plus que les autres, persistèrent quelque temps dans leurs idées; M. Huillier publia un *exposé et justification de la conduite du Chapitre;* mais il eut plus tard le bonheur de recevoir leurs rétractations.

Il revint pendant quelques mois à Paris pour achever les travaux de la commission, puis il fit une courte apparition dans son diocèse, et fut rappelé par le roi pour prêcher en plusieurs circonstances solennelles.

Le retour de Napoléon le força naturellement à se tenir éloigné; il se réfugia à Vaugirard, et s'empressa d'envoyer des pouvoirs à MM. Lucot et de Latour, les autorisant à subdéléguer en cas d'évènement. Il sortit de Vaugirard le 5 juillet pour saluer la seconde arrivée de Louis XVIII.

J'entasse les faits au hasard. Désormais la vie de M. de Boulogne se renferme dans un cadre plus régulier, si je puis le dire; il poursuit sans secousse et tout droit sa carrière épiscopale. Il publie des mandements toujours fort admirables sur les évènements actuels, sur la mort de Louis XVI, contre les *mauvais livres*, etc., etc. Il se répand, comme évêque, en prédications (1), et comble sa mission d'apôtre à Notre-Dame, à Saint-Thomas-d'Aquin, à l'Assomption, dans des assemblées de charité, à Paris, dans son diocèse et partout. Il s'impose même l'humble devoir d'écrire dans l'*Ami de la religion* (1), deux articles contre une mauvaise brochure de l'abbé Vinson : *Adresse aux deux chambres;* il obtient du gouvernement que l'ancien séminaire de Troyes, changé depuis la Révolution en caserne, soit rendu à ses destinataires naturels, et il le bénit lui-même.

Ici s'élève une question très importante. M. de Boulogne écrit au souverain Pontife pour lui offrir sa démission, d'après le désir de plusieurs assemblées ecclésiastiques, qui voulaient, en détruisant ce qui avait été fait, tout rétablir sur des bases nouvelles et solides; le Pape trouva sa démarche blâmable et le blâma en effet; M. de Boulogne se soumit, comme il devait, aux observations de son vénérable chef; et tout est bien. A quelque temps de

---

(1) Notez donc bien ces mots : *comme évêque*.
(2) Nos 125 et 126, 5e vol.

là, le 11 juin 1817, Pie VII établissait une nouvelle circonscription des diocèses, et pour lui témoigner son estime, le nommait archevêque de Vienne, nomination restée sans effet par suite des difficultés du nouveau concordat (1817) auquel il prit une part active. On se rappelle son magnifique mandement de 1819, 13 février, que les magistrats de l'époque jugèrent à la manière de Bigot de Préameneu, et dont ils voulurent faire un scandale de police correctionnelle; M. de Boulogne leur ouvrit assez les yeux pour que tout ce fracas s'en fût en vapeur. Ce n'est pas le lieu de se permettre des répétitions; les faits nécessaires n'ont pas assez de place. Dans le cours de cette Biographie on trouvera disséminés des traits concernant M. de Boulogne, je les indique comme supplément au présent cahier, surtout pour ce qui concerne les affaires ecclésiastiques des premiers temps de la Restauration, affaires compliquées et étranglées par la fureur d'accoupler leur politique avec les Canons de l'Église.

J'évite, pour les raisons ci-dessus, de citer tous ses discours, quelle qu'en soit l'importance.

La bulle *Paternæ charitatis* avait supprimé le siège de Vienne; M. de Boulogne fut confirmé dans sa pleine juridiction sur celui de Troyes.

Certes, la ville d'Avignon pouvait s'honorer d'avoir donné naissance à M. de Boulogne. Elle songea qu'il serait bon pour elle de se faire représenter par l'évêque de Troyes à la chambre des députés ; mais M. de Boulogne ne crut pas devoir se rendre à ses vœux ; il accepta au contraire avec une sorte d'empressement sa nomination de pair du 31 octobre 1822, persuadé qu'il était, et je ne partage point son avis, que cette chambre est la PLACE NATURELLE des évêques. Il assistait régulièrement aux séances, mais ne parla guère que dans trois ou quatre circonstances. Sa vie allait finir.

Quand il reçut le bref qui lui donnait le titre d'archevêque-évêque et le *Pallium*, il disait : « C'est un signe particulier de plus à mon passeport. » Le 10 mai 1824, il quitta le marquis de Montmorency et rentra chez lui à dix heures du soir, selon son habitude ; avant de se coucher, il donna ordre à son domestique d'aller aux Carmes pour prévenir les religieuses qu'il dirait la messe le jour de l'Assomption dans leur église. Le lendemain matin, son domestique le trouva couché à terre, au pied du lit ; il respirait encore, mais quelques instants après il expira, après avoir été confessé par signes et avoir reçu l'extrême-onction, le vendredi 15 mai à onze heures du matin. On l'enterra au Mont-Valérien, à côté de M. de Beauvais, évêque de Sénez.

M. de Boulogne a vécu comme un saint et comme un grand citoyen; il a été le prédicateur le plus éloquent des premières années de ce siècle; depuis bien longtemps jusqu'à M. Fayet, nul n'avait fait des mandements aussi magnifiques; martyr de la vérité pour laquelle on souffre si peu de nos jours, sublime dans ses faiblesses même par le principe de ses actes, modèle dont l'épiscopat doit aujourd'hui sentir l'utilité et le besoin.

15 Janvier 1843.

Paris. — Imprim. de A. APPERT, pass. du Caire, 54.

Biographie du Clergé Contemporain.

M. MANGLARD.

J. Appert Edit. Passage du Caire, 5

M. MANGLARD,

CURÉ DE SAINT-EUSTACHE, A PARIS.

> Oculus solus videt in corpore, sed non sibi soli; pedi videt, cæteris membris videt.
> Aug. *In Joan. tract.* 32.

Voilà la règle, voilà le bon évêque et le bon curé, voilà M. Manglard, et voilà ce qu'on méconnait trop souvent.

Un curé de Paris, qui a pour vicaire M. l'abbé Laurentie, peut-il faire du bien, être heureux pour son propre compte et, en l'occasion, parvenir à l'épiscopat; subite question que j'estime philosophique, morale, pratique, très biographique même, et d'une palpitante actualité; la réponse découlerait nécessairement d'un exposé pur et simple de certains faits.

Rara virtus, dit saint Bernard, *alienæ non invi-*

dere virtuti, nedum gaudere ad illam, nedum etiam tantò plus quàm ad propriam quemque gratulari, quantò se perpenderit in virtute surperatum (1).

M. l'abbé Laurentie est frère de M. Laurentie qui fit quelque bruit sous la restauration comme écrivain royaliste et comme employé supérieur de l'Université, homme d'esprit pourtant et débonnaire au fond, j'allais dire colérique. Or, il y a des gens qui veulent qu'entre parents toutes choses soient solidaires; tant mieux pour M. l'abbé Laurentie, car il devient à ce titre l'auteur d'un bon ouvrage sur l'enseignement, d'une protestation vigoureuse contre les Ordonnances de 1828, de beaucoup d'articles publiés dans la *Quotidienne*, etc. — Reste à savoir si M. Laurentie, eu égard aux sermons de M. l'abbé Laurentie et au reste, consent à ces arrangements-là.

M. l'abbé Laurentie a plus de quarante ans et n'en a pas cinquante; je ne puis indiquer bien précisément son âge. Il est d'une taille élevée, d'une large carrure, et porte des touffes de cheveux gris sur une tête remarquablement osseuse.

On le répute plaisant : il est moqueur; on se méprend sur ses grands airs en les attribuant à la mor-

(1) Bern. in cant. S. 49, n. 7.

gue et au mépris d'autrui, lorsqu'ils proviennent uniquement d'un innocent parti-pris aristocratique et d'une satisfaction de soi-même qui ne prouve pas davantage. « *Et innocens,* dit le saint homme Job, *subsannabit eos* (1). »

Depuis sept ou huit ans qu'il fait partie du clergé de Saint-Eustache, M. l'abbé Laurentie donne chaque dimanche une instruction pour les pieuses congréganistes, sans presque jamais consulter son cahier; il épelle passablement quelques légers prônes, et s'il traduit ces paroles : *Erat quidam regulus, cujus filius infirmabatur Capharnaum,* ce n'est pas lui qui dit : *Il y avait un certain* RÉGULUS *dont le fils,* etc., etc.; il confesse un peu, et n'écrit point : ODIVI PECATASUA CONFITENTEMME.

« —Mettez la science à la mode, disait M. de Brulart (2), et j'étudierai. » L'abbé de Longuerue observe qu'on doit cela à la mauvaise éducation des séminaires (3).

Tel est, jusqu'à nouvelle information, M. l'abbé Laurentie, vicaire de M. Manglard..... — Eh bien, non, je change d'avis, nous laisserons M. l'abbé Laurentie tranquille; tournons à droite.

---

(1) 22-19.
(2) Ancien év. de Soissons.
(3) *Recueil.* 1ʳᵉ part., page 139 et 141.

Fundos Ausidio Lusco prætore libenter
Linquimus, in.... ridentes præmia scribæ
Prætextam et latum clavum.

J'aime mieux M. Manglard.

Daniel-Victor Manglard, fils unique de Pierre-Claude Manglard et de Françoise-Victoire Leguay, naquit à Paris, le 11 janvier 1792.

Sa mère était une de celles dont parle saint François de Sales, fidèles copies de la sainte Vierge, *mère toute douce, très amante mère* (1).

Son père, après avoir été garde-magasin aux Invalides, devint maître-doreur sur métaux, et fut trop peu *parfait-honnête-homme* pour réparer vîte et amplement d'immenses torts de fortune qu'il avait essuyés.

Je m'explique :

Que nous prenions aujourd'hui toutes choses par l'envers, comme dit Rousseau, et qu'en nos étalages d'arlequins l'œil ait peine à démêler les couleurs et la qualité des étoffes ; qu'à l'égard du bon sens et de la morale, nous présentions le misérable spectacle d'individus qui marchent sur la tête, les jambes dressées vers le ciel, c'est une observation dont il faut s'abstenir parce qu'elle est banale et trop dé-

---

(1) *De l'amour de Dieu,* ch. vi.

mesurément juste, nul qui n'en convienne et n'en témoigne du dégoût, au moins parmi les hommes honnêtes et sensés.

Mais ce n'est pas tout, dans diverses applications partielles de cette vérité, il y a des âmes ingénues qui s'abusent encore et d'hypocrites intrigants qui trouvent moyen de se montrer purs.

Ici Molière nous fait faute. Posez le personnage, ou plutôt, pour ne point perdre de vue le sujet qui nous occupe et parler clairement, qu'est-ce qu'un *parfait-honnête-homme*, selon nos modes?

Il est vermeil, d'une expression quasi-naïve, vêtu sans art mais proprement.

Il écrit bien l'*anglaise*; sa parole ne manque pas d'aisance et d'une certaine douceur; scrupuleux sur le chapitre de la politesse, il salue cordialement et beaucoup, et fait saluer de même son épouse et toute sa famille, — et.... qui donc êtes-vous, pour en obtenir des civilités si tendres? vous êtes un client de fait ou présomptif, car il réduit à ceci ses relations et l'humanité: il chasse, en jurant, de sa porte, le mendiant affamé et les petits enfants qui jouent; les autres gens, il n'en a cure, et les verrait, sans s'arrêter d'un pas, broyés par une roue de voiture dans le chemin qu'il traverse, à moins qu'étant remarqué lui-même, il ne fonde sur une action d'éclat l'espoir d'augmenter son crédit.

Il sait par cœur le code de commerce. Régulièrement, il se plaint du cours des affaires et de la hideuse banqueroute, de la confiance qui va s'éteignant et de ses propres mécomptes ; puis, par forme d'incident, il s'enquiert de la solvabilité de tels ou tels ; il se désole des poursuites qu'il lui faut exercer et des ventes de meubles qu'il faisait faire, le matin même, à son corps défendant, en l'hôtel Bullion....... Les malheureux, aussi ! comme ils ont abusé de sa bonhomie et de son désintéressement ! Pensez qu'il se contentait de cent pour cent *et au-dessus !*

Il prête à la petite semaine, et n'en jasez pas ; c'est par pur besoin d'obliger, dit-il, en empruntant lui-même, et en se grévant quelquefois, dit-il encore ; notez pourtant qu'il prête l'argent placé chez lui au taux le plus infime et qu'il semble n'accepter qu'avec une amère répugnance.

Nouvelles bontés de son cœur : il a des créanciers souffreteux dont il exige le plus de temps et de réductions possibles, il a ses manœuvres qu'il soumet à des délais pareils et qu'il rançonne au prorata de leur empressement et de leur misère, il est président d'une *Société philanthropique*.

Quelle délicate politique ! D'après ce prodigieux axiome que les *livres font foi*, il les rendra, selon la nature des personnes et des circonstances, dépositaires des plus indignes fraudes : « c'est, dira-t-il, la science du commerce ; » et si sa fille s'entendait peu ou répugnait à cette sorte de vol : « ma fille, dira-t-il toujours, n'est point faite pour le commerce ; » et s'il s'élevait des réclamations, des plaintes, des indignations furieuses de la part des personnes ainsi dépouillées, il s'écriera solennellement : *« Apprenez que je suis un Parfait-honnête-homme !»*

Parfait-honnête-homme !! c'est vrai. Il n'a pas, dans le délire que donne la faim, brisé les vitres d'une boulangerie pour saisir un morceau de pain noir ; il ne hante pas les estaminets et les maisons de jeu ; il n'a même qu'une maîtresse en ville ; il s'offense, en temps opportun, d'une expression leste, il est marié à la municipalité, berne l'Église et Dieu devant ses filles le lendemain juste de leur première communion, condition légale d'apprentissage, rit sous cape des premières débauches de son fils, et va à la messe le jour de Pâques.

Parfait-honnête-homme !!! Encore un coup ; et c'est pourquoi j'ai dit que le père de M. l'abbé Manglard ne fut point un *parfait-honnête-homme* ; il resta pauvre.

Témoin des précieuses dispositions du jeune Victor, il eût désiré le faire étudier; mais, sans fortune, quel moyen d'y parvenir? La Providence le savait.

A l'époque de sa première communion (1), Victor fut remarqué par M. l'abbé Hubault-Malmaison, actuellement curé de Saint-Louis en l'île, chargé alors à Saint-Merry du catéchisme des garçons (2). Éloigné autant que personne d'attacher à des inclinations d'enfant une importance qu'elles n'ont presque jamais, ce digne ecclésiastique ne donna pas non plus dans l'excès de ceux qui les réprouvent toutes comme indifférentes.

Victor se faisait déjà distinguer par la douceur et la précoce franchise de son caractère; il aimait passionnément les cérémonies de l'Église, et, comme c'était alors l'usage, ô chers petits lecteurs, charmant usage que vous avez perdu, il se composait dans l'intérieur de la chambre de sa mère de jolies chapelles, de magnifiques ornements de papier peint, des calices de carton, pupîtres, tabernacles, crucifix à l'avenant, et lorsqu'on disait auprès de

---

(1) 1805, au mois de mai; c'est M. l'abbé Malmaison lui-même qui la lui fit faire.
(2) M. Hubault-Malmaison (Jean-Baptiste), né en 1766, installé en 1821.

lui : « Victor sera prêtre, » Victor semblait ne pas s'en apercevoir, mais il conservait soigneusement ces douces paroles au fond de son cœur.

Donc, M. Hubault-Malmaison proposa à M. Manglard, non pas précisément de faire de son fils un prêtre, ce qui arrive trop souvent, mais de le mettre sur la voie où se déterminent, sans tant d'entraves, les vocations. *Vocavit ad se quos voluit ipse.*

M. Manglard ne pouvait manquer d'accepter une proposition si conforme à ses désirs, et jusqu'à sa mort, qui date du 25 avril 1807, il ne cessa d'en témoigner à M. Malmaison la plus vive comme la plus affectueuse reconnaissance.

Or, le petit séminaire de Saint-Merry, fondé vers la fin du siècle dernier par M. Fabrègue, curé de cette paroisse, obtenait dès-lors une vogue méritée, qui s'est agrandie depuis pour finir dans nos fracas de révolution. L'Église a pris là plusieurs évêques, et le clergé de Paris quelques-uns de ses prêtres les plus distingués, tels que MM. Olivier, maintenant évêque d'Evreux; Lecourtier, autrefois curé des Missions-Étrangères, puis théologal, puis...... Jardin, mort l'année dernière, curé de Sainte-Elisabeth de la rue du Temple, etc., etc.

Ce fut un bonheur et un grand privilège pour le

jeune Manglard d'entrer dans cette maison. Il s'y distingua par son application, sa mémoire, ses inclinations heureuses et sa piété; commune habitude de mes personnages, ce qui, joint à mille autres causes, m'aide singulièrement à jeter quelque variété sur ces biographies (1).

Parmi ses professeurs de Saint-Merry, se trouvaient M. l'abbé Briant, devenu dans la suite secrétaire de la fameuse baronne de Feuchères, et M. L. Maheu, l'un des officiers les plus distingués de l'ancienne Université.

Ayant achevé ses études, il fut chargé durant un an de diriger ce même séminaire où il venait d'être élevé (2); puis il fit ses cours de philosophie et de théologie à Saint-Sulpice.

C'est en 1814 qu'il sortit de Saint-Merry; il y

---

(1) Le jeune Victor avait eu pour premier maître d'école le nommé Ferrand, domicilié rue de la Heaumerie, lequel, à cette époque, développait bien à ses élèves le texte des *Droits de l'homme*, mais sans préjudice du catéchisme, qu'il leur commentait, dit-on, plus volontiers encore; car, ainsi que s'exprime un pape, « la doctrine chrétienne est comme un grand fleuve où les plus petits peuvent marcher et les plus grands nager; *uti et agnus ambulet et elephas natet* (*); » — à la différence des *Droits de l'homme*, où chacun se noie.

(2) M. Manglard professa, au même lieu, la classe de quatrième, où se distinguait alors le jeune Olivier (année 1813).

(*) Grég. mag. Moral. l. 2-19.

était entré à l'âge de treize ans, c'est-à-dire en 1805.

Dès sa première année de théologie, on l'avait jugé digne d'une distinction fort honorable. « M. Manglard, dit l'histoire des Catéchismes de Saint-Sulpice (1), avait succédé à M. Menjaud dans la direction de l'*Académie* fondée par M. Fayet; il fut remplacé l'année suivante, par M. de Causans. »

J'aime la méthode de M. Manglard. Peu soucieux des triomphes contournés et ridicules que poursuivent beaucoup d'autres, il se fait enfant avec les enfants, il cause et ne déclame point, il se laisse comprendre (2). Point de métaphysique par conséquent, point d'énormes écheveaux de phrases, point de ces inéluctables questions qui effraient les sages et qui alarment la pudeur des faibles, point de ces fondantes sentimentalités qui provoquent chez les pauvres jeunes filles de gros sanglots, à grand'peine étouffés, lors d'un changement de directeur...

Hélas! oui, *d'un changement de Directeur !!!* A voir l'extrême jeunesse et la position dangereusement exceptionnelle de ceux qui sont appelés à remplir un ministère pareil, surtout dans cette dernière

---

(1) Page 220.
(2) Tanquam parvulis in Christo lac vobis potum dedi. 1 Cor. 3. 1. 2.

circonstance, on sent je ne sais quelle émotion sourde et profonde comme celle d'un cauchemar qui commence, on se prend à rêver involontairement de souffrances cachées, de touchantes misères, de chûtes même et de scandales; c'est une chose si fragile que le cœur! et il y a un mal que commet si aisément l'innocence! et ces blanches phalanges de petits anges terrestres qui tendent leurs aîles aux cieux, il est si vrai que l'antique serpent s'y glisse à l'aise quelquefois comme l'aspic dans les tièdes et odorantes vallées où viennent les plus beaux lis!

Mais aussi, pour peu qu'on réfléchisse au passé, une douce sécurité remplace toutes ces craintes; depuis 1713 jusqu'à l'époque présente, la Providence, plus forte que nous ne sommes faibles, a constamment signalé par sa miraculeuse intervention cette œuvre magnifique; et le dernier nommé des catéchistes peut nous montrer encore tout glorieux et sans tache l'héritage de M. de Brion (1), qui était celui de M. Olier.

Pendant sa seconde année de théologie, M. Man-

---

(1) Premier supérieur du séminaire de Saint-Sulpice, à Orléans. — Je veux oublier un ouvrage récemment publié où l'auteur a compromis par les plus tristes aveux et les plus mensongères peintures un très remarquable talent si digne d'un autre usage: *Assomption de la femme*, par l'abbé Constant, diacre, élève du séminaire Saint-Sulpice.

glard fut maître de conférences. Pour l'acquit des lecteurs qui n'ont pas fait leur éducation dans les séminaires, il faut dire ce que signifie ce titre.

D'ordinaire, les supérieurs le donnent au sujet le plus attentif, le plus malléable et le plus régulier de toutes pièces ; car ce n'est pas d'inventer qu'il s'agit ici, mais d'apprendre bien littéralement sa leçon, de recueillir miette à miette les paroles du professeur, de prendre par provision ses dispositions qui sont des ordres, et, qu'on me permette l'expression, de chausser ses souliers pour couvrir ni plus ni moins du pied la trace imprimée par chacun de ses pas sur le sentier qu'il adopte. Ainsi préparé, le sujet devient une machine à procédés mnémoniques, donnant divers résultats suivant les tons divers où la monte une main souveraine. Le jeu fait, il y a un compte rendu, aussi secret que possible, et sur la foi duquel se déterminent bien des ordinations. Est-ce un mal ou un bien? Pourrait-on modifier utilement cette institution fort utile par elle-même? Nous l'examinerons une autre fois.

Ordonné prêtre à la Trinité de 1817, M. Manglard chanta sa première messe, à Saint-Thomas-d'Aquin, assisté de M. Borderies, ayant pour diacre et sous-diacre MM. Letourneur et Lucote. M. le curé de La Lande fit le prône.

Il entra aussitôt, comme administrateur, à Saint-Thomas-d'Aquin.

M. l'abbé Borderies avait été nommé à la même époque vicaire-général du diocèse de Paris; il remplaça M. Borderies au catéchisme de la paroisse avec le même M. Letourneur, actuellement évêque de Verdun (1), et mit à profit son brillant apprentissage de l'église Saint-Sulpice; c'est assez dire.

M. Manglard aimait la *peine*; il y resta jusqu'au mois de mars 1819, toujours dévoué aux pauvres, respecté des riches, aimé même, s'il était possible, de ses confrères.

En 1819, il fut envoyé, avec le titre de premier chapelain à l'école militaire de Saint-Cyr, par M. le cardinal archevêque de Paris, Talleyrand de Périgord (2).

---

(1) L'un des hommes éclairés de l'épiscopat français; il vient de consacrer par une lettre extraordinairement élogieuse et précise les ouvrages de M. Madrolle, où il est dit : *Je conçois Marie mariée, car s'il en était autrement, le fils de Dieu serait un bâtard, et la sainte Vierge une fille publique*, etc. (sic). *Les magnificences de Marie*, page 2 et seq. Je fais la notice de M. Letourneur; et, comme mon examen doit s'étendre jusqu'aux écrivains ecclésiastiques, même non-prêtres, celle de M. Madrolle paraîtra ensuite, avec celle de M. Picot, etc., etc.... *cur non?*

(2) Le second chapelain était M. l'abbé Arnaud; l'aumônier M. Hué, actuellement chanoine honoraire de Saint-Denis, sauf erreur de nom.

C'est alors, le 7 oct. que mourut Mme Manglard.

Or, il était moins facile qu'aujourd'hui de remplir cette place de chapelain militaire.

Les élèves du lieu croyaient, comme tout le monde, avoir lu les œuvres de M. de Voltaire et vu qu'il est bon de faire semblant d'aller à la messe mais d'en rire à part soi. C'était là, convenons-en, l'esprit religieux de la Restauration; et, quelles que fussent leurs intentions salutaires, les chefs du gouvernement n'y pouvaient rien; débordés par le torrent public, ils s'y laissèrent aller peut-être avec le consolant espoir d'utiliser au moins ces menteuses apparences.

Donc, pour prêcher à l'école de Saint-Cyr, il fallait au moins du courage; heureux encore l'orateur si sa voix n'était qu'étouffée par les conversations croisées de la jeune assistance; car, en plusieurs cas, la répugnance se manifestait plus énergiquement, et force était alors de déserter la chaire sans avoir dit un mot, ou de parler à des sièges vides, comme le préfère M. l'abbé Morel (1).

***

(1) M. Morel, récemment nommé à la cure de Saint-Roch, a fait un ouvrage sur la prédication. Ennemi déclaré des formes nouvelles qu'on nomme romantiques, il se propose cette difficulté : « Mais, en suivant les sentiers battus, nous n'intéresserons personne et personne ne viendra nous entendre. — Eh! bien, répond-il, vous prêcherez les chaises, tant

Dans les relations intérieures, même gêne, même difficulté, mêmes sujets de dégoût ; au fond, la politesse ne manquait pas ; c'était la mode de se doubler d'un prêtre, comme de dire *le trône et l'autel;* politesse de mépris comme sont à peu près toutes les grandes politesses ! il s'y joignait par hasard des signes d'amitié pires mille fois ; en donnant au prêtre une demi-poignée de main, on croyait honorer d'une riche aumône cet être apitoyant, et c'était, au sens de ces messieurs, l'histoire du boule-dogue qui se terrasse complaisamment sous les inoffensives morsures d'un roquet maigre. Qu'en dites-vous ?

En ces ridicules circonstances, M. Manglard fit preuve d'une exquise finesse de tact : selon le précepte de l'Esprit-saint, il prit la prudence pour amie : *prudentiam voca amicam tuam; dic sapientiæ: soror mea es* (1); et il conserva intacte sa dignité sacerdotale. Telle devrait être la politique de tous les hommes de Dieu. Je cite toujours l'*Ecclesiastique*. *Dominantes in potestatibus suis, homines magni virtute et prudentiâ suâ præditi, nuntiantes in prophetis dignitatem prophetarum* (2). Ces der-

---

mieux ! » N'ayant pas son livre sous les yeux, je cite de mémoire et à peu près ; n'importe, le mot peut signifier quelque chose.
(1) 7-4.
(2) Eccli. 44-3 *passim.*

niers mots signifient qu'il faut toujours qu'un prêtre se comporte en prêtre, et je répète qu'ils ne sont pas sans portée, j'ai besoin de l'écrire ; suivons le sujet.

M. Manglard n'est pas un homme impatient de sa nature et convaincu que l'œuvre dévorée vite est nécessairement la meilleure. Il est temporisateur dans la belle acception du terme, observateur minutieux quoique débonnaire et placide ; il est même tolérant, et je l'en félicite, car s'il y a une tolérance justement flétrie par le bon sens et par l'Église, Jésus-Christ, qui était doux, nous a donné l'exemple d'une tolérance éminemment raisonnable, salutaire, excellente, indispensable.

D'un autre côté, le pieux abbé ne s'exposait guère aux insidieuses confidences, et aux tourbillons funestes des conversations en l'air ; fidèle à son costume canonique, il ne fut jamais et ne pouvait être l'objet d'une méprise perfide ; on ne l'eût contristé qu'à bon escient, et l'on sait, on devrait savoir du moins, qu'offenser inutilement un prêtre et une femme, c'est une lâcheté sans nom. *Ut servetur veritas prædicandi, teneatur necesse est altitudo vivendi* (1).

Lorsqu'après cinq années d'exercice, ses supé-

(1) Grég. 1. in Ezech. — V. 1. 22. p. 356.

rieurs l'appelèrent à remplir d'autres fonctions, il fut sincèrement et universellement regretté par l'école de Saint-Cyr; je songe surtout à MM. de Flamarin et de Luxembourg de Croix, qui sont encore ses intimes amis.

M. Frayssinous, en octobre 1824, le nomma premier aumônier du collège Louis-le-Grand, dont le proviseur était M. Laborie, homme instruit et de mœurs douces, digne en un mot de comprendre et conséquemment d'estimer et d'aimer M. Manglard.

En arrivant à ce poste, M. Dassance n'a pas de meilleur modèle à suivre : que ses déboires de Sorbonne ne le découragent point ; qui parle mal peut quelquefois agir bien ; s'il est vrai que toute sa bonne volonté, ses efforts et ses instantes prières même ne réussirent jamais qu'à lui former un auditoire de deux amis, dont ni l'un ni l'autre n'était assidu, si cela est, j'y compatis sérieusement et lui souhaite pour l'heure les plus douces compensations du monde. A cette fin, les spéculations de librairie l'occuperont moins, ses nouveaux disciples, ravis de sa franchise et de sa pure simplicité, le chériront ; on goûte si bien la voix de ceux qu'on aime! et, lorsqu'arrivera le tour de sa notice, j'aurai le bonheur de dire à son successeur présumé : Imitez-le comme il imita M. Manglard.

Sept ans se passèrent ainsi. M. de Quélen, qui jugeait bien lorsqu'il pensait par lui-même, sut apprécier l'aumônier de Louis-le-Grand, et, en janvier 1831, il lui confia la cure de Saint-Leu-Saint-Gilles, cure de deuxième classe dont le titulaire est aujourd'hui M. Texier-Olivier.

On plaint beaucoup ces missionnaires généreux qui s'en vont, la besace sur le dos, et souvent même sans besace, chercher la mort chez les Cochinchinois, et on a bien raison, si on les glorifie et félicite proportionnellement au point de vue de l'éternité ; mais on ne plaint pas assez les missionnaires qui s'embarquent pour la rue Saint-Denis et généralement pour les quartiers marchands de la capitale.

En vérité, je vous le dis, ces derniers sont aussi des martyrs et de pauvres martyrs.

« Il est vrai, dit saint Augustin, que nous ne sommes pas au pays des tyrans, là où les tourments qu'ils font souffrir aux martyrs leur tiennent lieu de ces pressoirs mystérieux ou de ces meules qui pressent et qui brisent ce qu'il y a de mortel et de terrestre en eux, mais on ne manque jamais d'affliction dans l'Eglise. »

Là-bas, le sang jette, quand il coule, un reflet glorieux; et c'est une guerre grandement organisée que font les mandarins à la doctrine chrétienne;

l'étendue même du sacrifice donne la force et presque l'héroïque joie de le supporter ; on marche au ciel comme un brave, et on le prend d'assaut, et aux milices éternelles qui vous demandent : « qu'apportez-vous ? » on montre quelque chose qui se voit d'un coup, s'il est permis de le dire : une tête coupée, des os broyés, des yeux arrachés de leurs orbites, des entrailles que rongèrent les pourceaux dans un cadavre plein de vie, les restes d'un homme noyé dans l'huile bouillante ou pendu la tête en bas sur une fourmillière agitée, etc., etc.

Ici près, je veux dire chez les Cochinchinois de Paris, c'est autre chose. Un prêtre vient ? — Troisième rue à droite, deuxième à gauche, première à droite. — Quelle est sa paie ?... Est-ce une bonne pratique ?... Il a une belle tête !... Il est fort laid ! — Et puis, sauf deux espèces de gens qui sont ses fournisseurs et l'éternel noyau de dévotes inhérent à chaque paroisse, on n'en parle plus ; nul ne le connaît que comme voisin ou l'un des commerçants du quartier ; « ces gens-là, dit-on communément, font leur métier comme nous faisons le nôtre. »

Le moyen de connaître son curé ? on ne connaît pas même sa paroisse ; et celui qui écrit ces lignes peut d'autant mieux l'affirmer qu'il s'en est convaincu tout récemment par son propre fait.

Il s'agissait d'un secours à obtenir pour une famille malheureuse, et une seule personne était à même d'accorder le secours : M. le curé.—« Mais, comment se nomme M. votre curé ? — nous l'ignorons.—Mais quelle est donc votre paroisse ?— nous n'en savons rien ; si vous aviez l'obligeance de vous en informer chez la portière ?... » La portière, les voisins, les maisons plus éloignées, la rue entière, en vain j'interrogeai toutes ces choses, on n'en savait pas davantage ; de guerre lasse, je me rendis au premier presbytère venu, et, comme on le devine bien, la malheureuse famille fut immédiatement soulagée.

Ce fait, du reste, n'est pas étranger à M. Manglard, qui fit la moitié de l'œuvre.

Jésus-Christ, parmi les traits dont il compose la physionomie du bon pasteur, choisit celui-ci : *Oves cognosco meas et cognoscunt me meæ* ; les curés de Paris prouvent tous les jours, et surabondamment, qu'à l'exemple de leur divin modèle ils connaissent leurs brebis jusqu'à la dernière, ou qu'ils voudraient du moins les connaître ainsi ; mais, est-il dit, *cognoscunt me meæ (oves)*...... et je n'imagine que deux hommes, dans les quartiers en question, qui pussent véritablement s'appliquer ces paroles :

le commissaire de police et le plus roucoulant jeune-premier de l'Ambigu.

Le mouvement de la population ne contribue pas peu à cette misère. Il en résulte un perpétuel tumulte qui couvre, si ce n'est à des distances très rapprochées, la voix des cloches ; le clocher s'efface lui-même au milieu des maisons à neuf étages qui l'entourent, et conçoit-on bien toute la puissance de ces deux choses : la vue du clocher, le son des cloches ! lisez les pages touchantes et sublimes, quoiqu'un peu coquettes, de M. l'abbé Giraud (1) sur ce sujet.

Je le demande, que va devenir un prêtre dans ces régions dévorantes ? Il a mission, c'est bien ; mais combien paiera-t-il l'honneur qu'on lui ferait de l'accepter, et le temps qu'on perdrait à l'entendre. Il est pieux et saint, sans doute ; mais on est *parfait-honnête-homme*, on n'a ni tué, ni volé, ni paru en justice, ainsi on n'a pas besoin de lui ; il a de l'esprit et du savoir, d'accord ; mais avec tout son talent, on lui ferait voir encore que deux et deux donnent cinq ; est-ce qu'il connaît la tenue des livres ?

---

(1) Dans un mandement publié à Rodez. M. Giraud est maintenant archevêque de Cambrai.

Et puis *à quoi verrai-je la vérité de ce que vous me dites* (1) ?

Ma bouche s'ouvre, ô Corinthiens, et mon cœur s'étend par l'affection que je vous porte; mes entrailles ne se sont point resserrées pour vous, mais les vôtres le sont pour moi. Rendez-moi donc amour. Je vous parle comme à mes enfants ; étendez aussi pour moi votre cœur. Pauvre curé, que dites-vous donc? et vous aussi, mon cher saint Paul, brave homme du temps passé..... Pauvre saint Paul, ai-je dit, ô mon cher curé.....

On l'aperçoit tout au plus en quelques occasions rares, à des époques de baptêmes, par exemple, de mariages et d'enterrements, ou lorsque survient une maladie grave.

On se présente, après les informations nécessaires, à la sacristie, comme à la maison municipale, en demi-toilette; on appelle un prêtre, et on dit : «Je viens commander un baptême, ou un enterrement, ou un mariage... combien est-ce ? » Réponse faite, on marchande d'un air entendu qui signifie : *avec nous il ne faut pas surfaire.* » Et, les débats terminés, on se retire en murmurant : « *Ces fainéants-là gagnent bien leur vie.* »

(1) Luc. 1-28.

Autre question pour les dangers de mort : un prêtre vient s'offrir ; les parents affligés décident qu'à la vue d'une soutane, le malade se croirait perdu ; on congédie le prêtre. Au dernier moment, *on va le chercher;* il accourt. « Allez au diable ! » s'écrie le moribond ; le curé insiste, même accueil jusqu'à la fin. Le lendemain, s'il ne donne aux dépouilles de ce misérable la sépulture ecclésiastique, M. le curé est voué, par les caquetages universels et par les journaux, à l'exécration publique. — Histoire de tous les pays, à la vérité, mais bien plus, et j'en prends à témoin tout homme sensé, de la race particulière qui nous occupe en ce moment.

Eh vraiment, à propos de curé, je me rappelle, malgré moi, quelques vers de La Fontaine :

> Le premier qui vit un chameau
> S'enfuit à cet objet nouveau ;
> Le second s'approcha ; le troisième osa faire
> Un licou pour le dromadaire.
> L'accoutumance ainsi, etc., etc.

Montrez-moi donc, dans la rue Saint-Denis, une tête qui se découvre sur le passage des prêtres... Et, dans la conviction de mon âme, après de longues et tristes réflexions, hélas ! je veux signaler la cause de nos repoussantes bêtises : c'est, ici comme toujours, qu'il nous manque un sens nécessaire pour être tout-à-fait des hommes ; oui, l'Esprit saint lui-même l'a dit énergiquement : *Non intrabit eunuchus, attritis vel amputatis testiculis et abscisso veretro, Ecclesiam Domini ;* et, en citant cette loi du Deutéronome (1), j'appréhende peut-être les grimaces de quelque hypocrite Zoïle, mais non le démenti des autres.

O vous, brave et bon villageois, si curieux et si fier d'enseigner à vos enfants cette sublime politesse, comme elles se sont perdues parmi nous, vos vieilles traditions ! Hélas ! hélas ! nous n'en sommes du reste ni plus heureux, ni plus beaux (2) !

M. Manglard fut donc nommé à la cure de Saint-Leu, et l'accepta comme elle était ; s'il l'eût rendue de même, il y aurait, ce me semble, toute raison de l'en excuser ; mais avec de la patience et du zèle, on fait tant de choses ! *J'appellerai mon peuple ceux qui n'étaient point mon peuple, et ma bien-aimée celle que je n'avais point aimée* (3).

Au mois de juillet 1836, il passa de Saint-Leu à Saint-Eustache.

---

(1) C. XXIII-1.
(2) J'ai vu, non sans une peine profonde, que les ecclésiastiques eux-mêmes s'oubliaient souvent en ceci et se coudoyaient sur les trottoirs de Paris, le chapeau sur la tête, comme n'eussent pas fait des courtauds bien vêtus.
(3) Osée 2-24. — Rom. 9, 24, 25, etc.

Cette dernière église, malgré les sages dispositions de M. Collin, curé actuel de Saint-Sulpice (1), n'était pas dans un état très satisfaisant de prospérité : la dette s'élevait à près de trente mille francs. Aidé des marguilliers qui lui prêtèrent constamment leur concours, et de l'active charité des fidèles, M. Manglard parvint en peu de temps à éteindre cette dette tout entière.

Je ne puis entrer dans tous les détails de son administration ; il y a des actions très belles et très édifiantes par elles-mêmes, qui semblent s'amoindrir sous la plume du biographe comme des fleurs que la main détériore en les détachant de leur tige. Dire que M. Manglard fut toujours et est encore un bon curé, selon le sens de J.-J. Rousseau (2), c'est tout dire ; l'esprit du lecteur, dont j'invoque parfois la complaisance, supplée facilement à certaines explications impossibles.

M. Manglard est un de ces hommes dont on se souvient éternellement par le cœur lorsqu'une fois on les a connus.

Ses anciens élèves des écoles de Saint-Cyr et de Louis-le-Grand, comme ses paroissiens de Saint-

---

(1) Dont la notice doit suivre presque immédiatement celle-ci.
(2) Voir la notice de M. Olivier, page 44.

Leu (car j'admets des exceptions), sont toujours heureux de le voir.

Il a quelques amis dévoués.

Des amis! non pas de ces amis verbeux dont parle Job: *verbosi amici mei* (1), parce qu'il n'en veut point; non pas de ces amis qui servent toutes les puissances et qui sont nombreux, *amici verò divitum multi* (2), ô M. Fayet; *divitiæ addunt amicos plurimos* (3), ô M. l'évêque d'Orléans; *amici sunt dona tribuentis* (4), ô vous, que Dieu a doué d'une âme si généreuse, mais aussi d'une si vive et si profonde pénétration; il y a même des amis de la table, *est autem amicus socius mensæ* (5). M. Manglard devait se défier de ces amis-là, et ce n'est pas à ce titre, par exemple, que M. l'abbé Laurentie vient s'asseoir à sa table tous les dimanches; M. Manglard a des amis qui sont plus que des frères, *magis amicus erit quàm frater* (6), et qui sont plus précieux que tous les trésors, *amico fideli nulla est comparatio.*

Mais il était impossible qu'il n'eût pas en même

---

(1) 16-21.
(2) Prov. 14-20.
(3) Prov. 19 4.
(4) Prov. 19-6.
(5) Eccli. 6-1.
(6) Prov. 18-14.

temps des ennemis cachés et doucereux, *in labiis suis indulcat inimicus* (1).

Un personnage très important du ministère des cultes disait naguère : « Je ne conçois pas qu'un homme bon, loyal, généreux et simple comme l'est M. Manglard se soit fait les ennemis cruels que je lui connais... » Arrêtons-nous ici.

Un jour, M. le curé de Saint-Eustache reçut une lettre qu'il n'eut pas le temps de lire à l'instant même; il la jeta sur sa table de travail et n'y songea plus.

Le lendemain, un individu jeune et de mise à peu près élégante, se présenta au presbytère et dit : *Monsieur, je viens chercher la réponse à la lettre d'hier.*

— Quelle lettre? fit M. Manglard, d'un air surpris.

— Mais, Monsieur, hier, vous avez reçu...

M. Manglard, après un instant de réflexion, se rappela cette lettre, la prit et la lut.

Inutile de dire ce qu'il éprouva.

— Monsieur, reprit-il, j'ai besoin de mûrir cette affaire; qu'on revienne demain.

L'individu partit en murmurant, et en articulant même d'atroces menaces.

(1) Eccli. 12-15.

Alors, M. Manglard se rendit immédiatement chez le commissaire de police du quartier, fit voir la lettre, qui contenait en substance ceci : ou donnez *telle somme,* ou je vous accuse de *tel crime* infâme.

Le commissaire, malheureusement trop habitué à ces hideux mystères de perversité, offrit à M. le curé deux agents de police qu'il enfermerait au presbytère, dans son cabinet, à l'heure du rendez-vous.

Les agents s'y cachèrent, en effet. L'individu revint, suivant la parole dite.

Dès sa première sommation de donner.... ou..., les agents parurent, se saisirent de lui et le dirigèrent sur la conciergerie.

L'affaire fut appelée en cour d'assises.

Un complice de l'individu fut arrêté comme faux-témoin, séance tenante, et bientôt ces deux scélérats, forcés d'avouer leur crime, subissaient dans les prisons une peine trop méritée. (Voir les journaux de l'époque.)

Quelques observations furent faites à ce propos dans les rangs du clergé : les uns félicitèrent M. Manglard de sa conduite ; d'autres imaginèrent qu'en laissant s'éteindre d'eux-mêmes d'horribles bruits, il eût agi plus prudemment pour l'honneur de son corps.

Je repousse de toutes mes forces la pensée de ceux-ci; et j'en profite pour dire quelques mots d'une affaire analogue qui vient d'occuper la France entière.

Une dégoûtante fille, monstre de perversité, d'hypocrisie, d'audace et de débauches, trompe la crédulité d'un jeune prêtre ; après l'avoir longtemps suivi, étudié, elle fait de sa charité même, en mille situations atrocement compliquées, la complice apparente des crimes qu'elle inventera contre lui. N'ayant pas atteint son premier but, qui est d'assouvir ses appétits de brute et de bénéficier pécuniairement d'une passion faite, elle porte jusqu'à l'incroyable le génie des inventions hideuses et fascine peut-être l'œil même de sa mère... Vient une déposition à l'évêché ; l'officialité interdit (1). Menaces de poursuivre devant les tribunaux, si les parents n'obtiennent une somme dite. Le procureur du roi, saisi de l'affaire, instruit. Aux assises, se présente un spectacle inouï : accumulez tous les plus épouvantables raffinements d'une scélératesse froide, effrontées contradictions, pleurs débités à loisir, féroces ricanements, étalage obstiné de sales peintures, que dirai-je? et placez en regard ces

---

(1) Et quelle espèce d'*officialité* !

vives et simples réponses de l'accusé : « le jury a bien fait, dites-vous, de l'absoudre; » et, surpris des insignifiantes et puériles déclamations des témoins, des tièdes dépositions du directeur du séminaire, de cette condamnation *à priori* par devant l'official si peu justifiée par les jugements empressés du clergé, vous déclarez que, puisqu'il n'y avait pas de crime, la poursuite fut inutile et odieuse, et vous vous trompez, car, sans ce jugement, le jeune prêtre fût éternellement resté victime de sombres soupçons mal éteints; ensuite, vous vous taisez, et c'est là un grand tort, car, pour les mêmes raisons, il fallait accuser cette horrible fille à son tour et ne point laisser à des âmes indignes la ressource d'une *exception :* « ils l'ont épargné, diront-ils, crainte de lumières nouvelles. »

Eh! mon Dieu, oui, c'est un des malheurs du clergé que cette peur excessive du jour, et M. Manglard, dans des circonstances pareillement délicates a mérité de l'église et de tous les hommes de bien en poussant jusqu'à leur dernier mot les misérables qui voulaient le perdre.

La charité est une admirable vertu, mais ce n'est pas plus la peur, ou la faiblesse, ou l'inertie, que l'humilité n'est l'art de se dire un scélérat quand on sait ne pas l'être.

Au reste, ces épreuves ont leur utilité : « C'est une chose redoutable, dit Saint-Jérôme, qu'un soldat de Jésus-Christ veuille demeurer toujours dans la paix. C'est être en quelque façon misérable, de n'éprouver en cette vie aucune misère, et de n'avoir à combattre aucun ennemi. Car comme les coups différents qui nous frappent en ce monde partent tous d'une même main qui est celle de Dieu même, et sont des effets favorables de sa bonté envers nous, on a grand sujet de craindre de n'avoir aucune part à son amour, lorsqu'on est exempt de tentations, Dieu faisant entendre à toute la terre, par la voix de son saint législateur, comme par le son d'une trompette céleste : *Qu'il nous tente pour connaître si nous l'aimons de tout notre cœur.* »

M. Manglard vit avec ses subordonnés comme un père au milieu de ses enfants. Il les réunit, comme nous l'avons vu, chaque dimanche à sa table, les entretient fréquemment des affaires de la paroisse, leur donne volontiers, et avec un touchant abandon, des conseils, de même qu'il aime à s'aider de leurs avis.

On a pris quelquefois sa bonté pour de la faiblesse, c'était une erreur. Il sait user au besoin d'une utile fermeté, mais sans jamais perdre de vue la mansuétude chrétienne. C'est là toute la politique de son administration, et *sa goutte d'huile*, comme disait le comte Beugnot (1). Certaines gens ont deviné que la marque distinctive d'un grand caractère était une hauteur insolente, une parole dure, sourde et saccadée, et un visage refrogné; je les dénonce à M. l'abbé Laurentie.

M. Manglard n'est point ainsi fait.

Ce que nul ne conteste à M. Manglard, c'est son amour de l'étude, sa simplicité de vie, le bonheur qu'il éprouve à prêcher beaucoup et à remplacer même en certains cas un prédicateur absent, à faire les premiers convois venus, sans distinction d'honoraires ou de classes, à visiter les pauvres, etc.

Sans nuire à la dignité nécessaire de sa position, M. Manglard se permet à lui-même une certaine pauvreté selon Dieu; il est à peu près vulgaire dans sa mise, mais non pas jusqu'aux excès pharisaïques. « *Perfacile est,* dit saint Augustin, *vestem contemptam habere, inclinato capite incedere, velum super capillos demittere, sed verum humilem pa-*

_____

(1) M. Beugnot, député de la Seine-Inférieure, a été directeur-général de la police. Lorsqu'il fut nommé à cette place, il adressa une circulaire aux préfets des départements dans laquelle il leur apprenait que sa police serait *anodine* et *émolliente,* et qu'elle serait dans l'état *comme une* GOUTTE D'HUILE *qu'on introduit dans une serrure pour faire mieux jouer les ressorts.*

tientia ostendit injuriæ. » Ceci est tiré de saint Augustin (1).

M. Manglard *vit de l'autel* comme peuvent le faire tous ceux *qui servent à l'autel,* mais il ne spécule pas sur l'autel ; il ne place pas à de gros intérêts son superflu, s'il y en a, et il n'étale pas aux yeux du public un luxe irritant, pénétré qu'il est de ces admirables paroles : *Permittitur tibi, ô sacerdos, ut vivas de altari, non ut luxuries. Bovi trituranti os non clauditur, scimus ista ; et tamen licentiâ hâc Apostolus non abutitur. Nocte et die laborat manibus suis, ne cui gravis sit. Et habens victum vestimentumque, contentus est* (2).

L'extérieur de M. Manglard annonce, à la première vue, ce qu'il est en réalité : physionomie franche, ouverte et vermeille, d'une vive expression.

Il est du reste d'une taille élevée, d'un embonpoint de chanoine, et porte encore la calotte, cette traditionnelle et chère calotte dont on paraît se déshabituer généralement.

On annonçait naguère sa nomination à l'évêché de Nevers. M. Dufêtre a été nommé. M. Dussauret pourrait-il m'en dire la cause ? M. Martin (du Nord) n'en sait rien apparemment, bien qu'il dise à tous,

(1) Aug. *Sap. Joan.*
(2) Hieron. in Mich. cap. 3. t 3 p. 274.

présents et à venir, de M. Manglard : *c'est mon ami.*

Le choix fait n'est et ne doit être un sujet de plaintes pour personne, et le premier siège vacant vaudra sans doute celui-ci.

En attendant, M. Manglard est grand-vicaire de Reims et *autres lieux.*

Les paroissiens de Saint-Eustache n'auraient-ils pas eux-mêmes conspiré contre leur curé? pure manière de le conserver plus longtemps.

M. Laurentie, pour le même motif, aurait-il mis quelque ingénieuse entrave à cette nomination? N'est-ce pas enfin M. Villemain qui ne sait où prendre le successeur de M. Manglard comme examinateur des écoles primaires (partie religieuse), ou plutôt qui veut se donner le temps d'en choisir un à sa guise?

Eh! dit M. l'abbé Laurentie, serai-je curé, moi?

Oui, M. l'abbé Laurentie; et vous serez un curé grave et non goguenard, et non *rageur*, et non d'avis absolu, et non d'une certaine finesse qui...... mais.... *Memento uxoris Loth.*

Eh! réplique M. l'abbé Laurentie, et mes ouvrages de mon frère!

1er Février 1843.

www.ingramcontent.com/pod-product-compliance
Lightning Source LLC
Chambersburg PA
CBHW071712230426
43670CB00008B/980